本书获得四川师范大学巴蜀文化研究中心 2023 年度项目"元明清时期巴蜀与南方丝绸之路区域云南段文昌信仰碑刻文献收集整理与研究"（项目编号：BSWHZD23-17）、四川师范大学学术著作出版基金资助。

元明清时期
云南文昌信仰碑刻文献
辑录与研究

杨荣涛

著

社会科学文献出版社
SOCIAL SCIENCES ACADEMIC PRESS (CHINA)

序 言

一

滇西杨荣涛，从小生活于怒江河畔，耳濡目染滇地民族文化，喜闻杨慎入滇等民间故事，2012年本科毕业于滇地省属重点大学，旋考入西川，师从著名宗教学者张泽洪教授于四川大学，研究中国道教、少数民族宗教，并于2018年获得博士学位。荣涛从2014年开始研究文昌信仰，2015年发表相关学术论文，至今已逾10年，成果初具规模。荣涛获得四川大学博士学位后，入职四川师范大学，担任专职研究岗位，并于2020年9月立项国家社科基金项目"明清时期文昌信仰在西南民族地区的传播与影响研究"，在2020年11月作为四川师范大学与成都文物考古研究院首创的联合培养的博士后研究人员，成为首批联合培养博士后，合作导师为四川师范大学钟仕伦教授，成都文物考古研究院颜劲松研究员、江章华研究员和本人。

荣涛进站之后，虚心向各位合作导师请益，如向著名文献学者钟仕伦教授学习文献学。钟先生主持完成了"先秦两汉魏晋南北朝隋诗学文献集成校笺"等多项重要的大型学术工程，出版了《〈金楼子〉研究》（中华书局2004年版）等文献学整理专著。[1] 成都文物考古研究院研究员颜劲松先生、二级研究员江章华先生均常年从事考古与文物研究，尤其是四川盆地及中国西南地区先秦考古，在四川先后主持数十处古遗址与古墓葬的考古调查和发掘工作，多次获得全国考古十大新发现奖，多项考古研究成果在国内外考古界产生了重大影响。[2] 我本人对于碑刻有浓厚兴趣，在本科学习阶段，就从龙显昭教授从事《巴蜀道教碑文集成》《巴蜀佛教碑文集成》等古碑文献的收集工作中，体会到了搜寻历史信息的乐

---

[1] 钟仕伦：《〈金楼子〉成书时间考辨》，载《北京大学学报》2004年第5期，第145~150页。
[2] 颜劲松、江章华等：《四川省郫县古城遗址1997年发掘简报》，《文物》2001年第3期；江章华：《巴蜀柳叶形剑研究》，《考古》1996年第9期；江章华：《长江上游先秦考古研究》，科学出版社，2022。

趣,更从其《从传世碑刻看入川的客家人》等论文之中①,学习到根据碑刻文献探索历史真相的方法与途径。我在本科二年级,根据背"永"字"开元通宝"唐代钱币等文物结合文献记载,考证其铸造年代并于大三上学期发表了研究论文②;后来还对在西藏发现的《丹达山神记》《瓦合山神记》《万善同归碑》,甚至非洲东海岸之外的毛里求斯尚存的《忠义堂重建后堂碑记》等清碑或者拓片进行过相关研究。杜少陵诗云:"别裁伪体亲风雅,转益多师是汝师。"荣涛从诸师学习文献学、文物与考古学等,思路与方法不断拓展,学术日益精进。

在荣涛进站之初,我就建议他立足他常年进行的文昌信仰研究,从分区、分省等维度完成基本文献的收集,尤其是文昌信仰碑刻文献,再据此进行历时性与共时性的比较研究,以推动这一中华文教研究的深化。荣涛实地考察了文昌信仰在四川的祖庭——梓潼县七曲山文昌帝君大庙,通过多方查询史料,严谨考证,完成了博士后研究报告《明清时期西南文昌信仰碑刻文献收集整理与研究》,得到了出站答辩各位专家的一致好评。

荣涛更奋扬在站研究之学术冲劲,于2023年申报并获得了四川师范大学巴蜀文化研究中心2023年度项目"元明清时期巴蜀与南方丝绸之路区域云南段文昌信仰碑刻文献收集整理与研究"(项目编号:BSWHZD23-17)的支持。我读了《元明清时期云南文昌信仰碑刻文献辑录与研究》书稿后推荐该书到社会科学文献出版社出版。2025年4月28日荣涛以该书稿"二校样",征序于我,我欣然应允。

二

《元明清时期云南文昌信仰碑刻文献辑录与研究》一书,是对从元代到清代云南一地所存文昌信仰碑刻文献的"辑录与研究"。就书名来一番顾名思义,是书分为两部分,即文昌信仰碑刻文献的辑录及对应的研究。

---

① 龙显昭:《从传世碑刻看入川的客家人》,《四川文物》2004年第3期,第59～63页。
② 王成方(王川笔名):《浅议"永"字开元通宝的铸造年代》,《四川文物》1990年第1期,第37～40页。

先谈"研究"。陈寅恪先生指出,"华夏学术最重传授渊源,盖非此不足以征信于人"①。荣涛是书,正是遵循思想学术的传播规律,尝试着进行文昌信仰的西南传播与思想传递次第的历史建构,梳理出"华夏学术"的西南"传授渊源",其意义自然重大。

回顾陈垣先生在抗战烽火岁月完成《明季滇黔佛教考》等书,指出明末清初滇黔二省佛教大盛原因在于众多士大夫遗民出家为僧,以此作为抗清斗争手段,"很多西南朋友读了,非常感动";而陈寅恪应邀撰序,指出自己"旅居滇地""南驰苍梧瘴海,转徙于滇池洱海之区","乞食于西南天地之间",读陈垣大著,引发思想情感的共振,得出"岂非宗教与政治虽不同物,而终不能无所关涉"的宏论。②还可以看到,川滇黔等"西南天地之间",文化积淀深厚,成为学术研究富矿。惜"西南文化"研究的资源有待进一步发掘,为"文化强国"建设深入的探索至今尚有待跟进。③

在"研究篇"部分,是书综述了文昌信仰与文昌信仰碑刻的概况、国内外研究概况、全国目前尚存文昌信仰碑刻文献的现状,统计了云南一地文昌信仰碑刻文献的数量,并划分种类进行了论述,分析了本书研究的价值(第一章)。之后,聚焦云南一地,论述了云南文昌信仰碑刻文献所见地方社会各阶层对文昌信仰的推动,从中归纳了云南少数民族对文昌信仰的认识、推动及认同的历史进程(第二章)。荣涛对云南一地文昌信仰碑刻文献所见的文昌信仰传播,以及与儒、道、释三教的互动发展,进行了较为深入的阐释(第三章)。而书中对于"文昌会"、"洞经会"及敬惜字纸习俗的归纳,则凸显了文昌信仰对于云南社会与习俗的影响(第四章)。通观这一安排,是书结构完整,自成一体,从四个方面对元明清时期云南文昌信仰进行了系统研究。

是书清晰地勾勒了历史上云南各民族对于文昌信仰习俗的传入、接受、

---

① 陈寅恪:《论韩愈》,载《历史研究》1954年第2期,第113~114页。
② 陈寅恪:《明季滇黔佛教考序》,载陈垣《明季滇黔佛教考》卷首,中华书局,1962,第1~2页。
③ 王川:《为建设文化强国贡献西南文化的力量》,载《四川日报》"思想周刊·学思践悟"专栏2024年12月9日第12版。

推动到认同的全进程，分析其背后深刻的社会原因，并全面总结了教化经略西南民族地区的历史经验。书中提出的"元明清时期，云南地方遵照中央规定，崇祀文昌帝君，推行神道设教政策""元明清时期云南地方官员、士绅、释道人士、普通民众等都参与到文昌祠庙的修建和运转过程中""中华民族多元一体格局下，文昌信仰作为联结民族关系的纽带，对促进云南多民族的交往交流交融起到了重要作用"等重要论断，非常有学术见地，充分说明了这一专题研究，不仅是中华信仰文化在西南区域流布的典型个案研究，也是当今中华文化认同视域下探讨西南地区各民族交往交流交融的实证研究。因此这一研究不仅具有重要的学术价值，而且具有现实的借鉴意义，有利于当今西南地区铸牢中华民族共同体意识工作的推进及各民族对中华文化的认同。

在"辑录篇"部分，是书则分为元、明、清三朝，对云南一地的文昌信仰碑刻文献进行了辑录，共搜得文昌信仰古碑123通。以朝代而言，分别是元碑1通、明碑8通、清碑114通；就滇省地区划分而言，计昆明市17通，保山市12通，大理州19通，楚雄州18通，玉溪市8通，红河州25通，曲靖市5通，文山州8通，昭通市7通，临沧市1通，普洱市3通，其余德宏州、西双版纳州等5个地市（州）则暂无发现。在"附录"之中，是书设立了以今行政区划排序、以撰者姓氏拼音排序的两种"索引"，颇便读者。

当然，对于从元代到清代六百多年来云南地区文昌信仰专题碑刻的收集，因时间、人力、经费等问题，荣涛虽已尽力，但是滇省地域广袤，或许还有遗漏；对于碑刻的整理与碑文的辑录，难免或有句读的争议；对于碑文的专题研究，或许难免遗漏某些论断，或者可能缺少与既有滇省某区古碑集成①、既有相近研究如《文化视野下的白族古代碑刻研究》②等进行多维度的学术对话等。虽可能有些许缺憾，然本书作为分区研究长时段西南区域文昌信仰的专著，具有重要的学术价值与现实意义仍是不言自明的。

---

① 云南省大理市文化丛书编辑委员会编《大理古碑存文录》，云南民族出版社，1996。
② 朱安女：《文化视野下的白族古代碑刻研究》，巴蜀书社，2012。

三

荣涛今年距离不惑之年尚有两年多，年富力强；又从本科到博士后，一直进行人文社科的学习，学历完整，学术训练规范，既是学院派出身，又学风纯正，对于科学研究抱着浓厚的兴趣，而且积极潜研，已经在《宗教学研究》等学术期刊发表有影响的论文多篇，在学界崭露头角。若积以时日，当成果更为卓著，蜚声遐迩当不远矣。

是书作为荣涛计划中出版的"元明清时期川滇黔文昌信仰碑刻文献整理与研究"之第一卷，亦系四川师范大学巴蜀文化研究中心重大项目"元明清时期巴蜀与南方丝绸之路区域云南段文昌信仰碑刻文献收集整理与研究"、国家社科基金青年项目"明清时期文昌信仰在西南民族地区的传播与影响研究"的阶段性成果，还是荣涛孜孜治学的最新成就之一，相信面世后学界自有公论。

荣涛这一在2023年得到了资助的学术专著，本来计划最迟2024年出版。但是好事多磨，反复修改，现在马上要出版了，我非常高兴，特书此志贺。

王　川

2025年5月4日，青年节于蓉东"两呆斋"

目 录

研 究 篇

第一章　云南文昌信仰碑刻文献

　　第一节　文昌信仰与文昌信仰碑刻 / 3

　　第二节　云南文昌信仰碑刻文献的种类与数量 / 6

　　第三节　国内外研究概况及本研究的价值 / 15

第二章　云南文昌信仰碑刻文献所见地方社会对文昌信仰的推动与认同

　　第一节　云南文昌信仰碑刻文献所见文昌崇祀 / 19

　　第二节　云南文昌信仰碑刻文献所见地方社会各阶层对
　　　　　　文昌信仰的推动 / 27

　　第三节　云南文昌信仰碑刻文献所见少数民族对文昌信仰的认同 / 50

第三章　云南文昌信仰碑刻文献所见文昌信仰传播与儒道释发展

　　第一节　云南文昌信仰碑刻文献所见文昌信仰传播与儒学发展 / 55

　　第二节　云南文昌信仰碑刻文献所见文昌信仰传播与道教发展 / 63

　　第三节　云南文昌信仰碑刻文献所见文昌信仰传播与佛教发展 / 68

第四章　云南文昌信仰碑刻文献所见文昌信仰习俗

　　第一节　云南文昌信仰碑刻文献所见文昌会 / 72

第二节　云南文昌信仰碑刻文献所见洞经会　/ 75

第三节　云南文昌信仰碑刻文献所见敬惜字纸　/ 81

辑录篇

元明清时期云南文昌信仰碑刻文献辑录

一　元代云南文昌信仰碑刻文献辑录　/ 92

二　明代云南文昌信仰碑刻文献辑录　/ 93

三　清代云南文昌信仰碑刻文献辑录　/ 107

附录　云南文昌信仰碑刻文献索引

索引一——以今行政区划排序　/ 221

索引二——以撰者姓氏拼音排序　/ 226

附　表 / 229

参考文献 / 236

后　记 / 247

研究篇

第一章
云南文昌信仰碑刻文献

第一节 文昌信仰与文昌信仰碑刻

文昌信仰是我国民间信仰的重要组成部分，古时的星神崇拜和梓潼神崇拜是其形成的两大源头。先秦、秦汉时期，文昌作为星神，具有主司文运禄命的职能。《尚书·舜典》载"禋于六宗"，孔疏推郑玄意曰："皆是天之神祇……司中、司命，文昌第五、第四星也。"①屈原《楚辞·远游》载："后文昌使掌行兮，选署众神以并毂。"②司马迁《史记》卷二十七《天官书》载："斗魁戴匡六星曰文昌宫：一曰上将，二曰次将，三曰贵相，四曰司命，五曰司中，六曰司禄。"③《晋书·天文志》谓："文昌六星，在北斗魁前，天之六府也，主集计天道。一曰上将，大将军建威武；二曰次将，尚书正左右；三曰贵相，太常理文绪；四曰司禄、司中，司隶赏功进；五曰司命、司怪，太史主灭咎；六曰司寇，大理佐理宝。"④

魏晋以降，蜀中民间兴起梓潼神崇拜。梓潼神为人格神，名张亚子（蜑子），起初为蜀中民间俗神。常璩《华阳国志》载："梓潼县，郡治。有五妇山，故蜀五丁士所拽蛇崩山处也。有善板祠，一曰恶子，民岁上雷杼十枚，岁尽不复见，云雷取去。"⑤孙光宪《北梦琐言》载："梓潼县张蜑子神，乃

---

① （汉）孔安国传，（唐）孔颖达等疏《尚书正义》卷三，（清）阮元校刻《十三经注疏》，中华书局，1980，第127页。
② 汤炳正、李大明、李诚等注《楚辞今注》，上海古籍出版社，1995，第187页。
③ （汉）司马迁：《史记》，中华书局，1959，第4册第1293页。
④ （唐）房玄龄等撰《晋书》卷十一《志第一》，清乾隆武英殿刻本。
⑤ （晋）常璩撰，刘琳校注《华阳国志校注》卷二《汉中志》，巴蜀书社，1984，第145页。

五丁拔蛇之所也。或云寓州张生所养之蛇，因而立祠，时人谓为张蛋子，其神甚灵。"①李昉《太平广记》载："梓潼县张蛋子神。乃五丁拔蛇之所也。"②乐史《太平寰宇记》载："济顺王本张恶子，晋人，战死而庙存。"③

东晋十六国时期，传说羌人姚苌在前秦建元十二年（376）于梓潼七曲山得梓潼神显灵点化，"至据秦称帝，即其地立张相公庙祠之"④。唐天宝十五载（756），唐玄宗避安史之乱入蜀，经七曲山时亲自祭祀梓潼神并封张亚子为"左丞相"。唐广明二年（881），唐僖宗避黄巢之乱入蜀，行至七曲山梓潼神祠，封张亚子为"顺济王"。北宋咸平四年（1001），宋真宗敕封张亚子为"英显王"。南宋绍兴十年（1140），高宗敕修七曲山梓潼庙并赐庙额"灵应祠"。宋光宗追封张亚子为"忠文仁武孝德圣烈王"。宋理宗追封张亚子为"神文圣武孝德忠仁王"。

梓潼神主掌文运的传说在唐宋时期流传。据唐孙樵《祭梓潼帝君文》记载，会昌五年（845）、大中四年（850），孙樵过七曲山得到梓潼神的护佑而登进士。宋叶梦得《岩下放言》、宋陆游《老学庵笔记》卷二、宋洪迈《夷坚志》乙志卷第五《梓潼梦》、宋委心子《新编分门古今类事》卷八"士美金堂"条等，都有关于梓潼梦显灵的故事。在中国封建社会科举制度的激烈竞争下，士人需要借助神灵力量以调节心理，社会的需求促成梓潼神职能的变化，南宋梓潼神的神格逐渐定型为科举之神。⑤

宋元时期，梓潼神张亚子被道教吸纳并改造，成为道教尊崇的梓潼帝君。《太上无极总真文昌大洞仙经》《元始天尊说梓潼帝君应验经》《元始天尊说梓潼帝君本愿经》《玉清无极总真文昌大洞仙经注》《梓潼帝君化书》等道经以及祭祀梓潼帝君的斋醮科仪⑥出现，道教宫观设立崇奉梓潼帝君的神殿。元延

---

① （宋）孙光宪：《北梦琐言》卷四《逸闻》，上海古籍出版社，1981，第172页。
② （宋）李昉：《太平广记》卷四百五十八《蛇三·张蛋子》，中华书局，1961，第3749页。
③ （宋）乐史：《太平寰宇记》卷八十四《剑南东道三》，《景印文渊阁四库全书》，台北：台湾商务印书馆，1986，第469册第682页。
④ （清）汤球辑补《十六国春秋辑补》卷五十，杨家骆主编《新校本晋书并附编六种》，台北：鼎文书局，1983，第6册第379页。
⑤ 参见张泽洪《论道教的文昌帝君》，《中国文化研究》2005年秋之卷，第4页。
⑥ 时人称之为梓潼醮或文昌醮，如：南宋魏了翁撰《四川文昌醮疏文》，元袁桷撰《梓潼醮斋文》。

祐三年（1316）春，"中书因太常定议，改封庙号，榜曰佑文成化之祠。是年秋，特颁诏旨，褒封辅元开化文昌司禄宏仁帝君"①，认可其"相予泰运则以忠孝而左右斯民，柄我坤文则以科名而选造多士"②之功。天下祭祀文昌者日渐兴盛，元代大一统疆域的形成，使文昌信仰在更大范围内流播。③

明景泰五年（1454），京师北安门外文昌庙修建完工，"赐文昌宫额，岁以二月初三为帝君诞生之辰，遣官致祭"④。清嘉庆六年（1801），文昌帝君被纳入清朝的国家祀典，"朕本日虔申展谒行九叩礼，敬思文昌帝君主持文运，福国佑民，崇正教，辟邪说，灵迹最著，海内崇奉，与关圣大帝相同，允宜列入祀典"⑤。清咸丰六年（1856），文昌帝君升入中祀，"一切礼节祭品，均与关帝庙同，见在关圣帝君已升入中祀，文昌帝君应一体升入中祀，以昭诚敬"⑥。文昌帝君成为名副其实的中国大神，在国家疆域内广泛传播与发展。

元明清大一统格局下，川滇黔地区深受中原文化的浸润影响，其中文昌信仰的传播发展具有典型性。文昌信仰在川滇黔地区的传播适应了各地的社会历史文化环境，官员、士绅、释道人士、普通民众等群体是推动文昌信仰传播的重要力量，中央王朝的政策则起到推波助澜的作用。元明清时期，川滇黔地区文昌庙的修建、文昌信仰民俗等体现出川滇黔地区文昌信仰的地域文化特色。多元族群与多元文化的川滇黔地域社会文昌信仰的形成，是中华民族多元一体格局的必然结果。⑦

文昌信仰碑刻是文昌信仰研究的重要文献之一⑧。对"文昌信仰碑刻文

---

① 《清河内传》，《道藏》，文物出版社、上海书店、天津古籍出版社，1988，第3册第288页。
② （元）脱因修，俞希鲁纂（至顺）《镇江志》卷八《神庙·祠·本府》，清道光二十二年（1842）丹徒包氏刻本。
③ 张泽洪：《论道教的文昌帝君》，《中国文化研究》2005年秋之卷，第3页。
④ （明）孙旬辑《皇明疏钞》，《续修四库全书》，上海古籍出版社，2002，第464册第363页。
⑤ 中国第一历史档案馆编《嘉庆道光两朝上谕档》，广西师范大学出版社，2000，第6册第178页。
⑥ （清）崑冈、李鸿章编纂《钦定大清会典事例》，《续修四库全书》，上海古籍出版社，2013，第438册第25页。
⑦ 杨荣涛：《云南文昌信仰摭谈》，《中国道教》2015年第6期；杨荣涛：《明清大理府文昌信仰探析》，《云南社会科学》2016年第3期；张泽洪、杨荣涛：《明代云南文昌庙与文昌信仰研究》，《云南师范大学学报》（哲学社会科学版）2017年第5期；杨荣涛、丁利娟：《国家在场与文昌信仰：明清时期岷江上游地区文昌信仰的考察》，《宗教学研究》2022年第2期。
⑧ 其他的文昌信仰文献如道书、地方志、民族志等。

献"加以整理与研究，是开展"碑刻文献"整理与研究的一项重要的"专题性"工作。对"川滇黔地区"的文昌信仰碑刻文献加以整理与研究，则是进行文昌信仰碑刻文献整理与研究的一种"区域性"尝试。

"文昌信仰碑刻"指与文昌信仰相关的碑刻，其不仅仅包括题目中含有"文昌"的碑刻，还有立于文昌祠庙的碑刻，凡是碑文主要涉及[①]文昌信仰内容的均属于"文昌信仰碑刻"。

笔者长期关注川滇黔地区的文昌信仰，收集了一些文昌信仰碑刻，并做了尝试性的探讨。[②]本书拟对元明清时期云南的文昌信仰碑刻文献加以整理和研究，供学界参考和批评指正。

第二节　云南文昌信仰碑刻文献的种类与数量

对于元明清时期云南文昌信仰碑刻的收集而言，笔者自2012年以来通过借阅和购买纸质碑刻集资料，查阅文博单位（云南省图书馆、云南省博物馆、云南师范大学图书馆、四川大学道教与宗教文化研究所图书室、四川大学图书馆、四川师范大学图书馆、保山市图书馆、隆阳区图书馆等）收藏的地方志、金石图籍、碑刻拓片等资料，检索网络数据库（古籍库、方志库）收录的相关资料，以及田野调查（主要在云南保山、大理、楚雄、昆明等地）等途径收集到元明清时期云南文昌信仰碑刻123通。虽然笔者尽力全面收集，但因见闻有限、条件有限，不免有疏漏。如因人力、物力的条件限制，加之2020年新冠疫情的暴发，到云南各地图书馆、博物馆、寺观、碑林、祠庙以及国家图书馆、北京大学图书馆较为全面地收集文昌信仰碑刻文献的想法只能暂时搁置，待以后条件成熟再作进一步的收集。故本书中碑文的辑录和研究，主要基于笔者目前收集到的123篇碑文加以展开。

[①] 鉴于"文昌信仰碑刻"这一主题，碑文中虽涉及文昌信仰，但以其他内容为主题的碑刻，不纳入研究范围之内。

[②] 杨荣涛：《明代云南永昌地区的文昌信仰——以万历年间〈修建文昌宫阁疏〉为考察中心》，《宗教学研究》2020年第2期；杨荣涛、谢静静：《从碑刻看清代云南的文昌信仰习俗》，肖远平、刘洋主编《西南学术》第2辑，社会科学文献出版社，2023。

一　云南文昌信仰碑刻文献的种类

123通碑中，主要为记事碑，其他包括功德碑①、经典碑②等。

从碑刻题目的文体上看，123通碑文中有记、疏、叙、序、引、志、铭等。"记"98通，"序"9通，"叙"2通，"引"2通，"铭"2通③，"疏"1通，"志"1通。"××碑""××碑文""××文"合计8通。"圣庙文宫"碑1通。

从碑刻的内容上看，主要涉及文昌祠庙（文昌祠、梓潼祠、文昌宫、文昌阁、文昌桂殿、桂香阁、文昌楼、桂香楼、桂香殿）、魁阁、尊经阁的修建，庙学、书院、社学、义仓、义馆、社田的开办和设立，以及文昌信仰习俗（文昌会、洞经会、惜字会）等方面。

从碑刻所立位置看，主要立于主祀文昌帝君、配祀文昌帝君、与文昌帝君合祀的神祠、宫观，以及庙学、书院、社学等地。

从碑刻材质上看（以田野所见碑刻、碑刻拓片集中拓片为依据），主要有青石质④、大理石质⑤、石灰石质⑥、紫红色羊肝石质⑦。

从碑刻形制上看，均为扁方形，只是碑头呈方形⑧或圆形⑨。碑版主要为竖纵式，横广式⑩较少。部分有碑额，其中额题文字多为篆书，也有楷书、隶书，文字多简洁，一般为一竖行或两竖行，有阴文，也有阳文；额是周边多有装饰性的图案或浮雕，如祥鸟瑞兽、日月、云朵、花草等。有的碑无题额，多以碑文第一句作为标题。部分碑有碑座，有的为原配石板基座，有的为水泥浇筑基座。部分碑有碑阴。正文居中，周边饰卷云纹、花草纹、水波纹、方格纹等。

---

① 如《学金功德碑记》。
② 如《文昌帝君阴骘文》。
③ 其中包括《竹园上中两伍魁星阁碑铭并序》。
④ 如《修建文昌宫阁疏》。
⑤ 如《竹园文宫大殿北墙碑文》。
⑥ 如《重建文武二宫观音阁碑》。
⑦ 如《由旺文昌宫碑记》。
⑧ 方形最多，主要为方首碑。
⑨ 圆首碑，如现立于云南保山宝鸡文昌宫的《创修文宫碑记》。
⑩ 如现立于云南保山太保山顶碑林的《重修文昌楼碑记》。

从碑刻正文书写方式上看，均为右行，多为楷书阴刻。部分碑文落款较为完整，有撰文人题名、书丹人题名、刻工题名及时间。

二　云南文昌信仰碑刻文献的数量

从时间上看，123通碑中，元代1通，明代8通，清代114通。

元代1通，为延祐年间碑文。

明代8通碑文中，景泰年间1通，嘉靖年间1通，万历年间2通，天启年间1通，崇祯年间3通。

清代114通碑中，康熙年间32通，雍正年间7通，乾隆年间23通，嘉庆年间13通，道光年间22通，咸丰年间1通，同治年间3通，光绪年间13通。

从以上云南不同时期文昌信仰碑刻数量可知：

（1）元代以降，云南文昌信仰碑刻数量不断增多，折射出云南文昌信仰在元代为初传期，明代为发展期，清代为兴盛期。此情况的出现，与大一统格局下王朝国家力量不断渗入云南社会密切相关，是中华民族多元一体格局的必然结果。

（2）清康雍乾时期，云南文昌信仰碑刻62通，占清代云南文昌信仰碑刻总量的一半多，或表明盛世为文昌信仰在云南传播营造了重要的社会环境。清嘉庆年间至光绪年间，云南文昌信仰碑刻在各朝不间断出现，或与文昌帝君被列入祀典、升入中祀有关。

从空间上看，据谭其骧先生主编《中国历史地图集·清时期》的划分，清代云南分为：粮驿道（分守），驻云南府，辖一府（云南府）一直隶州（武定州）；迤东道（分巡），驻寻甸州，辖六府（澂江府、广南府、曲靖府、开化府、东川府、昭通府）一直隶州（广西州）；迤西道（分巡），驻大理府，辖五府（大理府、楚雄府、顺宁府、丽江府、永昌府）四直隶厅（景东厅、蒙化厅、永北厅、腾越厅）；迤南道（分巡），驻普洱府，辖二府（普洱府、临安府）二直隶州（元江州、镇沅州），① 元明清时期云南文昌信仰碑刻

---

① 谭其骧主编《中国历史地图集·清时期》，中国地图出版社，1996，第8册第48~50页。

的分布情况如下。

1. 云南府（16通）

昆明县（附郭）3通，宜良县2通，呈贡县1通，晋宁州4通，安宁州1通，嵩明州2通，昆阳州3通。

2. 迤西地区（53通）

楚雄府15通：大姚县1通，定远县1通，禄丰县3通，黑盐井3通，白盐井6通①，琅盐井1通。

大理府15通：太和县（附郭）4通，云南县1通，浪穹县1通，赵州7通，宾川县1通，云龙州1通。

永昌府10通：保山县（附郭）7通，施甸县1通，龙陵厅（县）2通。

丽江府2通：鹤庆县2通。

腾越厅2通：治所2通。

景东厅（县）3通：治所3通。

蒙化厅（府）2通：治所1通，巍山县1通。

武定州（府）3通：治所1通，禄劝州1通，元谋县1通。

顺宁府1通：治所1通。

3. 迤东地区（38通）

广西州（府）16通：治所2通，师宗县1通，弥勒县（州）11通，邱北县2通。

曲靖府4通：沾益州1通，马龙州1通，罗平州1通，宣威州1通。

澂江府4通：河阳县（附郭）1通，江川县1通，新兴州1通，路南州1通。

开化府4通：文山县（附郭）3通，马关县1通。

昭通府7通：永善县2通，鲁甸县1通，盐津县2通，绥江县1通，镇雄州1通。

东川府1通：会泽县（附郭）1通。

广南府2通：治所2通。

4. 迤南地区（16通）

临安府12通：建水县（附郭）3通，蒙自县4通，石屏州3通，个旧厅2通。

---

① 其中包括盐丰县2通。

元江州4通：新平县2通，元江县2通。

从以上云南不同地域文昌信仰碑刻数量可知：

元明清时期云南文昌信仰碑刻，以云南府为中心，迤西、迤东、迤南等地区均有，分布地域相当广泛，说明文昌信仰在云南大部分地区得到传播发展。具体而言，分布最密集的地区为云南府—楚雄府—大理府—永昌府一线，云南府—临安府一线，云南府—澂江府—广西州一线，云南府—曲靖府一线以及云南府—东川府—昭通府一线。文昌信仰碑刻文献在这些地区密集分布，一定程度能说明这些地区的文昌信仰较为兴盛。

现将元明清时期云南文昌信仰碑刻时空分布情况制表详列如下（见表1-1），以便更好地把握元明清时期云南文昌信仰碑刻的种类与数量情况。

表1-1 元明清时期云南文昌信仰碑刻时空分布情况

序号	碑名	时间	古行政区划
1	创修文昌祠碑记	元延祐六年（1319）	云南府
2	金齿司庙学新建梓橦祠记	明景泰五年（1454）	永昌府
3	改迁三清宫三官殿文昌宫记	明嘉靖二十二年（1543）	大姚县
4	修建文昌宫阁疏	明万历十年（1582）	永昌府
5	新文昌宫像叙	明万历四十七年（1619）	广西府
6	文昌帝君金像碑记	明天启年间	武定府
7	新建文昌宫序	明崇祯二年（1629）	禄丰县
8	小水城文昌阁记	明崇祯五年（1632）	石屏州
9	三教常住碑记	明崇祯十三年（1640）	黑盐井
10	鼎建文昌桂殿碑记	清康熙四年（1665）	大理府
11	新建文昌宫碑记	清康熙十七年（1678）	黑盐井
12	鼎建大魁阁记	清康熙二十年（1681）	新平县
13	建修太和县文庙文昌宫魁阁碑记	清康熙二十三年（1684）	太和县
14	重修杨林文昌宫桂香阁碑记	清康熙二十三年（1684）	嵩明州
15	鼎建文昌宫记	清康熙二十六年（1687）	马龙州
16	文昌祠记	清康熙二十九年（1690）	元江县

续表

序号	碑名	时间	古行政区划
17	桂香书院记	清康熙三十一年（1692）	大理府
18	新建文昌宫记	清康熙三十二年（1693）	开化府
19	鼎建文昌宫碑记	清康熙三十二年（1693）	晋宁州
20	由旺文昌宫碑记	清康熙三十七年（1698）	施甸县
21	重建文昌宫碑记	清康熙三十八年（1699）	建水州
22	桂香阁碑记	清康熙三十九年（1700）	禄丰县
23	重修太极山桂香阁碑记	清康熙四十年（1701）	安宁州
24	桂香阁碑记	清康熙四十一年（1702）	昆阳州
25	文昌宫常住碑记	清康熙四十二年（1703）	蒙自县
26	新建文昌祠序	清康熙五十年（1711）	蒙自县
27	重建文昌宫碑记	清康熙五十二年（1713）	宜良县
28	新建罗平尊经阁碑记	清康熙五十五年（1716）	罗平州
29	鼎建尊经阁碑记	清康熙五十八年（1719）	嵩明州
30	朋普社学记	清康熙五十八年（1719）	弥勒州
31	修建魁神阁小引	清康熙年间	路南州
32	文昌社仓义田记	清康熙年间	蒙化府
33	禄劝州文昌宫碑记	清康熙年间	禄劝州
34	新修大魁阁记	清康熙年间	黑盐井
35	小瑞城祀田碑记	清康熙年间	石屏州
36	新建尊经阁记	清康熙年间	白盐井
37	义仓碑记	清康熙年间	蒙自县
38	新建文昌宫碑记	清康熙年间	昆阳州
39	重修文昌魁星阁碑记	清康熙年间	晋宁州
40	桂香殿碑记	清康熙年间	顺宁府
41	重修文星阁记	清康熙年间	建水州
42	四圣庆诞田租碑记	清雍正六年（1728）	广西府

续表

序号	碑名	时间	古行政区划
43	新建文昌宫碑记	清雍正七年（1729）	云龙州
44	修建澂阳文昌庙碑记	清雍正八年（1730）	澂江府
45	文昌宫碑记	清雍正十一年（1733）	元谋县
46	新建魁阁记	清雍正十二年（1734）	弥勒州
47	新建桂香阁暨书院记	清雍正十三年（1735）	弥勒州
48	桂香楼记	清雍正年间	赵　州
49	鼎建尊经阁记	清乾隆三年（1738）	赵　州
50	文宫碑记	清乾隆四年（1739）	弥勒州
51	竹园文宫大殿北墙碑文	清乾隆九年（1744）	弥勒州
52	文会碑记	清乾隆十三年（1748）	江川县
53	文昌关圣宫碑记	清乾隆十五年（1750）	赵　州
54	文昌宫义田碑记	清乾隆十八年（1753）	白盐井
55	惜字会碑记	清乾隆二十年（1755）	元江县
56	新建文昌殿桂香楼记	清乾隆二十一年（1756）	琅盐井
57	移建文昌宫魁阁于华宜寨序	清乾隆二十六年（1761）	东川府
58	文宫田粮碑	清乾隆三十年（1765）	弥勒州
59	奎乡南楼小序	清乾隆三十二年（1767）	镇雄州
60	副官村文昌宫碑记	清乾隆三十四年（1769）	永善县
61	文昌宫义学碑文	清乾隆三十五年（1770）	盐津县
62	文昌会叙	清乾隆三十九年（1774）	建水县
63	巍宝山文昌宫新建魁神金甲殿碑志	清乾隆四十年（1775）	巍山县
64	桧溪文昌阁记	清乾隆四十一年（1776）	永善县
65	文昌帝君阴骘文	清乾隆四十一年（1776）	开化府
66	合议捐置社田碑记	清乾隆四十二年（1777）	保山县
67	文昌宫碑记	清乾隆五十年（1785）	赵　州
68	文昌宫碑	清乾隆五十一年（1786）	龙陵县

续表

序号	碑名	时间	古行政区划
69	圣庙文宫	清乾隆五十五年（1790）	弥勒州
70	重建文昌宫碑记	清乾隆年间	定远县
71	重修太保山魁阁募引	清乾隆年间	保山县
72	重修河西乡中村文昌宫碑记	清嘉庆五年（1800）	昆阳州
73	敕建文昌宫记	清嘉庆六年（1801）	景东县
74	升修文宫中殿碑记	清嘉庆七年（1802）	弥勒州
75	重修文昌宫义馆碑文	清嘉庆八年（1803）	盐津县
76	新建文星阁碑记	清嘉庆九年（1804）	新兴州
77	学金功德碑记	清嘉庆二十年（1815）	赵　州
78	桂香书院普连溯佃民合建文宫碑记	清嘉庆二十一年（1816）	宾川县
79	修文昌后殿碑记	清嘉庆二十四年（1819）	景东县
80	重修左所营文昌宫魁阁记	清嘉庆年间	景东县
81	设桂香阁祭需修金记	清嘉庆年间	盐丰县
82	桂香义馆碑记	清嘉庆年间	盐丰县
83	修息息庵并添建文昌魁星阁楼记	清嘉庆年间	鹤庆县
84	崇文阁记	清嘉庆年间	鲁甸县
85	文昌宫碑记	清道光二年（1822）	广南府
86	培风书院记	清道光二年（1822）	广南府
87	重建龙泉观文昌殿轮藏殿碑记	清道光八年（1828）	晋宁州
88	重修文昌宫暨建石栏记	清道光十三年（1833）	赵　州
89	三圣殿碑序	清道光十八年（1838）	师宗县
90	文昌帝君敬惜字纸文	清道光二十年（1840）	个　旧
91	建邑西屯金华寺文昌会收字功德碑记	清道光二十年（1840）	个　旧
92	重建文明阁记	清道光二十一年（1841）	昆明县
93	文明会大洞经坛碑记	清道光二十一年（1841）	昆明县

续表

序号	碑名	时间	古行政区划
94	续修古文昌宫记	清道光二十二年（1842）	宣威州
95	捐金赎铺永续香火碑记	清道光二十三年（1843）	白盐井
96	洞经会捐资碑记	清道光二十三年（1843）	蒙自县
97	洞经会功德碑记	清道光二十四年（1844）	禄丰县
98	文昌宫碑记	清道光二十四年（1844）	马关县
99	文昌会敬惜字纸铭	清道光年间	开化府
100	惜字会记	清道光年间	晋宁州
101	洞经会序	清道光年间	石屏州
102	竹园上中两伍魁星阁碑铭并序	清道光年间	弥勒州
103	重修文昌殿碑记	清道光年间	赵　州
104	文昌宫置田记	清道光年间	浪穹县
105	北社文昌宫租记	清道光年间	永昌府
106	古城文会碑序	清道光年间	宜良县
107	添修文昌宫碑记	清咸丰五年（1855）	龙陵县
108	新修文昌宫碑序	清同治八年（1869）	弥勒州
109	重修文宫碑记	清同治十二年（1873）	沾益州
110	新滩溪增修文武宫魁星阁两庑碑记	清同治年间	绥江县
111	培补龙脉碑记	清光绪五年（1879）	弥勒州
112	重修文昌武帝庙碑记	清光绪十年（1884）	呈贡县
113	重修文昌楼碑记	清光绪十一年（1885）	保山县
114	顺江洞经会碑记	清光绪十七年（1891）	腾越厅
115	重修文武二宫观音阁碑	清光绪十九年（1893）	云南县
116	文昌祠记	清光绪三十年（1904）	鹤庆县
117	重修文宫碑记	清光绪三十年（1904）	保山县
118	重修桂香殿记	清光绪三十二年（1906）	新平县

续表

序号	碑名	时间	古行政区划
119	阁村改造二圣宫本主祠碑记	清光绪三十四年（1908）	大理县
120	文昌宫碑记	清光绪年间	腾越厅
121	增修文昌前楼碑记	清光绪年间	邱北县
122	关外文昌宫碑记	清光绪年间	白盐井
123	重修文昌宫碑记	清光绪年间	邱北县

第三节　国内外研究概况及本研究的价值

一　国内外研究概况

文昌信仰研究近三十年来成为宗教学、历史学等学科视野下一个较具代表性的传统文化研究课题，取得了丰硕的研究成果。聚焦到地域层面，学术界对云南文昌信仰的探讨大致分为两大方向：一是云南洞经会和洞经乐专题调查研究，二是云南文昌信仰的传播及其对民俗、教育等影响的综合研究。

对于第一大研究方向，研究者对洞经会与文昌信仰的关系、洞经会的组织形式、洞经乐的性质等作了探讨，并对云南地方洞经会、洞经乐展开了个案调查研究。主要成果有：雷宏安《云南洞经会初探》[1]；雷宏安、彭幼山《云南洞经音乐初探》[2]；雷宏安《丽江洞经会调查（上）》[3]《丽江洞经会调查（下）》[4]；大理市下关文化馆编《大理洞经古乐》[5]；雷宏安《略论纳西古

---

[1] 雷宏安：《云南洞经会初探》，《宗教学研究》1986年第00期。
[2] 雷宏安、彭幼山：《云南洞经音乐初探》，《宗教学研究》1987年第00期。
[3] 雷宏安：《丽江洞经会调查（上）》，《宗教学研究》1989年第Z2期。
[4] 雷宏安：《丽江洞经会调查（下）》，《宗教学研究》1990年第Z1期。
[5] 大理市下关文化馆编《大理洞经古乐》，云南人民出版社，1990。

乐的文化内涵及其价值评判——一种多学科的文化阐释》①；何昌林《国宝埋藏在喜马拉雅云岭深处——为丽江纳西古乐团晋京演出作》②；雷宏安、杨韵笙《略论洞经音乐组织的历史渊源及其道教特征——兼与黄林、吴学源同志商榷》③；王兴平《文昌崇拜与洞经音乐》④；张兴荣著《云南洞经文化：儒道释三教的复合性文化》⑤；王兴平《洞经音乐探源》⑥；雷宏安《略论中国洞经音乐的起源及其流变》⑦；尹懋铨、张启龙著《云南洞经音乐》⑧；何显耀著《古乐遗韵——云南大理洞经音乐文化揭秘》⑨；雷宏安《略论洞经音乐文化在现代社会中的价值》⑩；陈复声编著《昆明洞经音乐》⑪；刘晖整理《保山隆阳洞经音乐》⑫；杨文平、李国琼主编《嵩明洞经音乐》⑬；梁宇明、吕国敏编著《文山洞经音乐》⑭；牛冬梅《云南洞经会崇拜对象再思考——以文昌帝君为例》⑮；张伯瑜《云南省个旧市大屯镇洞经会调查研究》⑯；杨杰宏《族群艺术的身份建构与表述——以丽江洞经音乐为研究个案》⑰；王卡、汪桂平《洞经乐仪与神马图像》⑱；何正金《大小传统的交融互动——以大理洞经会与圣

---

① 雷宏安：《略论纳西古乐的文化内涵及其价值评判——一种多学科的文化阐释》，《音乐探索》（四川音乐学院学报）1999年第2期。
② 何昌林：《国宝埋藏在喜马拉雅云岭深处——为丽江纳西古乐团晋京演出作》，《人民音乐》1993年第11期。
③ 雷宏安、杨韵笙：《略论洞经音乐组织的历史渊源及其道教特征——兼与黄林、吴学源同志商榷》，《民族艺术研究》1993年第2期。
④ 王兴平：《文昌崇拜与洞经音乐》，《音乐探索》（四川音乐学院学报）1996年第2期。
⑤ 张兴荣著《云南洞经文化：儒道释三教的复合性文化》，云南教育出版社，1998。
⑥ 王兴平：《洞经音乐探源》，《音乐探索》（四川音乐学院学报）1999年第4期。
⑦ 雷宏安：《略论中国洞经音乐的起源及其流变》，《民族艺术研究》1999年第6期。
⑧ 尹懋铨、张启龙著《云南洞经音乐》，中国文联出版社，2001。
⑨ 何显耀著《古乐遗韵——云南大理洞经音乐文化揭秘》，云南民族出版社，2002。
⑩ 雷宏安：《略论洞经音乐文化在现代社会中的价值》，《音乐探索》（四川音乐学院学报）2003年第1期。
⑪ 陈复声编著《昆明洞经音乐》，云南人民出版社，2007。
⑫ 刘晖整理《保山隆阳洞经音乐》，云南民族出版社，2008。
⑬ 杨文平、李国琼主编《嵩明洞经音乐》，嵩明县委宣传部印，2008。
⑭ 梁宇明、吕国敏编著《文山洞经音乐》，云南民族出版社，2011。
⑮ 牛冬梅：《云南洞经会崇拜对象再思考——以文昌帝君为例》，《交响》（西安音乐学院学报）2012年第4期。
⑯ 张伯瑜：《云南省个旧市大屯镇洞经会调查研究》，中央音乐学院出版社，2014。
⑰ 杨杰宏：《族群艺术的身份建构与表述——以丽江洞经音乐为研究个案》，民族出版社，2015。
⑱ 王卡、汪桂平：《洞经乐仪与神马图像》，社会科学文献出版社，2016。

谕坛为例》①；洛婕《浅谈洞经乐在云南的流传》②；刘娟娟《云南洞经音乐文化：以红河与大理地区为例》③；张伯瑜主编《云南省个旧市大屯镇洞经会乐谱辑录》④。

对于第二大研究方向，研究者考察了云南文昌庙的时空分布，研究了推动文昌信仰传播的力量，并对文昌信仰对洞经乐、敬惜字纸、梓潼戏等民俗及云南教育的影响作了综合研究。主要研究成果有：杨荣涛《云南文昌信仰摭谈》⑤；盖菲、盖建民《云南文昌信仰的传播新论》⑥；杨荣涛《明清大理府文昌信仰探析》⑦；杨荣涛《清代曲靖府的文昌信仰探微——以文昌祠庙为中心》⑧；张泽洪、杨荣涛《明代云南文昌庙与文昌信仰研究》⑨；杨荣涛《明代云南永昌地区的文昌信仰——以万历年间〈修建文昌宫阁疏〉为考察中心》⑩；杨荣涛、谢静静《从碑刻看清代云南的文昌信仰习俗》⑪。

从以上梳理可知，云南文昌信仰的研究，从某种程度上来说始于20世纪80年代对"洞经"的考察，之后便不断涌现关于洞经会、洞经乐的成果。而近十年来，学者则对云南的文昌信仰作了拓展性的综合研究，取得了一些成就，但是，就研究视角的切入，研究方法、研究资料的运用等方面，仍有进一步深入的空间。碑刻作为考察文昌信仰的一种资料，对探寻地域文昌信仰的历史图景具有重要的作用。张兴荣先生考察云南洞经历史源流时，除了

---

① 何正金：《大小传统的交融互动——以大理洞经会与圣谕坛为例》，《民族论坛》2016年第3期。
② 洛婕：《浅谈洞经乐在云南的流传》，梓潼旅游文化研究中心编《中华文昌文化——第二届海峡两岸学术研究论文集》，成都时代出版社，2016，第488~495页。
③ 刘娟娟：《云南洞经音乐文化：以红河与大理地区为例》，中国书籍出版社，2017。
④ 张伯瑜主编《云南省个旧市大屯镇洞经会乐谱辑录》，中央音乐学院出版社，2018。
⑤ 杨荣涛：《云南文昌信仰摭谈》，《中国道教》2015年第6期。
⑥ 盖菲、盖建民：《云南文昌信仰的传播新论》，梓潼旅游文化研究中心编《中华文昌文化——第二届海峡两岸学术研究论文集》，成都时代出版社，2016，第121~131页。
⑦ 杨荣涛：《明清大理府文昌信仰探析》，《云南社会科学》2016年第3期。
⑧ 杨荣涛：《清代曲靖府的文昌信仰探微——以文昌祠庙为中心》，梓潼旅游文化研究中心编《中华文昌文化——第二届海峡两岸学术研究论文集》，成都时代出版社，2016。
⑨ 张泽洪、杨荣涛：《明代云南文昌庙与文昌信仰研究》，《云南师范大学学报》（哲学社会科学版）2017年第5期。
⑩ 杨荣涛：《明代云南永昌地区的文昌信仰——以万历年间〈修建文昌宫阁疏〉为考察中心》，《宗教学研究》2020年第2期。
⑪ 杨荣涛、谢静静：《从碑刻看清代云南的文昌信仰习俗》，肖远平、刘洋主编《西南学术》第2辑，社会科学文献出版社，2023。

从经籍、主要祀神之圣号、史籍、会谱及乐谱序注、口碑等方面加以探讨外，还从"碑文镌证"[①]的层面展开，指出了几通云南洞经会碑刻的大致情况。仅就碑刻文献作为云南文昌信仰的研究资料或研究方法而言，专门的研究成果仍比较缺乏，值得进一步整理与研究。

二 本研究的价值

本书对与云南文昌信仰有关的碑刻作了力求全面的收录，是第一次将分散的云南文昌信仰碑刻文献整理成集。部分碑文虽然在地方志、碑刻集中已有录文，但部分属于第一次加以句读录文，其中不乏首次发现并整理的材料。本书是目前云南文昌信仰研究最新、最系统的专题文献成果，可为云南文昌信仰研究的进一步拓展奠定坚实的基础。

碑刻文献具有真实性强、可行度高的特点，与历史有最直接的关系。碑刻的出土与古代遗迹、遗物相关联，故与考古学也有密切的关系。元明清时期文昌信仰碑刻文献时间跨度六百四十余年，其中清代的数量最多，其次是明代，元代的最少，本书为研究元明清文昌信仰史况提供了珍贵的材料。据笔者目前掌握的资料，云南最早的文昌信仰碑刻为元代的《创修文昌祠碑记》，也是唯一的元代云南文昌信仰碑刻，具有较高的价值。明清时期云南文昌信仰碑刻122通（明代8通，清代114通），成为深入探讨云南地方社会对文昌信仰的推动和接纳、文昌信仰传播与儒道释发展、文昌信仰习俗等方面问题的重要资料。

此外，元明清时期云南文昌信仰碑刻涉及当时云南历史地理的诸多方面，对探讨边疆地区史、文化史、民间信仰、族群关系等均有助益。

---

① 张兴荣著《云南洞经文化——儒道释三教的复合性文化》，云南教育出版社，1998，第13~14页。

/ 第二章 /

云南文昌信仰碑刻文献所见地方社会对文昌信仰的推动与认同

第一节 云南文昌信仰碑刻文献所见文昌崇祀

元延祐三年（1316）廷议加封梓潼神为"辅元开化文昌司禄宏仁帝君"，时为集贤直学士的李源道①参与了此事。李源道撰《创修文昌祠碑记》②载："延祐三年青龙丙辰，三月丁亥，集贤大学士邦宁言：'蜀七曲山文昌梓橦之神，职司贡举，未有加封。'旨下中书，命集贤订定以闻。臣源道时为集贤直学士。明日，中书诣光天门，上曰：'辅元开化文昌司禄宏仁帝君，上可命词臣演纶，布告主者。'"明景泰五年（1454），朝廷修缮了京师北安门外文昌庙，而且敕赐庙额，并遣官致祭。清嘉庆六年（1801），文昌帝君被纳入清朝的国家祀典。清咸丰六年（1856），文昌帝君升入中祀，秩比关帝。元明清时期，云南地方遵照中央规定，崇祀文昌帝君，推行朝廷的神道设教政策。

一 建庙供奉

文昌祠庙是崇祀文昌帝君的场所，是文昌信仰的文化符号，碑刻所见有文昌祠、梓潼祠、文昌宫、文昌阁、文昌桂殿、桂香阁、桂香殿、文星阁、文昌庙、桂香楼、文宫、文昌楼、崇文阁、文昌殿、文明阁等。文昌信仰符合儒家教化思想，受到国家的重视。元明清时期，云南修建文昌祠庙供奉帝

---

① 元延祐六年（1319），李源道任云南诸路肃政廉访使。
② 凡引用本书整理的碑文内容不作注释。其他地方同。特此说明。

君,以推行文治教化。

元李源道撰《创修文昌祠①碑记》载:"帝君生禀张宿,栖真参宫,其言历世七十二,为化九十七,虽未能征其所据,岂亦神道设教之意耶?是以肃将天威,扶立人极,妙用不测,倬为至灵。纠察人世善恶,民有修己植德,或忤天爽物,必报之殃休。而又主握文柄,人士之挟能战艺者归焉。"

明李占春撰《新文昌宫②像叙》载:"予欲奉神之教,会神之精,以暗然者为文,以暗然之章者为文之昌,勿徒文其外、文其名、文其边幅,而必文其中、文其实、文其道德也。"

清杨昭撰《重修河西乡中村③文昌宫碑记》载:"《易》曰:'刚柔交错,天文也;文明以正,人文也。观乎天文,以察时变;观乎人文,以化成天下。'朝廷圣赞承,重熙累洽,文治蒸蒸日隆,文运骎骎日上。滇虽万里,分野井鬼,而寿考作人,为章云汉,菁莪棫朴,炳蔚聿新,盖自汉德广开,渡博南,越兰津,未有丕显光被于斯为盛者。……群相懋勉,争共濯磨,泽以诗书,淑以礼乐,合天文人文一以贯之,而仰荷国家文治之隆、文运之上也,岂不盛哉!"清赵元会撰《敕建文昌宫④记》载:

> 我皇上御极之六载,以文昌阁旧附黉宫,历皆配祀。前清⑤诏令天下府、州、县无大小,悉建专殿,定祀典,崇礼仪,昭事用虔,一时天下从风,知国家贵忠孝、尚名节、兴文教,无远无迩、贵德贵诚。景(景东县)之为郡也,地僻而治远;景之为赋也,土瘠而民贫。以斯二者之难,似未可以经之营之,定藏事于期年内,乃事有不待久而即成,功有不待劝而自赴。

称文昌祠庙为"宫",以示区别和尊崇。清李伯山撰《文昌宫⑥碑记》载:"如我文昌帝君,化行天下,主宰文衡,故圣祖仁皇帝大隆祀典,与宣

---

① 云南府长春观西偏文昌祠。
② 广西府鹤麓书院桂香殿(文昌宫)。
③ 昆阳州河西乡中村。
④ 景东县文昌宫。
⑤ 本篇碑文撰于清代,但首载于民国《景东县志稿》"前清"称谓是民国刻印时修改。
⑥ 马关县治文昌宫。

圣合而为一人焉。及来滇，适观开阳建修非一，然皆曰'庙'，而未曰'宫'也。名曰'宫'者，别于省也。"清陈宗海《文昌宫①碑记》载："以宫名，尊帝君也。"

文昌阁主祀文昌帝君，增祀至圣先师孔子，以广行教化。清杨际泰、杨荫棠撰《重建文明阁②记》载："吾乡旧有文明一阁，楼祀至圣，殿奉文帝，创始于元至元庚寅。"清马煐撰《崇文阁③记》载鲁甸县崇文阁："考自乾隆丁酉，土人因地制宜，创文昌阁三间于北山之麓。……越二十有五年，增祀至圣于楼上，睹文明之雅化倍切，观瞻缅教，思之无穷，弥深景仰。"

文昌帝君与关圣帝君，合称"文武二圣"，云南民间多合祀之。清刘云章撰《重修文宫④碑记》载："泉邑为京师入滇第二站，地瘠民贫，向无文帝专祠，附冕于武庙后偏殿。"清黄灼京撰《新滩溪⑤增修文武宫魁星阁两庑碑记》载："历代尊崇孔庙尚已参之者，其惟文武两圣乎。熙朝创制春秋并祀，典礼优加，旷世尊隆无以异也。顾孔庙之严，非学不立，而文武两圣，则自州县庙祀而外，虽穷乡僻壤，往往合为一宫，非渎祀亦拟于僭也，乃功令曾不及禁者，毋亦两圣人灵迹彰彰，其纲常节义尤足以振人心而经世教也。"清李明鏊撰《重修文昌武帝庙⑥碑记》载："呈邑文、武庙皆前之，良有司都人士备历艰辛，成兹巍焕，无非冀神有凭依，庶足以默邀眷佑，而荫庇人民也。"清陈钫撰《重修文武二宫⑦观音阁碑》载："文、武二宫于城垣之西南隅，嗣因咸丰丁巳年迆西变乱，寺院、民居焚毁殆尽。今有杨公景千，率仝合村士庶，迎请川中名望，熟筹妥商，将旧寺基址抵换与陈姓为业，移修文、武二宫于城心，创建观音阁于中亭。壮紫金之观瞻，喜白马之朝宗。神明庇佑，文武迭兴，谁不乐从，而观昌之。"清杨纯珍撰《阁村改造二圣宫⑧本主祠碑记》载："寺正殿改奉文、武帝，重风化也。"

---

① 腾越厅文庙右文昌宫。
② 昆明县官渡古镇文明阁。
③ 鲁甸县崇文阁。
④ 沾益州城西文昌宫。
⑤ 绥江县新滩溪。
⑥ 呈贡县文昌、武帝庙。
⑦ 云南县旧站村文武二宫。
⑧ 大理县喜洲沙村二圣宫。

文昌帝君攸关地方风俗教化，云南各地积极修建文昌祠庙。清姜复旦撰《培补龙脉碑记》载弥勒巡检司拉里黑"改立文宫，培补龙脉，非一时之利，乃后世之福也"。

值得注意的是，清咸丰年间中央朝廷改文昌祠庙名为"文庙"，民间社会随之改称文庙、文宫等名。清同治《酉阳直隶州总志》卷八载："文昌庙，自元以来，各府州县皆有之。然惟民间里祀，故《会典》未载。嘉庆六年，始奉诏列入祀典，咸丰年中，奉文，孔庙尊为圣庙，文昌宫改称文庙，与武庙并列中祀。"①

二　仪制隆重

清初，云南地方即春秋祭祀文昌帝君。清康熙四十二年（1703）立，尹均撰《文昌宫常住碑记》载："吾乡②文昌宫建自康熙辛卯岁，由簧宫迎圣像于兹。莅兹邑者，春秋丁祭毕，文昌旋致祭焉。每岁二月朏，恭逢圣诞，邑人士庆祝，历今弗替。"清乾隆十八年（1753）立，高锦撰《文昌宫③义田碑记》载："国家圣德覃敷，文教昌明，建立文昌宫，有司春秋祀事，普天之下莫不尊亲。"

清嘉庆六年（1801）文昌帝君被列入祀典，清咸丰六年（1856）文昌帝君升入中祀，祭品、仪制等规格不断提升。清何愚撰《文昌宫④碑记》载："嘉庆七年壬戌，奉敕准直省府州县建立文昌宫，春秋二季祭用太牢，礼肃三献，猗欤盛矣！……命下之日，适洽人心之所不言而同然者，一时薄海内外，大而通都剧邑，小而水浃山隅，凡乡有学，村有塾，咸相率增修庙宇，虔备牲牷，庆文运之光昌，颂休明之嘉会。"

清程含章撰《修文昌后殿⑤碑记》载景东县城文昌宫：

---

① （清）王鳞飞等修，冯世瀛、冉崇文纂［同治］《增修酉阳直隶州总志》，清同治二年刻本。
② 蒙自县治。
③ 白盐井石羊文昌宫。
④ 广南府白马庙右文昌宫。
⑤ 景东县城文昌宫。

第二章　云南文昌信仰碑刻文献所见地方社会对文昌信仰的推动与认同

皇上御极之六年，始晋文昌于中祀，特命天下有司每岁春秋二祭，牲用太牢，礼行九拜，复仿祀关帝之礼，崇祀三代，典至隆也。

清杨桂森撰《重建龙泉观①文昌殿轮藏殿碑记》载："维本朝崇祀文昌帝君，春秋用太牢致祭。"

清杨金鉴撰《文昌祠②记》载：

国家典例，凡庙祀正神皆有祠，掌之宗伯，隶于有司，岁时致祭，典至巨也。文昌神未详缘起，顾相沿已久，意其助文明之进化，隆国家之景运欤？我朝列圣相承，诞敷文德，文昌祠与学庙、武庙并祀以太牢。故自京师而行省而郡县，莫不建祠。及市镇村町，凡沾文化之地，亦私建祠以祀之，例弗禁也。

清陈宗海撰《文昌宫③碑记》载："国朝崇奉神明，春秋享祀，于至圣先师外，别为一坛，均用太牢。下自省会以及州县，皆遵制立庙。……其春秋两祀，牺牲粢盛。"

清傅雍和撰《增修文昌前楼④碑记》载："国朝崇文昌帝君，春秋祀事，大典煌煌，颁及陬澨。"

清张如翼撰《关外文昌宫⑤碑记》载：

因其基址改建为文昌宫，供奉帝君金像，春秋祀典就此举行，十有余年。一时文风日上，亦地灵人杰之验也。嗣因地势逼仄，稍碍观瞻，复请帝像入井内文昌宫致祭。至每岁帝诞，仍就此庆祝，以昭慎重而应山川之灵。

---

① 晋宁州龙泉观。
② 鹤庆西城州仓外公地所建文昌祠。
③ 腾越厅文庙右文昌宫。
④ 邱北县文昌宫。
⑤ 白盐井关外文昌宫。

二月初三文昌帝君诞辰，祭祀规格最高。清王崧撰《文昌宫①置田记》载："然神既由人而成，必有降生之辰，二月三日之祭，其来已久，有其举之，莫敢废也。吾滇与蜀连壤，帝君之祀最盛。浪穹城内西街旧有文昌宫，庆诞之会分四班轮流管理。"

三 文昌祭祀及相关活动的维系

（一）祀田收租谷

捐置祀田收租谷，是云南维系文昌祭祀及其他相关活动的主要手段。

清尹均撰《文昌宫②常住碑记》载："癸未春，欧阳公来莅我蒙，甫下车，会文庙公产久为四邻侵占，爰清界址，拨公租十石永作常住。"

清杜琮撰《朋普③社学记》载："又置田租十数石，□为祀神延师之费。"

清许贺来撰《小瑞城④祀田碑记》载："幸际圣天子恩纶叠沛，良司牧抚恤招徕，户口日集，土地日开，普姓荒芜田亩渐次成熟。州人士以此田宜作此地常住，白之州守。时江陵张侯留心风化，加意人才，允绅士之请议，以其半奉香火，贮其半备士子三年宾兴之用。"

清王膺天撰《四圣庆诞田租碑记⑤》载：

> 至圣为万世宗师，文昌实斯文主宰，而魁神、金甲相翊赞焉。每逢圣诞，士子恭申释菜，诚崇德报本，必不可缺之典也。从前俱系当会绅士捐资致祭，不无参差之咎，府庠生汪滚素行忠诚，累德积功，非一端，即学宫供桿、灯油，已竭致敬之心，尤慨然输悃，将备价银一百三十两买得旧竜寨一庄随慈鲁里无编秋粮一石，实租一十六石五斗，之内出租十石以供每会祭祀，然以十石之数，而备四祭之礼，犹

---

① 浪穹县城内西街文昌宫。
② 蒙自县治文昌宫。
③ 弥勒州朋普。
④ 石屏州小瑞城。
⑤ 立于广西府四圣阁。

未尽敷。其子生员维祥、维祺克继先志，善述前事，又将所存六石五斗一并奉入祀典，写立捐契钱粮租粒，丝毫永不干预。

清关英撰《圣庙文宫①》载：

圣庙文宫建自前明，历今二百余年矣。先辈置租，所以崇祀典，新庙貌，供香火，使之历久而不替也。一切修建祭需，所设公租，原属通用，由来已久。两处香火，阙一招悬，故文昌宫既有住持租石，而学内看司供食，未归画一。乾隆五十二年二月丁祭，诸生会议：圣庙应置田租，永作香火。将先年住持镜明同绅士备价，杜买得张六仁新垦田十五亩，原租三石五斗，接因水冲沙压，减租一石，租与生员陈河图耕种，纳租二石五斗，递年送入圣庙，以供香火。

清乾隆三十年（1765）立《文宫②田粮碑》载："余因察，或田或地，必有坐落……一丘一亩，必有银粮数目，岂得懵然送入？致启后来侵欺霸夺之弊，爰令详细清开，造簿注册，并准勒石以垂久远。诸人士肄业其中者，资其膏火，尚笃志奋兴，将来人文蔚起，庶不负余殷殷振作之意，所厚望也！"

清杨恂撰《学金功德碑记》③载："牧崖应老先生以所典得田数顷送入文宫，永为延师教读之费。"

清陈宗海撰《文昌宫④碑记》载："原有祭田，国家自有常颁，可勿增已。每岁收租，以作岁修之用。"

（二）祀田收租息

清道光年间，王崧撰《文昌宫⑤置田记》载："本街经费临期措办，动辄辙告窘，杜翁友桐倡率同人捐助资财，置田若干亩，收其租息为庆诞之用，

---

① 弥勒州虹溪镇文昌宫。
② 弥勒州朋普文昌宫。
③ 立于弥渡县弥城镇龙华村文昌宫。
④ 腾越厅文庙右文昌宫。
⑤ 浪穹县城内西街文昌宫。

四年而一周，可免匮乏之虞。"

（三）租谷折金

清张大典撰《竹园文宫①大殿北墙碑文》载："今春秋之典不废，而祭务稍缺，有贡生赵讳玘者，敬入市斗民租二石，永作祭需。其田坐落拘皮寨上沟下洗马河田，秋粮四升，价银三十两。"

清嘉庆年间立《桂香义馆碑记》②载盐丰县桂香阁：

> 习见乡邻中不乏读书子弟，往往染于陋俗，苦无教育，于嘉庆二年遵奉母训捐送租谷十五石于文昌宫，为设立义馆之计。通学绅士具呈井司李，通详上宪，注册存案，给以匾额。彼时已延教读，先生慎始图终，恐馆金无多，久而废弛，又于嘉庆二十年添设租谷五石，共计二十石，除纳粮开费外，约有二十金上下，庶可继续延师。

清甘岳撰《捐金赎铺永续香火碑记》③载白盐井文昌宫："道光元年辛巳，解组旋里，即携银一百两，请罗二兄以五十入文昌宫……即以五十两典得田租五石，入文昌宫，交王兆元经管……。惟文昌宫租谷，除脚钱粮钱外所余无几，加以僧人整九寨河田，又小本华受戒支消，租谷欠少，亦非妥协之道，于十八年秋底将文昌宫田价自行收回。"

（四）捐款生息

清罗庆崧撰《设桂香阁④祭需修金记》载：

> 前建桂香阁楼，供奉文昌帝君，俯临香河，远眺萝峰，诚善创也。道光四年，原任山西太谷县令甘岳国、学生彭凌遽、武生樊廷纪、樊珍等，慨然念备物致气乃可以迓神庥，设铎启蒙始足以广圣教，于是首为

---

① 弥勒州上伍村竹园文昌宫。
② 立于盐丰县桂香阁。
③ 立于白盐井文昌宫。
④ 盐丰县桂香阁。

倡捐，一时慕义、忻然出资者共六十五人，计得银一百六十三两八钱，按旧井卤担均匀贷用生息，每年共应有息银三十二两零，以作文会祭需、颁胙及延请馆师修金之费。

（五）房产收租

清陈廷焴撰《北社文昌宫①租记》载：

> 以上田地铺房，均系阖郡捐送，以作济贫香火之用。于咸丰辛酉年城陷，寺社被贼拆毁，现未修建。其田地屡有荒芜，均未照原租上纳，现实在收市石租米二十八石四斗四升，市石租谷四十八石，铺面租钱在外。

清甘岳撰《捐金赎铺永续香火碑记》②载：

> 今于二十三年③六月，倏忽二年巳季，用廷思善后永久策，因公同会议，铺面八格递年收租银十八两，宜分剖之以归着实：一、文昌宫每年收香火租银七两，一、圣母祠每年收香火租银三两。

第二节　云南文昌信仰碑刻文献所见地方社会各阶层对文昌信仰的推动

中国民间信仰之核心内涵是神明信仰，而祠庙又是神明信仰展开的空间，这里既有有形的建筑空间，也存在一个由信仰活动而形成的无形的社会空间，各社会群体都卷入其中。④元明清时期云南地方官员、士绅、释道人

---

① 永昌府北社文昌宫。
② 立于白盐井文昌宫。
③ 道光二十三年。
④ 参见王见川、皮庆生著《中国近世民间信仰：宋元明清》，上海人民出版社，2010，第1页。

士、普通民众等都参与到文昌祠庙的修建和运转过程中，推动了文昌信仰在云南的传播。

一 官员对文昌信仰的推动

（一）治民事神，职责所在

地方官是国家权力在地方的直接代表和执行者。元明清时期，中央王朝在云南地区推行国家祭祀制度，这是维护统一多民族国家的重要方略。对于守土者而言，治民事神是其职责所在，故地方重要庙宇的修建受到在地官员的重视。

元李源道①撰《创修文昌祠碑记》载延祐六年（1319）"奉天子命，持宪云南行省郎中，河南秦君俨适创文昌祠于长春观西偏，像帝君其中"。

明郑颙②撰《金齿司③庙学新建梓橦祠记》载正统九年（1444）守备都指挥佥事"胡公又于孔子庙西隙地构屋若干楹，内设梓橦神象"。

明邵惟中④撰《修建文昌宫⑤阁疏》载"协理效劳"人员中大部分是官员，且多为在地官员。值得注意的是，碑文显示"助银效劳"的官员有"指挥使""镇抚""千户""百户"等职位，由此可知明朝廷在永昌地区推行军事性的卫所制度，各级军事长官协助修建太保山麓的文昌宫，表明他们注重区域内的文治教化。此外，永昌人在外地为官者也是修建文昌宫的重要支持者，如"贵州都司都指挥使王月，银一两"，据明万历《贵州通志》卷二《秩官·都指挥》载："王月，永昌人，隆庆五年任。"⑥

明李占春⑦撰《新文昌宫⑧像叙》载："先是太守邵公建祠于钟秀山麓，嗣后萧公卜迁篝序于骑鹤山。"

---

① 云南诸路肃政廉访使。
② 右佥都御史。
③ 保山县一带。
④ 赐进士，大中大夫、行太仆寺卿，监察御史。
⑤ 永昌府太保山麓文昌宫。
⑥ （明）王耒贤修，许一德纂［万历］《贵州通志》，明万历二十五年（1597）刻本。
⑦ 广西府教谕。
⑧ 广西府鹤麓书院桂香殿（文昌宫）。

明杨玄祜①撰《文昌帝君金像②碑记》载:"署府王公育德,嘉意学校,日举帝训、阴功孝行等语,惓惓为多士劝勉。朔望诣宫,见塑像倾圮,遂捐俸一十五金,谋铸金像。未几,以交代行善果,竟未之就,幸郡伯赵公讳纾,嘉其意,力赞其美,兼郡丞杨公讳于升,司理何公讳宪,各义举鸠匠,以底厥成焉。"

清康熙二十六年(1687)立《鼎建文昌宫③记》载:"吾龙之有文昌宫也,自吾先伯始。先伯讳效祀,字仁山,于前明时以明经仕至保宁别驾,生平谨身慎行,尤兢兢于帝君乩戒,及致仕归来,捐囊中物,铸为金像,高可六尺,四周称之,更铸二侍童,左立者执如意,右立者捧桂籍,一以著敬事帝君之诚,一以为化导乡人之举。"

清李云龙④撰《鼎建文昌宫⑤碑记》载:"丁卯仲冬,余奉命来守兹土,凡有俾于地方风俗者,皆竭思殚力,而于帝君专宫之设,尤心焉急之。"

清程奕⑥撰《由旺⑦文昌宫碑记》载:"察其募疏,则前任张太守、蒋献翁之力为最。"

清赵之随⑧撰《重建文昌宫⑨碑记》载:"兹幸郡之前太守王公讳永羲,今太守董公讳弘毅,同刺史张公讳鼎昌,首倡捐俸协力重修。"

清王毓奇⑩撰《桂香阁⑪碑记》载:"幸有司铎万君,久留甸白,芹藻宫墙,皆其殚心葺治,而不致兴嗟城阙矣。……爰捐清俸,以为首倡。万君从而鼓舞之……夫修举废坠,有司之责也。"

清高鋡⑫撰《重修太极山⑬桂香阁碑记》载:"余于辛巳秋,奉命牧理兹

---

① 赵州学正。
② 武定府罗婺文昌宫文昌帝君像。
③ 马龙州盘瓠城山西麓文昌宫。
④ 晋宁州知州。
⑤ 晋宁州城东文昌宫。
⑥ 保山县知县。
⑦ 施甸县由旺。
⑧ 建水州学政。
⑨ 建水州学文昌宫。
⑩ 禄丰县知县。
⑪ 禄丰县治北隅桂香阁。
⑫ 刺史。
⑬ 安宁州治西太极山。

土，时公之裔孙年兄淳偕弟溥请示于余，欲募重葺。余曰：'继前人之志，以大阖州之观，良举也，宜亟行之。'于是首倡捐俸"。

清张旭①撰《桂香阁②碑记》载："牒州守，得许可"。

清徐松③撰《重建文昌宫④碑记》载："我邑侯徐公讳琳号恒庵者，以名进士宰兹土，仰体皇上佑文至意，发义馆谷一百五十石，欲重修而光大之。……而始终襄厥事者，则司训姚君燮理元庵也。"

清陈可⑤撰《修建魁神阁⑥小引》载：

路南当兵燹之余，文庙及文昌殿、魁阁尽付祖龙。迨我大清定鼎，荷督抚各上台加意抚绥，俾诸属吏得以奉行惟谨。于是废者复，倾者葺，率皆次第修举。如我路南前守张公汝士，偕都人士议，谓修复之宜亟者莫过于文庙，至于今大成有殿已，启圣有祠已，两楹有庑，明伦有堂，而文昌有宫已，惟魁神一阁缺然未备。

清李之骧⑦撰《禄劝州文昌宫碑记》载："禄之有文昌宫也，始自康熙十五年。前任李刺史睹文教衰靡，因迁大士阁于椒山。袁刺史塑像，庙祀渐次经营。及范署州，又覆踵事增华。"

清许贺来⑧撰《小瑞城⑨祀田碑记》载："明崇正初，先伯祖正廷明府捐资建阁以祀文昌。"

清陈希芳⑩撰《新建文昌宫⑪碑记》载："予既知是州，大惧弗称。……于是自捐清俸，倡率士民，芟榛辟址，鸠工庀材。前建六角亭，安奉万岁龙

---

① 检讨。
② 昆阳州河西乡核桃村桂香阁。
③ 司马。
④ 宜良县文庙左文昌宫。
⑤ 路南州知州。
⑥ 路南州魁神阁。
⑦ 禄劝州知州。
⑧ 侍讲。
⑨ 石屏州小瑞城。
⑩ 云龙州知州。
⑪ 云龙州文昌宫。

牌，翼以两庑，为官绅习仪之处。外树大坊，以肃观瞻，后创桂香殿三楹，肖文昌像，使士知向慕而愤发焉。是役也，财出于官，工不久妨。"

清李应绶①撰《修建澂阳文昌庙②碑记》载："澂阳郡城设帝专祠，昉自万历三十五年，太守刘公讳懋武建于署左"。

清樊好仁③撰《文昌宫④碑记》载："前任许公讳廷佐者，心念久之，乃偕两学广文、通学诸生，捐金修建，刻桷雕楹，缕金绘像，俾习礼之士，未瞻孔子之宫，先睹文昌之盛，起敬起爱，端在斯矣。""吏员李超林备价银六十两，杜买到李文秀水田一分，坐落班洪村斗首下三丘，下首尾四丘，东至大河，南至火头田，西至思家田，北至河，随纳秋粮二斗四升，年收租谷五石五斗，随租银一钱一分。于雍正七年五月十二日施入，有施约一纸。月十二甲。"

清高锦⑤撰《文昌宫⑥义田碑记》载：

余于庚午岁蒙恩特简莅任此邦。每于政暇，会课生童，郁郁彬彬，有德有造，又于朔望瞻仰庙貌，见义学设乎其中，询所由来，乃前任司牧白公率五井绅灶罗铨等捐金，买购原任建水训导张公讳铎田租十七石，以作义馆学金，故肄业有所，人文辈出，前人之功慕伟矣哉！

清吴绳祖⑦撰《副官村⑧文昌宫碑记》载："乾隆癸巳岁，黄君以粤才分治吾邑，捐俸首倡以文教之兴，端赖培毓，属我同人佽助鸠工，以董厥成，此千秋盛举也！"

清赵元会⑨撰《敕建文昌宫⑩记》载："盖繇郡伯德公仰体圣天下普被

---

① 庶吉士、澂阳县知县。
② 澂江府庙学文昌庙。
③ 元谋县知县。
④ 元谋县学文昌宫。
⑤ 白盐井提举。
⑥ 白盐井石羊文昌宫。
⑦ 永善县教谕。
⑧ 永善县副官村。
⑨ 景东县教授。
⑩ 景东县文昌宫。

之仁敬，理其事而又选任得人，故倡论之始，即会聚诸生。……噫！何其善于谋始而慎于成终也？迨德郡伯升任，后继任那嵩诸郡伯无不以事关祀典，宜肃观瞻。凡构良材，焕金碧，庙貌巍峨，杰峙云表。即经始勿亟而庶民子来，又可谓善于成终而无负厥始矣。虽然兴教敷化，圣天子之德也，而亦需诸郡伯之德。盖郡之事，咸视郡伯为从违所兴善，而所从靡不善矣。"

清程承休①撰《重修左所营②文昌宫魁阁记》载："是院也，盖创始于国朝康熙四十年前同知仪凤茄公。迨至雍正、乾隆年间，两次改迁，历任续捐田亩，俱被山水冲压。……嘉庆己卯，景东乡先辈月川程中丞捐银四千两，买田收租以作生童膏火，公长君别驾作记，备载厅志。"

清杨际泰、杨荫棠撰《重建文明阁③记》载："一修于明天顺间，镇抚沐公、守监罗公并僚属皆捐资助□□成。国朝康熙三十七年戊寅，制宪王公继文，抚宪石公文晟偕司道府县，复捐廉重修。"

清曾德纯撰《续修古文昌宫④记》载："乾隆中，州牧王锡缙仍自南楼移此，建阁奉之，而元坛复为文阁。"

清杨育沧撰《添修文昌宫⑤碑记》载："乾隆五十一年，抚彝府史重修寺宇三进，以观音升后殿，新建文祖中殿，弥勒前殿，妥神像焉。道光丙午岁，抚彝府彭令本城众士，于竭诚创修猛淋河迎仰恩石桥一座外，更令士等移建观音后殿于左。"

清刘云章撰《重修文宫⑥碑记》载沾益州城西文昌宫："咸丰辛亥，山左由琢巷毛公，宰南宁，会稽清元张君任分司，始率士民募建文昌宫于城西。癸丑告成……泉驿丛尔弹丸，年来兵戈杂沓，得数公而废修坠举，将见士习诗书，民安耕凿。汲汲乎，有蔚起之象焉。"

---

① 福建延平府通判、候补知府。
② 景东县左所营。
③ 昆明县官渡古镇义明阁。
④ 宣威州元坛阁北古文昌宫。
⑤ 龙陵县东山麓文昌宫。
⑥ 沾益州城西文昌宫。

清李明蛰①撰《重修文昌武帝庙②碑记》载："余官斯土已三载矣，愧无功德于民，是不能事人而敢云事神乎！呈邑文、武庙皆前之，良有司都人士备历艰辛，成兹巍焕，无非冀神有凭依，庶足以默邀眷佑，而荫庇人民也。"

清杨金鉴撰《文昌祠③记》载："然苦无隙地，因禀商前邑侯楚南邓君瑶，愿以西城州仓外公地一区作为祠址。更得前贵州提督蒋君宗汉捐银一千两，遂鸠工庀材。"

清杨桂森④撰《重建龙泉观⑤文昌殿轮藏殿碑记》载："阳湖王君心观请于制府史公，议重建，公捐廉为倡首，方伯诚公、廉访杨公、观察谢公、署东川府守成公皆助以金"，该碑记载捐"功德"的官员及银两如下：

> 云贵总督史，捐银四十两。
> 云南布政使诚，捐银三十二两。
> 署云南布政使杨，捐银四十两。
> 云南迤西兵备道谢，捐银六两。
> 特调云南府知府□□□升佟，捐银三十二两。
> 特调云南府知府陈，捐银二十两。
> 署丽江府知府广，捐银十两。
> 署东川府知府成，捐银二十两。
> 昭通府大关同知福，捐银十两。
> 署元江直隶州知州兴，捐银六两。

从以上梳理可知，元明清时期云南文昌祠庙的修建，多由地方官员主导、捐助。这些地方官员中，不仅有文官，还有武官，通过修建文昌祠庙以凸显他们在地方公共事务中的地位和作用。

---

① 呈贡县知县。
② 呈贡县文昌、武帝庙。
③ 鹤庆西城州仓外公地所建文昌祠。
④ 钦点翰林院庶吉士。
⑤ 晋宁州龙泉观。

（二）对文昌帝君司禄主文运神职、忠孝品格的认同

元明清时期，文昌帝君"尤孜孜于忠君孝亲，扶植斯文"[1]的神格得到地方官的认同，故地方官多主导或倡议修建文昌祠庙。

1. 对文昌帝君司禄主文运神职的认同

元李源道[2]撰《创修文昌祠[3]碑记》载："国家设取士科，滇之贡额当两人，版籍无秀民，无一人出应者。嗟夫！岂不为藩方之大戚乎？秦君之虑及此，于以创神之祠，资神之力，庶几作新士气，丕变民俗，其设心亦云至矣。"

明郑顒[4]撰《金齿司[5]庙学新建梓橦祠记》载："仰惟国家养士以学校，取士以科目，及其入官也，待士以爵禄，皆为世道计尔。然学之兴废，科目之盛衰，文运之通塞，人才之成否，造化扶植之妙，必有神以尸之者。苟有神以尸之，则于崇德报功之典，容可后乎？梓橦七曲之神，《化书》谓其主文昌而司禄命者。祀之于学，所以示崇报也。"

明邵惟中[6]撰《修建文昌宫阁[7]疏》载："梓潼帝君道参元化，机运神明。职典文昌，悬象光照于北斗……人间禄命，庶□注生；天上铨衡，斯文宗主。……兰亭嗣续，祷尼征玉麟锦绂之祥；桂籍科名，梦兆应紫阁黄扉之贵。"

明李占春[8]撰《新文昌宫[9]像叙》载："与有赖我梓潼帝君之神，炳灵张翼，累世以文教自任……帝王师相之文，及天下万世神掌文昌之命于天，而昌文儒之命于桂殿，判录判嗣，定荣定枯，信已。"

---

[1] 《清河内传》，《道藏》，文物出版社、上海书店、天津古籍出版社，1988，第3册第289页。
[2] 云南诸路肃政廉访使。
[3] 云南府长春观西偏文昌祠。
[4] 右佥都御史。
[5] 保山县一带。
[6] 大中大夫、行太仆寺卿、监察御史。
[7] 永昌府太保山麓文昌宫。
[8] 广西府教谕。
[9] 广西府鹤麓书院桂香殿（文昌宫）。

明杨玄祐①撰《文昌帝君金像②碑记》载:"罗婺有文昌宫,重修后,文教蔚蔚渐兴,非帝君阴牖而何?"

清文石甫、邹良彦③撰《鼎建文昌桂殿④碑记》载:"自元皇开化,士之隶其籍者,莫不以昭事之处,祈嗣禄而焕人文,肝衡士于骏发,翩翩于斯为盛。"

清董便民⑤撰《新建文昌宫⑥碑记》载:"若夫亲生君成,恩隆罔易,惟师道百代为昭焉,间尝披阅文祖经传,在列曜中专主文衡而司桂籍、禄籍,然建旗秉钺,武事亦兼其权。"

清康熙二十三年(1684)立《建修太和县⑦文庙文昌宫魁阁碑记》载:"至康熙二十三年,大师复滇,而邑侯光琏张公、永熙盛公,相继署理,与绅于□议,于明伦堂西建文昌殿。"

清蔡毓荣⑧撰《重修杨林⑨文昌宫桂香阁碑记》载:"本地城东旧有文昌宫,原以培一方文风,为士子观瞻之所,久罹兵火,风雨飘摇。余闻而增慨焉,遂为捐俸修理。阅一载而楼阁功竣,焕然一新。"

清吴自肃⑩撰《文昌祠⑪记》载:"盖自圣朝聿兴文教,虽在外徼,弦诵相接,彬彬郁郁,凡属风教所关,无不修举,以全力完缮宫墙,而余材为此,亦称巨丽。其山川形胜,亦分宫墙之余,概且不特山川之形胜也,钟灵毓秀,以滋培扶植于元江人士者,亦与宫墙共此阴翊而默助焉。"

清沈宁⑫撰《新建文昌宫⑬记》载:"开虽僻在一隅,为士子者苟能虔奉帝君之宝训,岂无掇科名而破天荒者乎?吾知必有朱衣暗为点头矣。"

---

① 赵州学正。
② 武定府罗婺文昌宫文昌帝君像。
③ 知县。
④ 大理凤仪弥陀寺文昌宫。
⑤ 黑盐井提举。
⑥ 黑盐井文庙侧文昌宫。
⑦ 大理府太和县。
⑧ 云贵总督。
⑨ 嵩明州杨林。
⑩ 云南提学道。
⑪ 元江县儒学左文昌祠。
⑫ 开化府知府。
⑬ 开化府学宫文昌宫。

清王毓奇①撰《桂香阁②碑记》载："窃思文昌一星，为天之六府，掌人禄籍，司士子科名。予夺之柄，惟神实主之。"

清张旭③撰《桂香阁④碑记》载："殿庑、门垣巍然伟观，肖帝像于中，司桂禄籍，侍卫森严，州人颜其祠曰：'桂香'。"

清蔡毓荣⑤撰《新建文昌宫⑥碑记》载："上帝命其掌文昌府事，司人间禄籍，以故天下学校多祠之。滇与蜀为邻，祠之非异也，今昆阳人士既能聿新庙貌以妥其神，余知帝君之灵必有显佑斯土者，将使月山之下冠盖云兴，人文蔚起，安见石龙巨桥之胜不与神皋绣壤同其郁郁也哉！"

清李涵⑦撰《重修文星阁⑧记》载："方今，上临雍御讲，凡兴文之务，咸与维新。……其文星阁，涵何敢多让。"

清陈希芳⑨撰《新建文昌宫⑩碑记》载："寓内州县，靡不建宫崇祀，以为乞灵之资。云龙虽僻处边隅，然沐浴圣朝文明之化，几及百年。而人才犹未蔚起者，岂在上之振兴未至与？"

清高锦⑪撰《文昌宫义田⑫碑记》载："况是癸酉科，一邑而中式三人，岂非圣人在天之灵，有以感召之哉！"

清方桂⑬撰《移建文昌宫魁阁于华宜寨⑭序》载："前令听形家言，筑文昌宫、魁阁于其上，殆若纽然，所以发声文教也，意非不善。迨十余年来，委顿犹昔，文战辄不利，多诿咎于此焉，岂地灵人杰，必有待而然欤？"

---

① 禄丰县知县。
② 禄丰县治北隅桂香阁。
③ 检讨。
④ 昆阳州河西乡核桃村桂香阁。
⑤ 云贵总督。
⑥ 昆阳州治文昌宫。
⑦ 建水州知州。
⑧ 建水州文星阁。
⑨ 云龙州知州。
⑩ 云龙州文昌宫。
⑪ 白盐井提举。
⑫ 白盐井石羊文昌宫。
⑬ 东川府知府。
⑭ 东川府华宜寨。

清吴绳祖①撰《副官村②文昌宫碑记》载:"昔王文恪谓:'孔子为后天之文昌,文昌为先天之孔子。则阐扬翊赞,而使人才蔚秀,甲第蝉联,微文昌之赐不及此。'……孰谓孔子之修道觉世,与文昌之阴骘垂训有异旨也哉!自兹以往,邑之人士果能争自濯磨,弦歌备习其中,吾见文风日上,人材日多,其应科举之选者,发为经济以佐太平之治,即进而沐浴于道德,渐渍于仁义,养成大儒以接洙泗之传,是即善体帝君阐扬翊赞之盛心,而无负国家文教覃敷之雅意也。"

清刘炳南③撰《文昌宫④碑记》载:"上塑帝君像,主村文明于上;左右列魁星金甲像,前绘白衣观音、洞府仙众,于是村之人士,善男信女,或祈嗣,或祈禄,各各如意,无不满足。"

清袁文典⑤撰《重修太保山⑥魁阁募引》载:"继乃增建接龙楼,崇文教以祀文祖,宜也。……郡先达因建阁于其上,主祀魁神,而以朱衣、金甲神配,兼培风脉。其亦接龙之意欤。……亦所以培风脉、重文教,期永保两庠文风日盛,科第重光。转盼乙卯、丙辰,四三年间,郡人士之渥皇恩而通仕籍者,如登太保山,层累而上。高瞻远瞩,济济多才。"

清嘉庆九年(1804)新兴州立《新建文星阁碑记》载:"盖以培风脉,兴文治,非徒耀人观美也。"

清何愚⑦撰《文昌宫⑧碑记》载:"《诗》所谓张仲孝友者,是又谓文昌星主赏功进爵。自唐宋以科目取士,士奉之尤谨,往往有验,故今世咸家祝而户祀焉。……今得此永奠神居,振我文风矣。故予后撰联云'地留福壤育英才',盖纪实也。"

清李人俊撰《竹园上中两伍魁星阁碑铭并序》载:"魁与文昌,原如辅弼,以成天象,唐宋来列入祀典,宫之宇之,以为能振兴文教,亦舜典秩于

---

① 永善县教谕。
② 永善县副官村。
③ 吏部拣选知县。
④ 弥渡县苴力会兰村文昌宫。
⑤ 广西州学正。
⑥ 永昌府太保山。
⑦ 广南府知府。
⑧ 广南府白马庙右文昌宫。

六宗遗意。宫宇辉煌，必相映带，殆孔子易翼所谓'天垂象，圣人象之'者欤！竹地向建文宫……县主周又欣然倡助。"

清邱靖①撰《重修文昌殿②碑记》载："余于秋祀礼成，睹庙貌之尊严，见规模之宏敞，未尝不想昔日科第之盛，仕宦之兴，继继承承，至于今日，非昔人创建之功不及此，然则昔人创之而科第盛，今日修之而盛，可知矣。昔人建之而仕宦兴，今日重修而兴可知矣。"

清王崧③撰《文昌宫置④田记》载："张相公生于蜀之梓潼，殁而庙祀，屡著灵异，叶石林《岩下放言》、高文虎《蓼花洲闲录》皆记其显灵于科目之士，是以求科目者奉之为主，附其神于文昌之星，而崇以帝君之号，亦若传说之为列星者。"

清陈万金⑤撰《重修文昌楼⑥碑记》载："永保魏鼎新、西蜀陈万金念文昌帝君司禄人间，继帝王而宣化衡文天上。"

从以上的梳理可知，元明清时期云南地方官员甚是认同文昌帝君司禄主文运的神职，他们希望通过修建文昌祠庙以培文风、兴文运、出人才。

2.对文昌帝君忠孝品格的认同

明李占春⑦撰《新文昌宫⑧像叙》载梓潼帝君"躬孝友忠君王"。

明杨师孔⑨撰《新建文昌宫⑩序》载："予尝读《忠》《孝》《化书》，见七曲之灵，万世之教也。夫无所逃于分者，君父也；无所解于心者，忠孝也。帝君以忠孝自淑，因以淑天下。万世后之人，不能忘于忠孝也，自不能忘于帝君也。不能忘于帝君，而又思见帝君而不得，倘不为之庙以依之，像以崇之，忠孝之性安乎哉。……盖将以忠孝心，阐忠孝事，况尺幅其藉焉耳。……予每思忠孝根于□，植于性，苟徒侈庙宇巍隆，丹垩伟丽，见外相

---

① 赵州知州。
② 赵州文昌殿。
③ 山西武乡县知县、晋阳书院掌教、道光《云南通志》总纂。
④ 浪穹县城内西街文昌宫。
⑤ 永保（永昌府保山县）管事。
⑥ 永昌府太保山麓文昌楼。
⑦ 广西府教谕。
⑧ 广西府鹤麓书院桂香殿（文昌宫）。
⑨ 钦差提督学政云南按察司副使。
⑩ 禄丰县文昌宫。

之帝君，而忘自心之帝君，则崇祀究将何益。"

清文石甫、邹良彦①撰《鼎建文昌桂殿②碑记》载："盖本惟忠孝而资以文学，故九天辅元开化，开此忠孝也。嗣禄桂籍之传，传此忠孝也。奉玉旨而佐南斗以注生者，注此忠孝也。鹫峰古佛，纪功录行，为定慧菩萨成释迦梵，登如来之果者，即忠孝之极果也。至于殄凶残、诛叛逆，无非不忠不孝之魄而维持此忠孝也。是以修古悖凶，神道设教，即一念而横塞百久，可于其功用，六经皆忠孝之书，圣贤皆忠孝之人也。"

清董便民③撰《新建文昌宫④碑记》载："俾井之士民，俨然在望，咸生其子孝亲、臣忠君、弟尊师之念焉。"

清蔡毓荣⑤撰《重修杨林⑥文昌宫桂香阁碑记》载："余闻文昌帝君，以忠显之灵，专司文教，天下郡邑，莫不祀之，匪独滇南一方、杨林一邑也。"

清吴自肃⑦撰《文昌祠⑧记》载：

稽诸文昌垂训，必以孝弟忠信为先，此即四子六经之旨。孟子所云："其子弟从之，则孝弟忠信是也。"良士大夫诚能虔奉其训，而不徒以土木之彩绘，俎豆之修列，为神之所歆。在是生平所读之书，在家所事之父兄，在国所奉之君长，广廷大众之间，暗室屋漏之际，皆有神所昭鉴，而儆惕战惧，不敢稍违其训，不异守洙泗之传而觐宫墙之盛也。其于维持风教，岂有二哉！

清赵之随⑨撰《重建文昌宫⑩碑记》载：

---

① 知县。
② 大理凤仪弥陀寺文昌宫。
③ 黑盐井提举。
④ 黑盐井文庙侧文昌宫。
⑤ 云贵总督。
⑥ 嵩明州杨林。
⑦ 云南提学道。
⑧ 元江县儒学左文昌祠。
⑨ 建水州学政。
⑩ 建水州学文昌宫。

盖自元朝收附内地，历胜国以迄今，兹垂四百年，仁渐义摩之化，沦肌浃髓，以故风流大雅，代不乏人。其间勋名世业彪炳汗青者，亦屈指不胜数。何一非山水之所孕毓、先圣之所式灵，而为帝君之所阴扶默佑者乎？然儒者先德行而后文艺，鄙祷祠而尚功名。今圣天子雅意作人，尊师重道，亘古无双。正文治昌明之日，诸生各自勤思砥砺，仰副前修。帝君之灵，其必有以鉴之矣！

清汤茂如[①]撰《新建文昌祠[②]序》载：

独忠孝一楼，垒三层，高百尺，自楚黄鹤而下，莫可与京。夫楼名忠孝者何？帝以忠孝立身，以忠孝教人，故曰"忠孝楼"。数千百年来，遍天下而祠之，虽规模创制不与楼符，要皆忠孝感人。故世之绅者、士者，莫不敛衽而钦向，即少识君父二字，亦过庙思敬。……

夫人生斯世，忠孝为本。今庙貌巍峨，神灵赫奕，则凡一望之而起人以忠、起人以孝者，又宁有量耶？嗟嗟！妥一神，立一祠，而忠孝克敦，大本能立，则人心还淳，风俗转厚。祠之创建也，其关系岂浅鲜哉！若夫功名嗣续，余故不敢倡，为邀福之论，然富贵福泽，几见非忠孝所必至之数耶？余题其匾曰"忠孝阁"。逆知后来功名中人，尽忠孝，忠人愿，勿置身名教而忘帝之忠孝立身、忠孝教人也。

清徐松[③]撰《重建文昌宫[④]碑记》载："今邑侯于故文昌宫踵事增华，扩大其基，我知人之入其宫、瞻其像者，仰见庙貌崇隆，将必洗心涤虑，种德行仁，诚其意以修身，尽其性以立命，为人子而能孝，为人臣而能忠，为兄弟而允友允恭，为夫妇而允和允顺。临下以简，御众以宽，有必然者。是役也，非祈福也，将以劝士也。……所以点头，毕竟无私，直取忠孝，廉节阁笔，原非得已不收于辟邪淫。"

---

① 马龙州学正。
② 蒙自县分司街文昌祠。
③ 司马。
④ 宜良县文庙左文昌宫。

清李之骥①撰《禄劝州文昌宫碑记》载:"俾帝君实式凭灵,而忠孝节义昭若云汉,盖历千百年如一日耳。"

清蔡毓荣②撰《新建文昌宫③碑记》载:"余闻文昌帝君乃蜀之英显王,以孝德忠仁显灵于蜀,庙食剑州,为梓潼神。"

清米璁④撰《桂香殿⑤碑记》载:"完三才之正,统百行之全,实无加于忠孝,究竟二者,无岐说也,何也?父母者,生身之本,而以孝报之;帝王者,成身之本,而以忠报之。孝可该忠,该之以报本而已。所以虞舜为孝之大,其大在乎尊亲。古今有国者,封禅郊社,率该以尊亲,配天地。然此意,历代名人具能言之。若切切教人忠孝者,则又莫如文祖。鉴文祖九十二化,率皆积忠孝而证圣成真,东晋以来,代加褒号,自京师以暨州邑乡井,靡不奉祀典,荐馨香。……文祖在天而洞箓万言,同流上下,字字忠孝,念念君亲,今而后有殿崇先,阶庭不褻矣。"

清李应绶⑥撰《修建澂阳文昌庙⑦碑记》载:"自古祀典之设,必立人伦,有功名教者则祀之,而人乃不惑于祸福,如文昌祠祀是也。"

清赵淳⑧撰《新建文昌殿桂香楼⑨记》载:"文昌之崇奉,至今日而无地不然,亦谓其秉忠孝以作人文,而默翊圣教,有裨于生,三事一之义耳。"

清吴绳祖⑩撰《副官村⑪文昌宫碑记》载:

尝读《阴骘文》一篇,宝训格言,字字皆六经精蕴,而一十七世宏仁广被,扶名教以启文明者,总不越作忠教孝,劝人为善之旨而已。故

---

① 禄劝州知州。
② 云贵总督。
③ 昆阳州治文昌宫。
④ 顺宁府知府。
⑤ 顺宁府城南桂香殿。
⑥ 庶吉士、澂阳县知县。
⑦ 澂江府庙学文昌庙。
⑧ 东州、鹤庆、顺宁等三府教授。
⑨ 琅盐井鱼池山麓文昌宫。
⑩ 永善县教谕。
⑪ 永善县副官村。

士奋迹而起，建竖非常者多由科第。然必本忠孝以发为文章，而非直拾青撷紫，藉诗书为弋名之具，故曰"微文昌之赐不及此也"。

清刘炳南①撰《文昌宫②碑记》载："（恭）惟文祖忠孝开化，护国牧民，其道则尧、舜、禹、汤、文、武、周公、孔子、孟子之道也，其教则君臣、父子、夫妇、昆弟、朋友之教也。教而道行，道行而文著，一以贯之者也。"

清谢锡位③撰《重建文昌宫④碑记》载定远文昌宫："凡所为孝友之大者，皆内照于心无愧。则是宫之建于学宫侧者，诚有裨于立学设教之意。而士之拜于祠下者，洵可以希贤希圣而无愧于神矣。岂仅科第蝉联、声华崛起之谓哉。"

清程含章⑤撰《修文昌后殿⑥碑记》载景东县城文昌宫："此文昌之见于天者也，其在人则相传为周大夫张仲，以教友见称于诗者也。帝君以孝德应天星、司天命，祀帝君而并祀其所从生，所以推帝君之孝，而广其教于天下也。推帝君之孝以祀其先，而慢而不敬，则大非帝君孝友之意也。……章犹愿我故乡人士学帝君之孝，师帝君之仁，救人之难，济人之急，悯人之孤，容人之过，处为盛德之士，出为尽忠之臣，异日显亲扬名、光昭先人之令德，庶不负国家教孝之意，而帝君孝友之心且怡然慰矣。"

清陈万金⑦撰《重修文昌楼⑧碑记》载文昌帝君："禄忠孝以成名，阴骘无不广种名教，是以常新。"

清杨桂森⑨撰《重建龙泉观⑩文昌殿轮藏殿碑记》载："盖帝君福国佑民，皆本之忠孝，以为善诱天下万世，使人自求多福而消沴气于无形，故祠宇嬴

---

① 知县。
② 弥渡县苴力会兰村文昌宫。
③ 会稽县人、知县。
④ 定远县学文昌宫。
⑤ 大中丞。
⑥ 景东县城文昌宫。
⑦ 永保（永昌府保山县）管事。
⑧ 永昌府太保山麓文昌楼。
⑨ 钦点翰林院庶吉士。
⑩ 晋宁州龙泉观。

宙合，靡不尊奉之者？"

从以上梳理可知，文昌帝君的忠孝品格也受到元明清时期云南地方官员的广泛认同，他们希望借此教化民众，以推进辖区的治理。

二　士绅对文昌信仰的推动

士绅处于官民之间，是地方社会有影响力的人物，有能力调动资源修建和维持文昌祠庙的运转，使文昌信仰在地区内发展。

明邵惟中撰《修建文昌宫阁①疏》载"武举人"作为助银效劳者，如韦□亨、王鸣凤等。从碑正文可知，"两庠生员"是倡修文昌宫者，"助银效劳"人员中还有"武生"。此外，"助银效劳"人员中还有三类人员值得注意——寿官、义官、义夫，为地方社会德高望重者。寿官乃明天顺二年（1458）后出现的经地方推举并逢恩诏颁下时才赐予的头衔，明万历十年（1582）规定年满70岁方有机会进入寿官行列。义官，明代最为盛行，是由官府直接任命或采用其他奖励形式向社会颁布的头衔。义官不拿俸禄，以为地方社会做贡献为己任，积极参与地方事务的管理。义夫，指男子丧妻后没有再娶，被认为志行卓异而受到地方的旌表。古时民间有"孝子顺孙义夫节妇"之说，多建"旌义亭""贞节坊"等维持地方风俗教化。

明李犹龙撰《小水城文昌阁②记》载明崇祯"壬申之冬，孝廉许正廷请其地为文昌阁，因述其有夙愿于七十二化之中"。

清方熹撰《鼎建大魁阁③记》载："庠友王佐、赵云凤、舒之粤、吴兆南、陈尧道、孙象贤、杨友梅、任杰、陶师亮等雅志作人，恒心启后。庀材鸠工，并梓橦之殿后先而树立。"

清程奕撰《由旺④文昌宫碑记》载："有文学沈生同合郡士庶思增修宫阙，仿府制规为，于是大破家资，重输弘辟。"

---

① 永昌府太保山麓文昌宫。
② 石屏州小水城文昌宫。
③ 新平县学大魁阁。
④ 施甸县由旺。

清赵之随撰《重建文昌宫①碑记》载："诸绅士亦竞相与劝勤之，讫可底续矣！"

清王毓奇撰《桂香阁②碑记》载："邑之明经王绳武及博士弟子何逊皆随分乐输，踊跃从事。"

清高鋡撰《重修太极山③桂香阁碑记》载安宁州太极山："上有桂香阁崇奉帝君，始自明荐绅先生朱公建也。……约诸绅士不吝悭囊。"

清汤茂如撰《新建文昌祠④序》载："适间邑绅士约为建创之举。"

清徐松撰《重建文昌宫碑⑤记》载："命余同邑中诸生，布地展基，鸠工庀材。"

清陈希芳撰《新建文昌宫⑥碑记》载："博士以学田进为宫基址"。

清李应绥撰《修建澂阳文昌庙⑦碑记》载："城绅士立联元社置田供祀事。"

清樊好仁撰《文昌宫⑧碑记》载元谋县："监生廖富昌备价银五十两，置买水田一分，坐落左那上村，东至、南至、西至、北至，随纳秋粮一斗六升，年收租谷三石五斗，随租银八钱，脚价银一钱六分。于雍正四年十月初六日施入，有施约一套。""监生廖富昌、生员王骧开挖塘田一丘，坐落左那村，其田无粮，年收租谷三石。于雍正四年十月初六日施入，有施约一套。"

清陈□□撰《文宫⑨田粮碑》："康熙三十年，本村乡绅士庶姜延祖等，备价三百三十两七钱九分承……地一百五十九亩六分三厘，因先年地方，不无夫役之扰，□中捐出田亩，以资公费。"

清饶梦铭撰《桧溪⑩文昌阁记》载："倡修者即廪生孙谦与廪生葛张、附

---

① 建水州学文昌宫。
② 禄丰县治北隅桂香阁。
③ 安宁州治西太极山。
④ 蒙自县分司街文昌祠。
⑤ 宜良县文庙左文昌宫。
⑥ 云龙州文昌宫。
⑦ 澂江府庙学文昌庙。
⑧ 元谋县学文昌宫。
⑨ 弥勒州朋普文昌宫。
⑩ 永善县桧溪。

生鲜芝、监生唐绍先。"

清陈三重撰《合议捐置社田碑①记》中所载"以往绅衿善信"33人、"现在绅衿善信"46人、"合郡绅士等重立"等信息，可知永昌府北社仓（北社文昌宫）的修建得到了陈三重、辛和国等众多士绅的助力。

清关英撰《圣庙文宫②》载："绅士：孙珩、张夔龙、马燻……连玺等同志。"

清赵元会撰《敕建文昌宫③记》载："时幸贡生赵绂掌书院，迫成美举，公举绅士涂化龙、李逢春、李天培、侯辅廷专司其任。"

清关英撰《升修文宫④中殿碑记》载："至乾隆九年，姜生文震、杨生震春、严生文林、王生勤，同众士庶更建桂阁于后，洵足壮观。……兹据绅士张醇风……张秉仁、张醇彦、严崇、杨殿魁、任国材、徐元清、俞相尧、任国珩、段联科等呈称：绅士严济武、张桂、简国俊、张秉仁、李起麟、任纲、李源、严相武、姜炘武、张秉礼、徐承先、王天德、柏润、杨国相、张环、王诏、陈士明、王灿、张景宿、周杞、冯瑶、王逵、张恒、任堂等，情愿各解己囊，俾卑隘者高大之，请序于余。予莅任兹土，已历数年，每见各绅士于一切学校公事，皆实心办理，从未有挟觊觎之见，观望不前者。"

清程含章撰《修文昌后殿⑤碑记》载："景东文昌祠旧在学宫左侧，地颇褊小，不称。嘉庆甲子，郡绅赵绂、涂化龙、李洸、李天培、李逢春、侯弼等（事关典礼，书名非僭），承官师命，集腋成裘，移建玉屏山麓考院后，高爽轩豁，殿宇宏整，两厢厅廊悉备，堂哉肃矣！"

清曾德纯撰《续修古文昌宫⑥记》载宣威州元坛阁北古文昌宫："往者监生向云开倡议修葺有成，议矣，而不果。壬寅夏四月，举人孙绍康、朱元鼎，选拔杨于嵣，领斋缪琮、孙应阳、缪元弼、黄正中、陆天宝等会议阁中。"

---

① 立于永昌府北社文昌宫。
② 弥勒州虹溪文昌宫。
③ 景东县文昌宫。
④ 弥勒州朋普文昌宫。
⑤ 景东县城文昌宫。
⑥ 宣威州元坛阁北古文昌宫。

清邱靖撰《重修文昌殿①碑记》载：

  皇上御极之十二年，余摄篆斯土，适重修文昌殿告成，绅士等请序于余，乃为之记。曰文昌七星，经纬魁斗，固与文运相为盛衰者也。国初，时文教甫兴，斯庙已建，士之掇巍科登显秩者，更仆教难终数百年，殿庑就倾，栋梁半颓，而多士因之不振，何□□之若斯也。州之绅士目击其失，知不可一日缓也。于是为之□营图度，鸠工庀材，七阅月而竣。

清李明鳌撰《重修文昌武帝庙②碑记》载呈贡县文昌武帝庙："爰是集两境绅士李上元、秦福源、杨本仁、杨钟南、李万年等商之，措公款以资修建，复公举陆应芳等为之监理。"

清陈钫撰《重修文武二宫③观音阁碑》载："前辈绅民原建有文、武二宫于城垣之西南隅，嗣因咸丰丁巳年迤西变乱，寺院、民居焚毁殆尽。今有杨公景千，率仝合村士庶，迎请川中名望，熟筹妥商，将旧寺基址抵换与陈姓为业，移修文、武二宫于城心，创建观音阁于中亭。壮紫金之观瞻，喜白马之朝宗。"

清杨金鉴撰《文昌祠④记》载：

  于是邑绅舒君金和毅然思所以修之，以方有事于学庙之役未果。越明年，役竣，复议修，金曰："《大雅》之诗曰：'民亦劳止，汔可小休。'今大役甫蒇功，未可复有事也。"又未果。壬寅春，舒君复申前议，且愿独力捐建。

清钮嗣杰撰《重修文昌宫⑤碑记》载："时余际兹美举，不揣固陋，

---

① 赵州文昌殿。
② 呈贡县文昌、武帝庙。
③ 云南县文武二宫。
④ 鹤庆西城州仓外公地所建文昌祠。
⑤ 邱北县学文昌宫。

爰成俚语,用谢诸绅士之请……兹拟鸠工复建,幸得坛羡多人,敢告先达,兼布时髦。念科甲之何从?为子孙之余地,事在必为。"

从以上梳理可知,元明清时期云南文昌祠庙的修建,往往是士绅提出倡议,待地方官员同意后,方付诸实施。在文昌祠庙的修建过程中,士绅不仅得到了地方官员的认可,还证明了他们在地方公共事务中的重要作用,亦因此获得了名望。

三 释道人士对文昌信仰的推动

元李源道撰《创修文昌祠①碑记》所载文昌祠位于云南府道教长春观内,明景泰年间长春观由"道纪司都纪凌道崇以典祠事"②。

明邵惟中撰《修建文昌宫阁③疏》载住持道人李裕、张□□,募缘道人孙守中,道人陈守□等参与了太保山麓文昌宫的修建。因历史材料缺乏,笔者未能考出两位"住持道人"的具体情况。据丘处机开创的道教龙门派百字道谱"道德通玄静,真常守太清,一阳来复本,合教永圆明,至理宗诚信,崇高嗣法兴,世景荣惟懋,希微衍自宁,住修正仁义,超升云会登,大妙中黄贵,圣体全用功,虚空乾坤秀,金木性相逢,山海龙虎交,莲开现宝新,行满丹书诏,月盈祥光生,万古续仙号,三界都是亲"④可知,"孙守中""陈守□"属全真龙门派第八代传人,碑文中的这条记载成为明代永昌地区有龙门派活动的重要证据。

明邵惟中撰《修建文昌宫阁⑤疏》载佛教人士积极参与太保山麓文昌宫建设,碑文呈现的僧人有真海、如玄、如一、如清、如济,等等。按临济正宗僧谱:"智慧清净,道德圆明。真如性海,寂照普通。心源广续,本觉昌隆。能仁圣果,常演宽宏。惟传法印,正悟会融。坚持戒定,永纪(继)祖宗"⑥,可知"真海"为临济宗第9代传人,"如玄、如一、如清、如济"为临

---

① 云南府长春观西偏文昌祠。
② (明)郑颙修,陈文纂[景泰]《云南图经志书》卷十《今朝文》,明景泰六年(1455)刻本。
③ 永昌府太保山麓文昌宫。
④ 闵智亭编《道教杂讲随笔》,北京丰台丰华印刷出版,2002,第27页。
⑤ 永昌府太保山麓文昌宫。
⑥ [清]释辅仁编《律门祖庭汇志》,南京出版社,2011,第55页。

济宗第10代传人。

清文石甫、邹良彦撰《鼎建文昌桂殿①碑记》载："而诗书之圃，桂禄之田，亦随寺僧丰殖，以裨香火。……住持海秀，行行成功，谓即忠孝化主可也。""住持僧海秀备价银二十五两，买到郭振观民田一段，计两亩五分。坐落黑泥塘，东至大河，南至黑泥塘，西至职田，北至沟。随纳山曲里□甲，秋粮六升五合，入文昌宫内永为香火。""随纳山曲里七甲，秋粮一斗四升五合，内海秀出过银两二钱，入文昌宫里永为香火。""住持僧海秀备价银三两五钱，（下缺）本寺田，西至郑和国。""（上缺）廷上员潘世霖，因田不便放水，霖将自己高田二亩换与海秀。"

清程奕撰《由旺②文昌宫碑记》载："有僧皎渊系□桂的派告厥□□□文昌宫规模狭隘，孤立一宇，无以壮观瞻而肃人心，垂奕祀而广教化。……丁丑之岁，是方之明经庠彦，延皎僧入室□□□教，永奉帝君香火，右启人文。……住持率徒明慧、明心、性彻、永顺、明戒、明懋、常胤、孙震乾、真顺建立。"

清赵淳撰《新建文昌殿桂香楼③记》载："仍延请明师以训子弟，招僧同明以奉香火，行且厚置义租，以垂永久，助困穷其意甚厚。"

清释元高撰《文昌宫碑④》载："有楚僧广澈者，览山川之明秀、人物之繁殖，与诸檀越谋，诸檀越亦欣然曰：'此为地方风水计也。'遂相与捐金募化，创其宫于东山之麓。前建三楹，以奉帝君；后建三楹，以奉大士。右云堂，左僧舍，山门蔬圃俱全。……乾隆五十一年三月，住持僧元高为其师广澈立。"

清杨育沧撰《添修文昌宫⑤碑记》载："龙陵原修文昌宫，后殿建观音一宇，此楚僧广澈初建也。……适前，僧纲净法号达传者由腾归寺，自竭金资，将墙池力加整饬，费几百金。僧之好善乐施，诚恐日久遗忘，谨将原委备悉勒石，以垂不朽。"

---

① 大理凤仪弥陀寺文昌宫。
② 施甸县由旺。
③ 琅盐井鱼池山麓文昌宫。
④ 龙陵县东山麓文昌宫。
⑤ 龙陵县东山麓文昌宫。

清袁文典撰《重修太保山①魁阁募引》载:"兹住持僧照远谋之檀越,发愿修葺,勿坠前功,勿废后举。亦所以培风脉、重文教,期永保两庠文风日盛,科第重光。"

清苏潮撰《文昌关圣宫②碑记》载:"旁有僧法海,苦心募化,弥只官衿士庶,得(下缺)安其身焉。然而一木一椽,实赖檀那之力,一丘一弘,亦非长者之企,使不勒石以垂永(下缺)。是以施主李世守与僧众等亦虑及此……住持僧法海,徒庆源、庆助同立。"

清何愚撰《文昌宫③碑记》载:"议既成,乃选择士之谨厚者董司其事,芟翁菱,除瓦砾,平其不平,中构正殿,后创奉先祠,前建魁阁。"

清赵本源撰《重修文宫④碑记》载:"康熙末端,有僧通唯者,协吾村士庶,修建文宫一院。"

清杨桂森撰《重建龙泉观⑤文昌殿轮藏殿碑记》载:"主持宋知止清修有诚实力,乃口拱木于林衡,授全模于梓匠,口橡斤榓,口掞度口,浮柱飞檐,左右对峙。自壬午冬经始,至甲申秋蒇事。本观积蓄出银六百两有奇。宋知止属予记其事于碣,以垂永久。"

从以上梳理可知,不论是文昌祠庙的修建,还是庙内香火维持及其他活动的开展,释道人士均大力推动。值得注意的是,云南的文昌祠庙有僧道主持,由此也折射出元明清时期佛道二教在云南的融合发展。

四 普通民众对文昌信仰的推动

民众是推动文昌信仰在云南各地传播的广泛基础。本书收集的文昌信仰碑刻文献中,多通碑刻载录了捐资助力的"善信"姓名,其中大部分捐资助力者为普通民众。

明邵惟中撰《修建文昌宫阁⑥疏》载太保山麓文昌宫的修建过程中普

---

① 永昌府太保山。
② 赵州文昌关圣宫。
③ 广南府白马庙右文昌宫。
④ 保山金鸡哨文昌宫。
⑤ 晋宁州龙泉观。
⑥ 永昌府太保山麓文昌宫。

通汉族民众助银效劳者最多，其中有一批女性助银效劳者，如"吴门赵氏，巴十卉""丘门徐氏，巴六卉""黄门谢氏，巴五索""冯门李氏，巴四卉"等。

清樊好仁撰《文昌宫①碑记》载："里民常思谦备价银九十六两，置买田地一分，坐落班皂肆村，四至零星不等，随纳秋粮六升四合，税粮二升六合，年收租谷四石。于雍正八年四月十三日施入。"

清范世今撰《桂香书院普连溯佃民合建文宫②碑记》载："佃民共乐输纳……阅数月殿宇告成，庙貌聿新，虽不足昭壮丽，亦可见庄中父老犹有服教畏神之意焉。"

清赵本源撰《重修文宫③碑记》载："有僧通唯者，协吾村士庶，修建文宫""阖村士庶人等全敬立"，均说明文昌祠庙的修建有民众参与其中。

清杨纯珍撰《阁村改造二圣宫④本主祠碑记》载："虽然首事诸君若王锡元、李集五、杨席珍、杨凤霄之同心奋勉，其余妇孺之踊跃赞成，其性质皆非猥鄙庸愞所能及，则固山水人物之大异凡区也。"可知云南的父老、妇孺均尽力推动文昌信仰传播。

第三节　云南文昌信仰碑刻文献所见少数民族对文昌信仰的认同

云南为我国少数民族分布较多的地区，古时被称为"彝疆"，居住其间的少数民族被统称为"土人""土目""边夷"等。云南地方官员多采用文治教化的手段进行辖区内社会的治理，其中，支持和参与文昌祠庙的修建就是一大途径。清州同汪浩存撰《奎乡南楼小序》载："彝良为镇雄西鄙，土目星布其间。……上建楼，仿古南楼意，内供文昌帝君。"云南各地少数民族亦深知文运兴盛、人才辈出对本民族及地方社会发展的重要性，故多接纳与认同文昌信仰。

---

① 元谋县学文昌宫。
② 宾川县普连溯文宫。
③ 保山县金鸡哨文昌宫。
④ 大理县喜洲沙村二圣宫。

一 白族对文昌信仰的认同

明代白族巨儒李元阳对推动包括文昌信仰在内的中原文化在云南的传播作出了重要贡献。李元阳（1497～1580），字仁甫，大理府太和县人，因世居点苍山十八溪中，故自号中溪。明嘉靖壬午科（1522）举人，丙戌科（1526）进士，初授翰林院庶吉士，先后任分宜、江阴知县、监察御史、荆州知府等职。明嘉靖十八年（1539），李元阳辞官归隐，在大理从事著述。他与新都状元杨慎、大理喜洲白族学者杨士云、邓川白族文人杨南金、丽江纳西族文人木公、保山文人张含等有密切交往，推动了中原文化在云南的传播。清黄元治撰《桂香书院①记》载："先是嘉靖年，李太史中溪先生构文昌祠于府治西北隅，为楼，为殿，上下各三楹，缭之以垣，翼之以庑。门以外恢弘爽垲，望洱海如带，雪涛澎湃，鱼龙起舞，都人士多藏修其中，鸾骞鹄举，代有闻人。"

二 回族对文昌信仰的认同

回族在明代形成，经过与汉族长期的交往交流，接受了汉文化，其语言和心理素质逐渐发生了变化，汉语成为他们使用的主要语言。②自明代起，云南的回族普遍采用汉名汉姓，主要姓氏有马、闪、赛、明、沙、纳、金、锁、宝、龙、忽等。③明邵惟中撰《修建文昌宫阁疏》载马继龙、闪应霱、闪廷光、闪应灵等回族捐资修建太保山麓的文昌宫。明代是永昌地区回族人迁入的重要时期，内地的回族人随朝廷的军事征讨不断进入永昌地区。④王骥平定麓川后，永昌城内成为当时滇西最大的回族聚居地，城外四十余个村镇有回族人集中居住。明朝廷在云南设科取士，永昌地区的回族人中举者不乏其人，除了碑文中出现的嘉靖丙午科举人马继龙，还有万

---

① 大理府桂香书院。
② 参见王文光著《中国古代的民族识别》，云南大学出版社，1997，第214页。
③ 参见杨荣涛《明代云南永昌地区的文昌信仰——以万历年间〈修建文昌宫阁疏〉为考察中心》，《宗教学研究》2020年第2期，第188页。
④ 主要为明洪武年间傅友德、沐英、蓝玉率军南征云南和明正统年间王骥"三征麓川"。

历甲午科的闪继才、闪继达;闪继迪之孙闪仲俨为天启辛酉科举人,后高中天启乙丑科进士。①明朝末年,永昌"闪氏回回一姓,有举人、贡生和进士21人"②。清陈三重撰《合议捐置社田碑③记》碑载"现在绅衿善信"中的"沙现文"为回族人,可知清康熙年间永昌府北社文昌宫(北社仓)的建立得到了回族人们的支持。

清杨金鉴撰《文昌祠④记》载:

  适中州张镇军凤鸣以名元来权镇篆,闻而喜曰:"镇署北花厅后礼拜寺,系兵燹时教民拆祖君殿以建修者,今椽瓦皆圮,而柱章均合抱之材,质实而料坚,殆难其选,弃之可惜,尽可拆之以添修正祠材柱。"金鉴窃以为镇军本回教武臣也,乃愿助修文昌祠,岂非圣天子之文治濡染无所不被耶?因劝舒君勿违其意可也。

回族官员、民众助力修建文昌祠庙是重视文治教化的体现。

三 蒲人对文昌信仰的认同

明邵惟中撰《修建文昌宫阁⑤疏》载木瓜郎寨、甸头寨的莽节、莽腾、莽龙等助力太保山麓文昌宫的修建。莽氏为百濮后裔——蒲人,明代"凤溪、施甸及十五喧、二十八寨,皆其种"⑥。明洪武开边后,朝廷在永昌地区设潞江安抚司、凤溪长官司、施甸长官司、甸头巡检司、水眼巡检司、腾越州龙川江驿、保山县十五喧、二十八寨、右甸守御千户所等,任用少数民族首领为边地守臣。其中凤溪长官司土官、施甸长官司土官的正长官皆

---

① 参见(明)刘文征撰,古永继校点,王云、尤中审定[天启]《滇志》,云南教育出版社,1991,第314~315页。
② 马兴东:《云南伊斯兰教历史过程中的政治导向》,《宁夏社会科学》1990年第4期,第65页。
③ 立于永昌府北社文昌宫。
④ 鹤庆西城州仓外公地所建文昌祠。
⑤ 永昌府太保山麓文昌宫。
⑥ (明)陈文修,李春龙、刘景毛校注《景泰云南图经志书校注》,云南民族出版社,2002,第1000页。

为莽氏，甸头巡检司、水眼巡检司的土巡检亦皆为莽氏，保山县的十五喧、二十八寨中千夫长、百夫长大部分为莽氏。① 碑文显示木瓜郎寨、甸头寨的莽节、莽腾、莽龙等为各部落酋长，他们在获得朝廷身份认同后，成为永昌少数民族聚居区的官员。莽氏土官为文昌宫的修建助银效劳，也折射出少数民族上层人士对文治教化的重视。

四 侬人对文昌信仰的认同

清代云南广南府的侬人，自称"布侬"，为今壮族的一部分。清道光二年（1822），广南府治地文昌宫和培风书院的建立，得到了侬氏官民的大力支持。

清何愚撰《文昌宫②碑记》载："坐次土丞族人侬世能、侬庆贵作而言曰：'生祖遗地一区，界土丞署左，白马庙右，愿以建祠，可乎？'予未及诺，环坐欢然曰：'有是哉！是众所心期，默祷而不敢必得者也'。因竟称其地之高明爽垲，据一方之胜，或谓某氏居之不一年而不敢居，或谓某某居之二三年辄迁避，或谓祥光夜现于山阿，又谓赤脉隐藏于地底，今得此永奠神居，振我文风矣。故予后撰联云'地留福壤育英才'，盖纪实也。……购材木，则代办土丞侬兆梅。"

清何愚撰《培风书院③记》载："庚辰岁，议建文昌宫，得侬氏地。既喜其高爽宽敞，又计众所捐资亦不薄，因思出入有节，调度有方，似可并创书院于其侧，俾生童之肄业者萃。"

五 鲁甸县土人对文昌信仰的认同

清马焴撰《崇文阁④记》载："崇文者，文重也，曷记乎？尔不记则事功不著，不记则创修弗彰。其记创又记修者何？考自乾隆丁酉，土人因地制

---

① 参见（明）刘文征撰，古永继校点，王云、尤中审定〔天启〕《滇志》，云南教育出版社，1991，第977页。
② 广南府白马庙右文昌宫。
③ 广南府白马庙右文昌宫旁培风书院。
④ 鲁甸县崇文阁。

宜，创文昌阁三间于北山之麓。"鲁甸县境内有回族、彝族、苗族、布依族等少数民族，这些少数民族先民在北山麓建崇文阁是接纳与认同文昌信仰的体现。

综上，以上少数民族群体，尤其是进入明清，少数民族官员和地方名人为文昌宫的修建提供颇多助力，显示了云南当地对中原文昌文化的接纳与认同，体现了中央对少数民族人才的培养以及社会的文治教化起到重要作用。可见，中华民族多元一体格局下，文昌信仰作为联结民族关系的纽带，对促进云南多民族的交往交流交融起到了重要作用。

第三章
云南文昌信仰碑刻文献所见文昌信仰传播与儒道释发展

第一节 云南文昌信仰碑刻文献所见文昌信仰传播与儒学发展

秦汉以来大一统格局形成，作为我国多族群分布的云南，历史上深受中原文化的浸润影响。元代以降，云南儒学得以发展，明清时期形成府州县学、书院、义学共同发展的儒学教育体系。云南文昌信仰的传播与元明清时期儒学的发展密切相关，其碑刻文献提供了二者互动的证据。

一 云南文昌信仰与府州县学

元明清时期，官方主导的府州县学是传播儒学的主要方式，也是当时国家教育的典型模式。府州县学的办学地点称学宫，一般由棂星门、泮池、宫墙、大成殿、东西庑、明伦堂、崇圣祠、名宦祠、乡贤祠、尊经阁等构成，集教育、祭祀、藏书等于一体。清康熙二十三年（1684）《建修太和县文庙文昌宫魁阁碑记》载："自古帝王之兴，莫不修葺学宫，尊崇文教，时勤祀之典以□报享之隆。我宣圣之教泽，直与天地并垂不朽也。"府州县学设教授、学正、教谕、训导进行教学和管理。云南府州县学教育推进了儒学传播，促进了多族群边疆社会文教发展。元明清时期，云南文昌信仰传播与府州县学发展的互动有以下几个方面值得注意。

（一）文昌信仰祔祀庙学

学宫内修建文昌祠庙的现象在明清时期各地较为普遍，即出现"文昌信仰附祀庙学"的场景。在中国封建社会，文昌信仰附祀庙学可以刺激因儒学不兴、科举荒废而导致的缺乏人才的教育的发展。①

明郑颙撰《金齿司庙学新建梓橦祠记》载："正统九年，今南京刑部尚书杨公以右侍郎参赞云南军务，居金齿者最久。时值边陲无事，乃与守备都指挥佥事，今升左参将都督佥事胡公协谋，庀工创建庙学。选军中子弟之良者，命教授余榖领之，循循善诱，士风丕变。胡公又于孔子庙西隙地构屋若干楹，内设梓橦神象，春秋朔望，奠献谒告，如礼先师焉。……在泮诸生，朝夕出入，瞻礼祠下，必当致夫如在之诚，以尽事神之道。"

清董便民撰《新建文昌宫②碑记》载："每见设立文昌宫于寺侧，逼近僧居宁第，非所以兴文教，且与文庙气脉似不相属，故经营再四，于庙右鼎创文祖圣殿，塑像其中，并列鼎峙，宛若大鹏之舒翼高腾云汉乎。"

清康熙二十三年（1684）《建修太和县文庙文昌宫魁阁碑记》载："若夫羽翼六经，宣扬道化，司禄职贡举之权，操文场予夺之券，而大有裨于儒林者，文祖劝诫之力居多。故有大成殿，必有梓橦宫，示并重也。"

清吴自肃撰《文昌祠记》载："元江③旧有文昌祠，在儒学之左。"

清沈宁撰《新建文昌宫④记》载："天下郡县莫不有学，即莫不有文昌祠以培风气、植人文，若有默佑而阴护之者，其可阙乎哉？"

清李云龙撰《鼎建文昌宫⑤碑记》载："国家化民成俗之功，首重学校，而凡言克维风行堪造士，实为斯道羽翼者，亦得分筵布席，以并峙于天壤之间，此文昌帝君配享孔庭，由来旧矣。帝君立教，恒与濂洛关闽相表里，而神化威权且能动人，寤寐怀思以补王化所不及。是其精微足以悟上士，祸福

---

① 参见白娴棠《信仰与教化之间：元明清文昌神附祀庙学的原因》，《云南社会科学》2016年第6期，第137页。
② 黑盐井文庙侧文昌宫。
③ 元江县。
④ 开化府学宫文昌宫。
⑤ 晋宁州城东文昌宫。

足以劝中材，功若不在尼山下。洵宜别构一祠祀之。"

清汤茂如撰《新建文昌祠序》载："蒙①有祠，居学之右。"

清徐松撰《重建文昌宫碑记》载："邑②之文昌宫，在文庙左。"

清沈懋价撰《新修大魁阁③记》载："国家定制，于文庙之侧，立祠以祀文昌。"

清李应绥撰《修建澂阳文昌庙④碑记》载郡守黄元治曰："此刹为庙学左翼，宜更为桂香祠辅卫黉宫，俟学宫竣营之。"

清樊好仁撰《文昌宫⑤碑记》载元谋县："是以学宫之内有忠孝祠，学宫之外有乡贤、名宦、文昌诸祠，皆不可阙者。元谋自设学以来，诸祠皆备，惟文昌宫规模草创，不蔽风雨，毋乃叠遭兵燹，不暇修葺耶。"

清谢锡位撰《重建文昌宫⑥碑记》载："学宫之左，旧有文昌阁，始自崇祯甲申，岁久剥落，将沦蔓草间。……则是宫之建于学宫侧者，诚有裨于立学设教之意。"

清韩棨撰《重修文昌宫⑦暨建石栏记》载："州治凤山麓，圣庙左翼，旧有□□殿，规模虽正，基址弗崇。学师戴心田先生沛以开化名孝廉秉铎，于兹谒拜，初慨然曰：'帝君佑启斯文，默培忠孝，实文教之宗，主吾道之师资也。都人士躬近蕉窗，名登桂籍，顾弗于妥神之所，增其式廓，更诸爽垲，何以肃观瞻而严对越？'"

从以上记载可知，学宫内的文昌祠庙多修建于孔庙一侧。后天八卦巽位在东南，古时一般在庙学东南修建文昌祠庙，认为这样可得文昌神护佑。清王纬撰《新建桂香阁暨书院记》⑧载："犹念左畔巽位空缺，无以为学宫辅，率绅士捐建桂阁，崇祀文昌以培巽贵。"

---

① 蒙自县。
② 宜良县。
③ 黑盐井文庙大魁阁。
④ 澂江府庙学文昌庙。
⑤ 元谋县学文昌宫。
⑥ 定远县学文昌宫。
⑦ 赵州治所文昌宫。
⑧ 碑原立于弥勒州城北学宫。

（二）文昌帝君与魁星同祀

云南的学宫内多同时崇祀文昌帝君和魁星两大"文神"。魁星是宋代科举制盛行背景下产生的神灵，主管仕途，对后世影响深远。因文昌帝君和魁星均有掌管文运的职能，学宫内为二者建阁塑像以示尊崇。

清方熹撰《鼎建大魁阁①记》载："粤稽天象，爰著魁星。喉舌是司，位既尊乎北斗；璇玑攸赖，踪更显于南洲。默扶风化，昭菁莪棫朴之隆，实秉文衡，见礼乐衣冠之盛。七政云调，识纽枢之弗动，众星咸拱，望杓柄以为宗。执金执笔，魁名必定于心田。选甲选科，禄甲惟准于阴骘。故与杏坛之讲席，赫濯声灵。还同桂籍之飞鸢，阐扬教化。文思沛涌，春雷浪暖，蜚腾笔势，奔驰秋月，天香馥郁。……庀材鸠工，并梓橦之殿后先而树立；梯云步月，同社学之宫左右以星连。"

清涂暾撰《新建罗平②尊经阁碑记》载："建阁三间，中绘文昌圣像，而以魁星、金甲神配之。"

清陈可撰《修建魁神阁③小引》载："如我路南前守张公汝土，偕都人士议，谓修复之宜亟者莫过于文庙，至于今大成有殿已，启圣有祠已，两楹有庑，明伦有堂，而文昌有宫已，惟魁神一阁缺然未备。解如宗先生秉铎兹土，谓是役不可复后，仍偕都人士首事鸠工，以非独力之能支，而授简于余，使弁其端。余忝继张公汝土后，斯阁不建，亦余之憾，曷敢辞？"

清沈懋价撰《新修大魁阁④记》载："自京师以及天下府州县卫，所在设学，即莫不有文庙，即莫不有文昌宫，即莫不有魁星阁……春秋丁祭飨，以魁星配。圣人以神道设教，不为无说。间考具义，祭星曰布，祭灵星于国之东南，无所谓文昌与魁也。……入为卿士，出为将帅，胥于庠序中是问，而其祀文昌与魁也，厥有旨哉！今井既设有文庙，庙右有文昌宫，而魁星未有所，无乃缺略乎？"

---

① 新平县学大魁阁。
② 罗平县。
③ 路南州魁神阁。
④ 黑盐井文庙大魁阁。

清许贺来撰《小瑞城①祀田碑记》载："明崇正初，先伯祖正廷明府捐资建阁以祀文昌，前竖魁楼，旁启宗祠。"

清冯德祯撰《重修文昌魁星阁碑记》载："州②学旧有文昌祠、魁星阁，既灰烬于丁亥之变，迄今三十年矣。……后当历任之二载，谋之诸生曰：'士宜先道德，而后文艺科第，根诸心行，惟文昌、魁星实主之，何享祀之久未鼎新，是谁之责也？凡事堕于随，成于勉，盍其图之。'……先请于州尊王厚业建魁阁于右，继请于州尊姜开周建文昌阁于左，塑像崇祀，相其耸峙。"

清张景澍撰《新建魁阁③记》载："公议增建三层魁阁于后，建桂香阁于左，建案山文笔，建棂星石坊，四事并举。"

清王纬撰《新建桂香阁④暨书院记》载："又捐建联魁小阁于其地，功成铸像魁星于其上，遥卫学宫，扁以'揽云'。"

清洪奕隆撰《文宫⑤碑记》载："续建鳌亭、魁阁于宫前，交相辉映。"

清张大典撰《竹园文宫⑥大殿北墙碑文》载："弥阳属甸水上伍村文昌宫、魁星阁，巍然耸翠，文明一方，称大观焉。"

清袁文典撰《重修太保山⑦魁阁募引》载："故每于文宫祠社之处，俱属以魁，无或缺也。"

清程承休撰《重修左所营⑧文昌宫魁阁记》载："视院基在文昌宫之左。"

清李人俊撰《竹园⑨上中两伍魁星阁碑铭并序》载："竹地向建文宫，魁星权祀于五经楼，衿士每为歉然。辛亥春，卜地糕粮地，村前实踞文昌宫口南，在天在人，若合符节。"

---

① 石屏小瑞城。
② 晋宁州。
③ 弥勒州学宫魁阁。
④ 弥勒州城北学宫桂香阁。
⑤ 弥勒州朋普文昌宫。
⑥ 弥勒州上伍村竹园文昌宫。
⑦ 永昌府太保山。
⑧ 景东县左所营。
⑨ 弥勒州竹园。

（三）"尊经"与文昌信仰

儒家经典对于儒学以及推行教化甚为重要，故学宫内多建尊经阁作为藏经之所。文昌信仰符合儒家教化思想，被视为儒家文化的守护神灵，故出现尊经阁旁建文昌祠庙或尊经阁上供文昌帝君的现象。

清涂暾撰《新建罗平尊经阁①碑记》载："从来风俗之同，本乎教化，教化之兴，本乎六经。经书之为教，要使人敦孝弟、存忠信、循礼义、重廉耻，时时体认，在在躬行。其事迩，其功约，绝非佛道家虚浮怪诞之说可同日语。独《文昌化书》一则与吾道相表里，所以薄海内外，凡建学之处，必有尊经阁，尊经阁之上必肖文昌像祀之，典至重也。……建阁三间，中绘文昌圣像。"

清汪煦撰《鼎建尊经阁②碑记》载："盖闻六经皆载道之书，孔子集大成之圣。自纂修删定以后，而经之旨益明，其揭日月于天中、流江河于地上者，至人之述经，垂训昭昭也。……乃奉文昌帝君于此阁下。"

清夏宗尧撰《新建尊经阁③记》载："当其建阁之始也，知兹地铸有金身文昌圣像，建宫在阛阓之间，每为往来商旅所亵慢；继而移之龙吟寺中，又非所以专祠崇教之道。今阁既成，诹吉，集诸生虔请供奉，与斗魁交映于杏坛，圣心不滋慰乎？……阁以尊经名，所以重经籍，圣贤之心法在经，古今之事理在史，今要荒僻邑，而五车万卷不克备收。兹成是阁，再得充栋之书，以资后学，窃有志而未之逮焉。"

清孙人龙撰《鼎建尊经阁④记》载："乾隆二年，绅士杨其楷等，又请建尊经阁于文庙左，右故有文昌祠以其址为阁，而祠则改移于阁前，两学官多方筹画，鸠工庀材，经始于上年季冬下旬迄今，次第完善。"

二　云南文昌信仰与书院

书院是我国古代重要的教育机构。唐代已有书院，时为校理经籍、撰集

---

① 罗平县城外东南隅学宫内尊经阁。
② 嵩明州学宫尊经阁。
③ 白盐井学宫尊经阁。
④ 赵州文庙左尊经阁。

文章之地。至宋代，书院成为授徒习业的教育场所。元代以降，全国各地书院教育进一步发展，成为国家教育体系的重要部分。

（一）书院开设之目的在于传播儒学、推行教化

清黄元治撰《桂香书院①记》载："夫且书院者，所以集大儒，讲正学，树道德之防而破邪僻之径也。大理，滇之才薮，明经砥行、志程朱之学者，当不乏人，独不得讲论之地，以召通都之人士而系其耳目，故寥落散处，无以自给，则皆务为童蒙训诂之师，求精举子业且不可得，况得闻程朱之学耶？"

（二）在书院崇祀文昌帝君或在文昌祠庙的基础上开书院或在文昌祠庙旁建书院

明李占春撰《新文昌宫②像叙》载："都人士迁神祠于书院，以院楼为桂香殿，铸神金像，塑神诸眷属，盖神昌人文而人昌神祠，岂矫举哉！"

清黄元治撰《桂香书院记》载大理桂香书院："故为文昌祠，祠有楼，曰'桂香'。康熙三十一年壬申，提督军门诺公拓之为桂香书院云。……爰谋诸绅士万崇义、李荣等，得李太史所构文昌祠及其余地，公乃纠工役，辟草莱，构数十楹以廓中溪之规制，而补苍山书院之所不存。进诸生而课之，置租田而饩之。将使高明者求造为大儒，次亦不失为国家之秀士，则皆足以破邪僻而树道德之防。"

清王纬撰《新建桂香阁③暨书院记》载："因问学博伍、王二公，阁之左、右何不即建书舍以为书院育才？……捐建书舍于阁之东序七间，西序如之，外建大门三间。……爰详请藩宪陈匾题'桂香书院'。"

清何愚撰《培风书院④记》载："如是量度地面，分而为二，取古人尚右之义以建文昌宫，而以左手地建书院。中为讲堂，上盖书楼，颜以'云外香楼'，仍袭桂香意也。后筑精庐三间，为山长之居。讲堂前后左右列学舍，共十四间。"

清杨际泰、杨荫棠撰《重建文明阁⑤记》载："今乡人士议于文阁右新建

---

① 大理府桂香书院。
② 广西府鹤麓书院桂香殿。
③ 弥勒州城北学宫内桂香阁。
④ 广南府白马庙右文昌宫旁培风书院。
⑤ 昆明官渡文明阁。

桂香书院，为培植英贤之所，造就于院者，当亦深思圣道渐摩，熏陶敦本，力学砥行，励节将出，为名臣处，为正士，以表式乡间，宜矣。"

书院作为科举制度下儒生学习之所，在书院崇祀文昌帝君或在文昌祠庙的基础上开书院或在文昌祠庙旁建书院，可视为书院教育与文昌信仰紧密结合的体现。

三 云南文昌信仰与义学

（一）康熙年间以降，云南多地已开办义学供寒门子弟学习

清康熙五十八年（1719），杜珍撰《朋普①社学记》载："圣天子大统中外，宇内荡平，数十年于兹，文教诞敷，儒风浸盛。即今西南天末，山陬水涯，莫非弦诵之地，万里同文，可谓极盛矣乎！余奉简命，叱驭来莅。此州在滇之南，与安南壤接，洵称荒服矣，而诸士子重学续文，彬彬有中州风。距城百二十里曰朋普，村落耳，而有社学焉，殿阁楼坊具备。"

清乾隆四年（1739），洪奕隆撰《文宫②碑记》载："国朝大化殷流，州巷闾里，广设义学，俾山陬僻壤，皆纳诗书礼乐之内，视古更为详尽。弥下伍村朋普，去城百余里，裁成未获，时亲讲学之藉，宜急急也。岁癸酉，彼地绅士聿修鳣一诸君，议建文昌宫，资以讲学。下村首秀峰阁池，宛然大块文章，鸢飞鱼跃，真机□泼，建殿楼数楹，'育才'一坊，远近子弟，肄业于斯。"

（二）云南各地多将文昌祠庙作为办义学的场所

清杜珍撰《朋普③社学记》载："今康熙癸酉，乡绅聿修，姜先生倡议重建，募诸同志，次第经营，为殿以祀文祖，为阁以供魁星。复为书楼九间，以为朋友讲习之所。"由此可见社学内也将文昌帝君和魁星同祀。

清王道隆撰《文昌宫④义学碑文》载："洛岸义学之设，自乾隆元年，关

---

① 弥勒州朋普。
② 弥勒州朋普文宫。
③ 弥勒州朋普。
④ 盐津县洛岸文昌宫。

城府主□公好仁观风，至此，见其山环水曲，地阔田映，因锡名白马修金□□，而义学之制立矣。历年所而人文虽起，甲第未开，阖乡绅耆酌议迁徙。适有王公仕敖、吴公起周喜施基地各半，建立庙宇，而义学始成于斯焉。其时戊申岁也，迄于今数十余年矣。风霜迭易，瓦屋隳颓。约我同人更培斯庙，败者成之，损者益之，更塑文奎神像一座。"

清关英撰《升修文宫中殿碑记》载弥勒朋普："旧有文宫，建自前明。第兵燹之后，庙宇丘墟，碑残碣断，不可得而□□。自康熙三十三年，原任嶍峨县训导姜名延祖，与徐、王、李、杨诸生偕同志倡义，重建大殿三间，社学书楼九间，又独力修建牌坊于前，规模大备。"

清贾明道撰《重修文昌宫义馆碑文》载盐津县："竭诚尽力，各自捐资，略支积余，并募同志鸠工庀材，重修更造，永建义学。"

（三）文昌信仰与义学之互动的意义

清乾隆三十年（1765），陈□□《文宫田粮碑》载弥勒朋普："旧建有文宫一所，堂构巍然，楼阁焕然，设立馆师，以为义学教读之地。余因公□焉，见其清超旷逸之致，是亦人文乐育之区也。……诸人士肄业其中者，资其膏火，尚笃志奋兴，将来人文蔚起，庶不负余殷殷振作之意，所厚望也！"文昌信仰与义学之互动，不仅推动了文昌信仰的传播，还促进了云南地方义学的兴盛，对培育人才、维系风化起到重要作用。

第二节　云南文昌信仰碑刻文献所见文昌信仰传播与道教发展

一　碑文所见云南道教发展

道教从东汉魏晋南北朝时，就传播发展于西南少数民族地区，历经唐宋元明清，继续渗透影响着西南少数民族人们生活的方方面面。从某种意义上可以说，道教作为一种精神文化纽带，促进了中华民族多元一体格局的形成。①元代道教在中原地区的活动显得非常活跃，全真道、真大道、太一道等新兴道派盛极一时，云南地区的道教活动增多，出现了宫观建造的记载。②明代云南道教进入开宗立派的创新时期。③明清时期云南的道教在汉族和少数民族中被广泛信仰，而且发展步入了兴盛繁荣时期，在中国道教史上占有过较高地位。④

元李源道撰《创修文昌祠碑记》所载文昌祠位于云南府长春观内。据明萧镃撰《重建长春观记》⑤所载内容知：（1）长春观为云南较为古老的道教宫观之一，历次修建得到地方官员的支持，选址符合道教的教理教义，内部建有崇祀道教神灵三清、玉皇、梓潼、三宫等殿堂，塑像、日用器具、附属场所等完备；（2）长春观为云南府道纪司所在地，道纪司为官方设置的道教管理机构，刘渊然"奏请立云南、大理、金齿三道纪司以植其教"⑥；（3）长春观有高道。"长春"之名得自长春真人刘渊然。嗣后有赴京修藏的邵以正、江宁世家蒋日和等驻长春观修炼和传教。

明王鸣凤撰《改迁三清宫三官殿文昌宫⑦记》载："嘉靖辛丑，武略将军碧山施侨偕弟施化，迁三清宫于城内佑圣观之后，虑左右无翼，弗副所图。适安福谢钟八建三官殿于宫之左，邑人李寅移梓潼殿于宫之右。"可知明嘉靖年间，大姚县迁建崇祀道教神灵的三清宫、三官殿和文昌宫，得到了地方官员和地方人士的助力。

清杨桂森撰《重建龙泉观⑧文昌殿轮藏殿碑记》载："主持宋知止清修有诚实力"，可知清道光八年（1828）立碑时，观内有道士住持。该碑又载："今将修建文昌殿、轮藏殿、观音阁、真人院、桂花亭、东西碑坊、东西客

---

① 张泽洪：《文化传播视野下的信仰与仪式——以中国西南少数民族与道教关系为例》，《宗教学研究》2007年第4期，第157页。
② 萧霁虹、董允：《云南道教史》，云南大学出版社，2007，第60页。
③ 张泽洪：《多元文化背景下的明代云南道教》，《云南师范大学学报》（哲学社会科学版）2007年第4期，第73页。
④ 萧霁虹、董允：《云南道教史》，云南大学出版社，2007，第92页。
⑤ 详见（明）郑顒修，陈文纂[景泰]《云南图经志书》卷十《今朝文》，明景泰六年（1455）刻本。
⑥ 方国瑜主编《云南史料丛刊》（第六卷），云南大学出版社，1998，第500~501页。
⑦ 大姚县城内三清宫旁文昌宫。
⑧ 晋宁州龙泉观。

堂、东西廊及库楼、厨房、中殿、耳房、山门一切修费功德开后。"说明龙泉观的殿堂、附属场所较为完备，而道观内建轮藏殿、观音阁，是清代三教融合的一大例证。

综上，元明清时期云南道教宫观的修建、道士的活动以及官民的支持等凸显出云南道教的发展之势，道教成为中央王朝与边疆地方互动的一大重要纽带。

二 道教宫观设文昌帝君神殿

文昌帝君又称为梓潼神、梓潼帝君、梓潼神君、梓潼真君，是道教尊崇的司禄，主文运之神。[①]在道观设立崇奉梓潼帝君的神殿，是文昌信仰的重要体现。

元李源道撰《创修文昌祠[②]碑记》载秦岩"创文昌祠于长春观西偏，像帝君其中。"

明王鸣凤撰《改迁三清宫三官殿文昌宫[③]记》载："邑人李寅移梓潼殿于宫之右，积群仙于灵庆，资圣寿于万亿。……翚飞矢直，像复崇严，庙貌如故。宫殿宏邃，金碧交辉，神仙仪卫，左右森列。得孔子问礼、关尹请书之像于前。位孙忠设瓜、张仲孝友之神于后。"

清乾隆四十年（1775）立《巍宝山文昌宫新建魁神金甲殿碑志》载："兹宫之建，阅年已久，面有龙池，萃一山灵（下缺）关帝像，武庙与文宫前后相表里，称巨灵矣。然左右附于帝君桂殿者，应有魁神、金甲二阁。"

清道光八年（1828）立，杨桂森撰《重建龙泉观[④]文昌殿轮藏殿碑记》载：

> 观祀三清，有三清殿，南为玉皇殿，玉皇殿之左为文昌殿，玉皇殿

---

① 张泽洪：《论道教的文昌帝君》，《中国文化研究》2005年秋之卷，第1~9页。
② 云南府长春观西偏文昌祠。
③ 大姚县城内三清宫旁文昌宫。
④ 晋宁州龙泉观。

之右为轮藏殿。按《史记》：斗魁戴匡六星曰文昌宫，一上将，二次将，三贵相，四司命，五司中，六司禄。文曜炳云，文昌宫为天府。《孝经援神契》云：文者精所聚，昌者扬天纪，辅拂并居，以成天象，故曰文昌宫。《春秋元命苞》曰：上将建威武，次将正左右，贵相理文绪，司箓赏功进士，司命主灾咎，司中主左理。今儒士皆崇祀文昌，其以理文进士之主宰欤！

元明清时期，云南道教宫观内设立供奉文昌帝君的殿堂，弘扬帝君尽忠孝亲和恤孤荐贤等优秀品格，体现道教济世度人的情怀。

三 降授碑文

道门宣称某些经文为某位道教神灵降授而成以开化世人。如《太上无极总真文昌大洞仙经》载此经"乾道戊子秋降于鸾台，刘安胜捧。至景定甲子秋再降，重校正于鳌头山摩维洞，金莲石著仪坛，罗懿子捧。继后岁在摄提格菊月重九日，再降书于西陵桂岩卫生总真坛。"可知，道经在鸾台降授，由道士"捧乩"而成。清同治八年（1869），广西直隶州文昌宫《新修文昌宫碑序》载该碑文乃降授而成，碑文如下：

尝思先天文昌，即后天之孔子；后天孔子，即先天之文昌。往者，蜀有大神，号曰梓潼，居昊天之位，齐太乙之尊，位高南极，德被十方。掌混元之轮回，司仕流之桂禄，考六籍事，收五岳形，历亿千万劫，现九十余化。迄今主宰文场，权衡士子，凡天下之文人学士，莫不以尊崇之礼祀之。春秋有孔子，德配天地，道贯古今，删《诗》《书》，定《礼》《乐》，赞《周易》，修《春秋》，德宗尧舜，道接文武，集群圣之大成，实生民所未有。上应天星，下开文运，凡天下之文人学士，莫不以先师之礼祀之。诚哉！先孔子而生者，非孔子无以明；后孔子而生者，非孔子无以法。所谓祖述尧舜，宪章文武，懿范百王，师表万世，宜其辟雍，钟鼓咸格，荐以馨香，泮水胶庠，益致严于笾豆者也。夫崇祀之典，载在通录。周程张朱白鹿洞、鹅湖洞释奠之礼，班班可考。先师之位，虽海澨山陬，莫不读其书而尊其理，即老师宿儒，亦莫不习其文而竭其诚。兹者尔宣化乡，非州县府镇，何敢妄立黉宫，以亵渎至尊？然设立先师之位，即蒙童小子，亦当尊崇瞻拜。文昌帝君之像，已崇祀于三教寺中。今宣讲多年，蒙灵佑帝君指示，设立先师之位于文昌宫，既买地基，已新修大门，以便朝夕崇祀瞻拜云尔。以后不宜妄加制度，凛之慎之！

时岁在己巳孟冬朔一日，纯阳吕祖孚佑帝君降撰。
广西直隶州弟子聂凤冈薰沐敬书。
大清同治八年十一月初四日，宣化乡士庶敬立。

碑文托道教的纯阳吕祖孚佑帝君降授，从"广西直隶州弟子聂凤冈薰沐敬书"知聂凤冈很可能是一名道士。本案例进一步说明清代云南文昌信仰的传播与道教发展密切相关。

清姜复旦撰《培补龙脉碑记》①载：

桂宫沈真人降诗：
无端变故在乡间，和睦不讲迥异前。培补龙脉本正道，再为凿破少人烟。
诸生填补不惮劳，从此兴隆何须焦。龙脉倘不勤培植，人民离散等荒郊。
龙树山后太毁伤，来脉由此甚昭彰。同心同力同培补，自然人民享安康。
山外青山楼外楼，嵩呼岳祝几千秋。法筵诗歌和筑奏，阆苑琼台赛瀛洲。
今夕临鸾喜洋洋，诸生酌酒勾傍徨。快饮三杯乘鸾去，云头冉冉朝帝乡。
关圣帝君降谕，谕尔诸生知悉：吾神日在天上，心在人间，终日以宣化救民，非自多事，为自汉唐宋元明下世诸仙佛，各自迷性，何日得回？各自思之。自设坛以来，三丰真人培植此地久矣，各街门向建立文宫，培植龙脉，非一朝一夕之故。盖谓天下之至尊至贵者，莫如龙气，后人妄自践踏，多多伤败，暗中受害不少。至今吩咐填补东厕，预为尔等日后风水之故耳。何有人见地不明，只徒目前利益，安知遗害百世乎？兹既填补者，俱属伤害龙脉之处，其余关系紧要之地者，皆宜填。

---

① 碑立于弥勒巡检司拉里黑文昌宫。

谕永立碑记，不得复拖，凛之凛之！

以上碑文"桂宫沈真人降诗""关圣帝君降谕"具有浓郁的道教文化色彩。

第三节　云南文昌信仰碑刻文献所见文昌信仰传播与佛教发展

一　碑文所见云南佛教发展

在内地，汉传佛教从元代开始逐渐走向衰落。但处于西南边陲的云南汉传佛教，由于特殊的历史、地理因素，在元明时期仍保持了相当兴旺的发展势头。[1]元代云南的佛教受内地大乘显宗的直接影响较为明显，成为中原汉传佛教在西南边疆的流绪。明初朱元璋借"全依宋制"对汉地佛教进行整顿之际，通过佛教教化云南各族人民，佛教趁势大规模进入云南；此后明代镇守云南的沐氏兴修寺宇，大力扶持佛教。清初平定吴三桂叛乱后，先后镇守云南的蔡毓荣、范承勋、王继文等为了笼络人心，宣扬康熙圣化，稳固其统治，在云南大力修寺建庙，推动了佛教在云南的发展。清末，云南汉传佛教逐渐衰微。[2]

明清时期，儒释道三教融合紧密，佛教寺庙也供奉道教神灵，三教寺的普遍修建更体现出"三教合一"之实况，其中有的三教寺则多由佛教僧人住持，由此表明佛教深入民间发展的趋向。明曾曰琥撰《三教常住碑记》[3]载："迄于今借象见心，即心即佛。梁氏信女，自惭前世乏修，恐误今生因果，捐其资，传其像，乃欲广其教焉。……问喜舍则妇女身也，问住持则比丘尼也。"

---

[1]　云南省社会科学院宗教研究所：《云南宗教史》，云南人民出版社，1999，第141页。
[2]　肖耀辉、梁晓芬、王碧陶：《云南佛教史》，云南大学出版社，2016，第29、51页。
[3]　碑原立于禄丰县三教寺。

清程奕撰《由旺①文昌宫碑记》载："有僧皎渊系□桂的派告厥□□□文昌宫规模狭隘，孤立一宇，无以壮观瞻而肃人心，垂奕祀而广教化。……十余年住僧鲜有定人，保无剥落。丁丑之岁，是方之明经庠彦，延皎僧入室□□□教，永奉帝君香火，右启人文。……大清康熙岁次戊寅季冬月腊八日穀旦，同三乡士庶、住持率徒明慧、明心、性彻、永顺、明戒、明懋、常胤、孙震乾、真顺建立。"可知施甸县由旺文昌宫由佛教僧人皎渊住持，其法脉传至徒孙辈。

清释元高撰《文昌宫碑②》载：

> 龙陵距永郡三百余里，与诸彝接壤。虽风气渐开，人文渐起，而文宫犹未之建也。有楚僧广澈者，览山川之明秀、人物之繁殷，与诸檀越谋，诸檀越亦欣然曰："此为地方风水计也。"遂相与捐金募化，创其宫于东山之麓。前建三楹，以奉帝君；后建三楹，以奉大士。右云堂，左僧舍，山门蔬圃俱全。虽地逊名山、宫让琼瑶，而峰峦特达、殿宇巍峨，不可谓非西南一巨观也。既有宫殿以崇圣，不可无常住以居，僧广澈更邀众姓捐置义田。

从以上碑文的记载可知：（1）龙陵文昌宫由楚地来的僧人广澈建立，至清乾隆五十一年（1786）立《文昌宫碑》时仍有僧侣住持；（2）龙陵与少数民族聚居地接壤，建文昌宫以推行教化；（3）文昌宫内建有供奉文昌帝君、观音菩萨的殿堂，建有山门、云堂、僧舍，并开辟菜园，农禅并重。

清冯晋锡撰《修息息庵③并添建文昌魁星阁楼记》载："考息息庵创自国初顺治间，乃今乡饮大宾南彩高先生之王父建，以供佛并广利济而息劳人之所也。顾其规模虽具而所置常住无多，岁收入租仅敷香火与伊蒲之费。历年既久，椽瓦剥落，修葺维艰，更或遇歉收则住持僧亦且走而散之四方糊口矣。佛之香火且莫供，遑问利济哉！南彩先王目击情形，喟然曰：'棠舍足税憩，而槭可荫喝人，今亦既荫喝之有年，忽蔫伐夫棠槭，而听喝人之渴死

---

① 施甸县由旺。
② 龙陵县东山麓文昌宫。
③ 鹤庆县息息庵。

烈日下，非仁也；先人有为棠樾之志事，而不为之继述，俾得税憩以荫夫暍人，非孝也。'乃出而为之重加修建，增置福田，于是先业得以重光，善举因而不废。"说明云南佛教发展得到地方家族的助力。

综上，元代以来云南佛教不断发展，明清时期禅宗在云南流行；来滇的外地僧人、云南本土僧人、民众等为云南佛教发展助力颇多；佛教成为边疆教化的一大途径。

二 佛教寺院崇祀文昌帝君或文昌宫有佛教僧人住持

明清时期儒释道三教融合紧密，除了道观设供奉文昌帝君的殿堂，佛寺、祠庙等也崇祀文昌帝君。有的地方则建三教寺供奉文昌、观音和玄帝，或建供奉文昌、玄帝、地藏的殿堂。明曾曰琥撰《三教常住碑记》[①]载："如儒云'文昌'，释云'观音'，道云'玄帝'，种种发慈悲心，种种发广大愿。一则分身救苦，教强悍者发慈悲之心。一则磨杵成针，教柔情者兴鼓舞之意。一则神文圣武，教诗书者动忠孝之思。其教虽殊，其心自一。……于是铸三教圣像一堂，永作香山供养。所谓琳宫与桂殿齐开，武德共文星并耀。"可见，文昌帝君被认为是儒教的代表，具有"教诗书者动忠孝之思"的神职。

明清时期，云南供奉文昌帝君的庙宇多由僧人住持。清程奕撰《由旺[②]文昌宫碑记》载："有僧皎渊系□桂的派告厥□□□文昌宫规模狭隘，孤立一宇，无以壮观瞻而肃人心，垂奕祀而广教化。……察其募疏，则前任张太守、蒋献翁之力为最。十余年住僧鲜有定人，保无剥落。丁丑之岁，是方之明经庠彦，延皎僧入室□□□教，永奉帝君香火，右启人文。"

清杨育沧撰《添修文昌宫碑记》载："龙陵[③]原修文昌宫，后殿建观音一宇，此楚僧广澈初建也。乾隆五十一年，抚彝府史重修寺宇三进，以观音升后殿，新建文祖中殿，弥勒前殿，妥神像焉。……新建启圣殿宇，设立文祖、四世圣祖牌位，中前殿亦整旧如新。"

---

① 碑原立于禄丰县三教寺。
② 施甸县由旺。
③ 龙陵县。

清赵本源撰《重修文宫①碑记》载："康熙末端，有僧通唯者，协吾村士庶，修建文宫一院。"按临济正宗僧谱："智慧清净，道德圆明。真如性海，寂照普通。心源广续，本觉昌隆。能仁圣果，常演宽宏。惟传法印，正悟会融。坚持戒定，永纪（继）祖宗。"②可知"通唯"为临济宗第16代传人。《重修文宫碑记》载地震后"佛神不龛，菩萨翻身"，可知地震前文宫内就有佛教建筑（殿堂），地震后"升修文昌大殿、观音楼，重建南厢，补葺北厢、山门、二门、厨房、仓房、花园并子孙庙。装七宝而诸位佛祖增光。另塑文昌圣像、三宵神像，重新诸佛神光。"进一步说明文宫是融多元宗教为一体的信仰空间。此外，《重修文宫碑记》记载文宫的修建得到了玉皇阁、凤仪寺、龙华寺、高上寺、关庙、云台寺的帮助，由此折射出文宫与其周边的寺观、祠庙存在互动关系，地震后各寺观、祠庙间存在互助行为，促进了区域内多元宗教信仰的和谐发展。

明清时期云南佛寺供奉其他宗教和民间信仰神灵的现象较为普遍。清冯晋锡撰《修息息庵③并添建文昌魁星阁楼记》载："故于庵之右偏，增建阁楼，上祀文昌魁神，下作祠堂，以报开发祖宗功德，意甚善也。"清道光十八年（1838）《三圣殿④碑序》载："满堂创修妆颜，以成全功，内塑文昌、关圣、魁星、文武财神、朱王马祖。自建立工竣之后，神圣有感，万姓沾恩，合村亨通矣。"清严廷中撰《古城文会碑序》载："乡⑤之东有弥勒寺，缙绅先生及诸子弟醵金立会，设木主于寺中，祀先师、武圣、文昌、仓圣、魁星，所以崇圣教，训忠义，重文字，励科名也。"可见，云南佛寺内供奉文昌帝君和其他民间祠神，融多元信仰于一个空间，是明清时期云南多元宗教互动融合的体现。

---

① 保山金鸡哨文昌宫。
② （清）辅仁编《宗派》，载《律门祖庭汇志》，第35页。
③ 鹤庆县息息庵。
④ 师宗县城东南长桥老寨村三圣殿。
⑤ 宜良县古城乡。

/ 第四章 /

云南文昌信仰碑刻文献所见文昌信仰习俗

第一节 云南文昌信仰碑刻文献所见文昌会

文昌会，一是指庆祝文昌帝君圣诞的活动胜会，二是指具有组织性质的文昌会社。从本书辑录的碑文看，最早记载云南文昌会的碑刻为明万历十年（1582）永昌人、监察御史邵惟中撰《修建文昌宫阁[①]疏》，该碑文载50余名"文昌会造金钉珠口善士"。清代云南文昌信仰碑刻中的多通碑刻记载了清代云南文昌胜会上的活动以及文昌会社的设立与运作等史况。

一 清代云南文昌胜会上的活动

清代云南庆祝文昌帝君圣诞的胜会，于每年农历二月初三举行，有祭祀、宴饮、游行、登高、祈子、谈经等活动[②]。从碑文来看，清代云南文昌胜会上的活动主要有两种。

（一）虔敬祭祀

如前所述，文昌会上举行的活动较多，但文昌圣诞期间文人会集于文昌祠庙举行的祭祀活动可谓文昌会的源头，是最重要的活动。清严廷中《古城文会[③]碑序》载："每届期，诸君子斋戒薰沐，奉牲以告，洁粢

[①] 永昌府太保山麓文昌宫。
[②] 杨荣涛：《云南文昌信仰摭谈》，《中国道教》2015年第6期，第58~59页。
[③] 宜良县古城乡文会。

盛，肃衣冠，鞠膝拜献，致诚敬也。"清刘培元《文昌会①叙》载："于时创立之初，众志齐一，先期斋戒，昭其诚也。备物以祭，昭其洁也。文物有数，升降有度，昭其仪也。肃坛者杜□逸循少长，条规立也。长讽经，士礼忏，民供役，执事修也。一时恪恭谨严，罔敢戏论喧哗情矣，游玩以贻神□盖彬彬乎，盛会之日隆矣。"清施心极《十九峰山民张相度墓志》载大理县张相度："复立文昌社，纠诸子，每会长跪帝前，自讼身心口过，然后各陈数日所为，以别功过。"②从碑文记载可知，文人们祭祀文昌帝君前需斋戒、备好祭品，祭祀过程中不得戏论喧哗，任何不当言行均是对文昌帝君的不敬。文昌帝君作为科举文运之主宰，需仰仗其潜搜冥索的考察对士人德行进行鉴察甄别，以保证选拔的士人文行相称、德才兼备。③士子虔诚祭祀文昌帝君，能够满足其渴望蟾宫折桂之心理需求。

（二）宴饮酬唱

清严廷中《古城文会④碑序》载："祀事毕，煮清酒，熟肥羜，肆筵席，践位行礼，献酬交错，彬彬乎极爱敬之意焉。夕阳在山，杖者出，少者持鸠杖相随。桑阴柘影中，白发青衫，歌诗咏雅，与农歌机杼声和答而归，又俨然一幅太平图画也。"文昌会上文人会集在一起宴饮酬唱，可以增进相互之间的交流，增强文人群体的凝聚力。

二 文昌会社的设立与运作

具有组织性质的文昌会社，碑文显示其有"文会""文昌会"等名，其设立与运作之特点有如下两点。

---

① 建水县文昌会
② （清）李斯佺修，黄元治纂[康熙]《大理府志》卷二十九《艺文》，清康熙三十三年（1694）刻本。
③ 张泽洪：《论道教的文昌帝君》，《中国文化研究》2005年秋之卷，第5~6页。
④ 宜良县古城乡文会。

（一）重文崇圣报本，醵金积谷立会

清严廷中《古城文会碑序》载："乡之东有弥勒寺，缙绅先生及诸子弟醵金立会，设木主于寺中，祀先师、武圣、文昌、仓圣、魁星，所以崇圣教，训忠义，重文字，励科名也。庆以圣节，隆报本也。"宜良县古城乡士绅和儒生醵金在弥勒寺创立文会，供奉文昌帝君等诸神牌位加以祭祀，是重文教以求科名的体现。士绅和儒生作为文化知识的学习者、占有者，考取功名是他们实现"齐家治国平天下"抱负的主要途径。士绅作为地方文化精英，开展文教活动不仅是他们的权利也是义务，积极参与文教活动不仅有利于地方人才的培养，也有利于他们获得更多名望。

清刘培元《文昌会①叙》载："儒都推文祖尚矣，而吾乡之先实无是会。先伯考刘公悯念荒村之寥落，志丕振乎斯文，乃与以翁吴公计议，约集各村民，于元年丙辰启建是会。而□刘叔震北执掌功德，兹会所由始也。"可见，建水县文昌会的创立不仅由士绅倡导参与，还得到村民的支持。在"万般皆下品，惟有读书高"的社会环境下，普通民众积极为创立文昌会捐款，助力地方文教振兴。

清周望敬《文会②碑记》载：

> 自来文会之设非偶然也，盖学人食圣人之德，必思所以敬圣人，是故竭诚尽志，捐金积谷，即荒僻之区不无所备。况吾邑地接古城之界，居联圣庙之旁，而不思所以敬之也哉！乃思所以敬，而愧无所资以伸其敬。于是二三友人抒惋撼悯，共讨同心，蠲资出粟，敬传不坠，积得些须之费，聊将献芹之诚。但恐相传之久，不无懈怠之忧、侵蚀之虞，于是勒诸贞珉以垂永久。俾世世相传，不坠厥志；代代相守，以免侵吞。庶乎今日之祭享有归，而后人之祀事攸赖，行见人文昌炽，莲池渊源接泗水，德教弘敷，堤畔理脉映东山。体阴骘以重心田，德行文章并著；沐暗点以来捷报，元魁科甲联芳。然要非一点恒心，不克致此。吾辈尚其各抒乃心，其持乃志，于以永守勿替为幸。

---

① 建水县文昌会。
② 江川县文会。

从以上碑文内容可知，儒生周望敬等人创立江川县文会之原因为重文敬圣，崇祀文昌帝君以求其默佑更多地方人士考取功名。

（二）捐金生息，以传永久

文昌会的日常运转和长期维持需要一定的经费作为保障，管理人员多采用捐金生息、置办田产等方法获取租金、租谷等。清刘培元《文昌会①叙》载："毋何延及中叶，人心渐变，享祀之典，于□将坠。于是会中长者虑其芜以继于后也。乃申□刘叔与表兄吴君君用，力维于后，仍以所存余金生息，渐积至二十有五年，制得租十石，永为奉祀之需。盖至是创于始者成于终，衰于继者振于后，春秋享祀，孔惠孔时，而斯会可永久矣。"清赵本源《重修文宫②碑记》载"入关庙、文会、醮会押银一百四十六两"。

第二节　云南文昌信仰碑刻文献所见洞经会

洞经因谈演《文昌大洞仙经》而得名。云南谈演的《文昌大洞仙经》大致有两类，一类是明代中晚期文人将道藏本中南宋刘安胜编纂的《太上无极总真文昌大洞仙经》和元代卫琪编纂的《玉清无极总真文昌大洞仙经》加以综合编纂后形成的《太上玉清无极总真文昌大洞仙经》，被称为"老洞经"；另一类为清嘉庆年间昆明文人司昭所编纂的《文昌大洞仙经阐微》。洞经会，一是指洞经谈演活动胜会，二是指具有组织性质的洞经会社。

一　洞经谈演场面

洞经谈演，亦称谈经，场面庄重肃穆。清许邦寅《洞经会③序》载："于是约每圣诞期届设会谈经。凡与会者，咸洁斋毕集，毋怠毋傲。"清王肇基

---

① 建水县文昌会。
② 保山金鸡哨文昌宫。
③ 石屏州洞经会。

《洞经会①捐资碑记》载:"新安旧有文昌宫,昔之人倡洞经会于其中,每仲秋之月,肃诚将事,斋戒诵经,云篆琳琅,文开宝藏,钧音嘹亮,乐奏天章,所以宣大化而召天和,养人心而培元气,典至重也。"

二 洞经谈演的原因

(一)谈经演教,消劫行化

清道光二十一年(1841),昆明官渡立《文明会大洞经坛碑记》载:"夫大洞经者,统三才以会归,合三教以立极。盖自文帝飞鸾开化,则神人相通。斯教因神而立人,以诚而感信。超凡之径路,入道之津梁。真古今奇遇,人世希逢者也,所以赐禄广嗣,消灾集福。诚至捷而至灵,载在简册,班班可考。嘉庆癸亥秋,疫疠频,仍吾乡亦不免焉,乃请桂香会友谈经三昼夜,瘟风渐息。盖人事之尽,克感天心。"碑文撰写者认为"大洞经"具有"统三才、合三教、通神人"之威力,谈演洞经能够"赐禄广嗣,消灾集福",并以清嘉庆八年(1803)秋官渡"谈经三昼夜,瘟风渐息"作为例证。

清道光二十四年(1844),禄丰县立《洞经会功德碑记》载:"尝闻,事之有究竟者,必有由来。如大洞谈经,演教消劫行化,相传已久。忆文帝君受《洞经》而勤修正果,拔救群生,振聋发聩,黄童白叟,莫不尊亲。"碑文撰写者指出洞经谈演习俗由来已久,具有"演教消劫行化"之功能。

清黄炳望《顺江②洞经会碑记》载:

> 回忆辛卯岁春,身入外国,足涉险阻,历蛮烟瘴雨□□,默诵《感应篇》,遵体《阴骘文》,遇有惊恐,均叨显应,瞬眸间觉有帝君銮舆篚拥在上,竟得往返清吉,非蒙眷佑而何?益征有感皆通,如影随形也。又思往昔兵燹变乱,我练较少凶残□□,承平以来,渐觉文武科名继起,闾阎安堵。乃于帝君圣前未一讽经礼忏,又何以达鸿慈而伸蚁悃?

---

① 蒙自县洞经会。
② 腾越厅固东顺江洞经会。

且也人口□□，耘者□农忙失畜，转悔卖刀之左；豢养者睹物伤怀，将蹈指鹿之讥。关心者何以恝置于臆外？窃思谈经，可以避瘟□，□六诏、四川，看来凡有时疾流行处，莫不以谈演皇经而禳解。兼一切求禄保嗣，祷雨祈晴，各府厅州县，亦借以设□□感矣。实为迁善悔过之路，造福摒恶之门，崇正黜邪之地，端行立品之梯也。况国典所钦，法律不禁，若能虔久奉行，自有神灵拥护，凶星退而吉星临，富润屋则德润身，否去泰来，家安宅顺。我练裡□，□心涤虑，矢敬矢诚，兴会谈经，定可转祸为福，逢凶化吉，人畜皆安，地方兴盛，年岁丰登矣。是以商诸各公，均为允□□期千载奉行，百年团拜，将见祥云缭绕，免瘟疫水火之侵；圣教昌明，广科名嗣禄之锡。浩劫消于浩气，洪灾化为洪慈。

从以上碑文内容可知，碑文撰写者黄炳望叙述了自己曾受文昌帝君默佑而得以脱险之亲身经历、腾越地方受文昌帝君保佑而清吉平安之境况，指出四川等地谈经禳灾效果显著，倡议腾越厅顺江"兴会谈经"以期消劫行化、昌明圣教。

清许邦寅《洞经会[①]序》载：

> 文昌列于祀典，天下士大夫习制科者，莫不崇奉之。谨按《化书》载帝君觉世牖民，灵应丕彰；为民生，御灾捍患，贻万世无疆之福。其煌煌大训，著之经者，后人皆宜。是彝是训，于帝其训。而尤灵异者，则莫如《大洞仙经》。今考经义广大精微，未易窥测。每遇地方灾沴，虔诚礼诵，即可消四时之戾，召一方之和。惟是诵是经，必谐以吉祥檀炽之音，殆如是，而后天神可降，地祇可出耳。
>
> 嘉庆辛未，英莅石屏篆。越明年七月，疫大作。先是迤西染疫，数年未息，渐及于迤东。地方每将病之家，辄先老鼠无故跳踯，死人前，见者旋病，病即不可救。屏既多染者，咸仓惶不知为计。盖病之中人最速，其染也甚易，有朝见而暮传其死者。有一两日，而一家死至数人

---

① 石屏州洞经会。

者，亲戚各不通吊问。城中各铺，约建醮于庙，冀冥漠加以呵护。时有倡议谈洞经以禳之者，佥曰善。……既习谈是经十月后，地方旋保，全无恙。真若帝君法箓，默为驱除者。英时偕同人入庙，见各执事者，兢兢业业，无言靡争。其登降周旋比于礼，声音节奏比于乐。使人匪僻之心，不知何以远。然则救人之难，神所为予斯民以安全；而诸同人之无敢戏豫，驰驱必诚必敬，则冥漠之降鉴，未必不由乎此也。

灾既弭，同人咸相庆，谓经之谈，故以消沴而召和。而谈之于沴之既生，不若谈之于沴之未生，且使我同人常存一恪恭震动之心，而外不为非僻之干，内不为戏怠之萌，则于圣贤修己之道，或庶几焉。继自今迓天庥，而召太和，并无沴之可消，不亦善乎？

从以上碑文内容可知，碑文撰写者许邦寅认为谈演洞经可"消沴而召和"，并用清嘉庆十七年（1812）石屏鼠疫之例说明《大洞仙经》灵验异著。

（二）礼乐一节，正性陶情

清黄炳望《顺江①洞经会碑记》载：

盖闻礼所以正性，乐所以陶情。而礼乐一节，惟洞经之会为最。其间不惟睹衣冠文物之盛，亦可作祷祈忏悔之□□在己，理有然焉！是以帝君飞鸾开化，附体降乩，所以待人之迁善悔过，趋吉避凶也。我练土虽边隅，风尚淳朴，人才不乏，苹藻繁兴。而历代以□（来），文祖圣诞，只知演戏作剧，难免引诱煽惑，酗酒滋事。况历有明文禁止于文武帝君圣诞演戏。盖亦恐嬉舞亵渎，反招怨尤，丑态犯触，自干罪戾。再四思维，宜遵古谈演《大洞仙经》之可酬帝眷，□□安之为快也。

黄炳望指出，洞经会最能体现"礼乐一节，正性陶情"之旨，认为当地在文昌帝君圣诞日娱乐演戏，不利于淳化民风，故主张文祖圣诞应恢复谈演《大洞仙经》之古风。

---

① 腾越厅固东顺江。

清王肇基《洞经会①捐资碑记》载：

  盖闻天人一理，知大道之无私；性命双修，识位门之有要。《大洞仙经》出自元始天王，文昌帝君阐其奥义，以觉世而救人者也。……夫《大洞》三十九章皆言先天祖炁，所谓祖炁凝于未有天地以前包乎。既有天地以后，万劫不坏，万变常新，所以开辟乾坤，鼓荡日月，无形而蕴万物之形，无声而含万物之声。聚作一珠，苍胡可藏于指甲；散为万宝，琳宫立现于眼前，固至无而含至有，至虚而至实者也。经文精微，广大浩渺，难窥帝君阐经之文，昭引日星，精贯金石，开函启诵，动魄惊心，名莫能名，赞莫敢赞，然则于立会之意，参一说以共勉焉。其庶可乎尖习之，口耳尤心，体以身心，呼吸通天，起居接地，三才贯注，须臾莫离，由人之生以溯其所以生，则有天；由天之生以溯其所以生，则有先天元之。又元祖复有祖，不探其元中之元，不足以尽仁，不见其祖中之祖，不足以尽孝，仁孝之门此其大乎。夫道无二道，修贵真修，大洞常存，处处虚悬，宝笈金丹，何在人人徒抱灵根，惟愿诵是经者，驱除万虑，洗涤一心，无片刻之或忘，无一念之或杂，虚静澄明以求帝君。所谓凡人之身，皆有之者，庶不负亲切指点之至意也，岂不善哉。夫有开必先，将使聪明之士，因会尊经见道，绎其文参其理，六根修正，三宝圆明，檀炽千声，金花万树，功成九转，境现三清，因以入圣，而超化不止省身而寡过，是又作会者之所深望于后人也。

从碑文中"大道""性命双修""元始天王""先天祖炁""宝笈金丹""三清"等词语可知，道教对碑文撰写者王肇基影响较大，蒙自县洞经会具有浓厚的道教色彩。王肇基指出，《大洞仙经》精微广大，能"驱除万虑，洗涤一心"，具有修身养性之功能。

---

① 蒙自县洞经会。

三　洞经会的设立及其特点

（一）捐资成会

清道光二十一年（1841），昆明官渡《文明会大洞经坛碑记》载："建其会，曰'文明'。又恐需费浩繁，日久难支，爰起公德银赊一轮，约获千有余金。并众善捐资。除制铺设什物外，均置田产铺肆。悉助谈经之费，盖二十载于兹矣。"可知昆明官渡文明会得到众善信捐助，将资金用于购买铺设什物，并置办田产、商铺收租维持洞经会社的运转。

清道光二十四年（1844），禄丰县《洞经会功德碑记》载："易邑阿纳，僻处山间，而有志向道，善与人同，不乏其□。但泰山不让土壤成高，河海不择细流成深。今合境士庶商议捐资功德，惟□善姓共成善果，庶几谈演诵习，得以□久无疆耳。"可知禄丰县阿纳洞经会的成立得到了合境士庶捐资。

清王肇基《洞经会①捐资碑记》载："今在会诸君子复捐资储蓄，以勷会事，而垂永久。"可见会员捐资是维持洞经会社运转的重要形式。

清黄炳望《顺江②洞经会碑记》载："但创立伊始，凡有经箱、坛仪、乐具等，宜从全备置。第需用孔□□人，成裘固赖集腋，但愿仁人君子，坐贾行商，慨助囊中白璧，势必再再维持；欣捐枕上黄金，何妨多多益善。将来□□香资广储，又作御灾捍患之补。多种福田，同结善缘，则神庥共迓，寿域咸登也已。"碑文显示黄炳望倡议众人捐资购买谈经所需，希望得到商人群体的捐助，并提出所得"香资"可用于地方救灾事业。

（二）订立会规

清许邦寅《洞经会③序》载："并设各条规，犯者有罚。议既定，遂列同人姓氏、年谱于册。"洞经会规的订立，对规范会员行为、营造良好的团体氛围具有重要作用。

清黄炳望《顺江④洞经会碑记》载：

---

① 蒙自县洞经会。
② 腾越厅固东顺江。
③ 石屏州洞经会。
④ 腾越厅固东顺江。

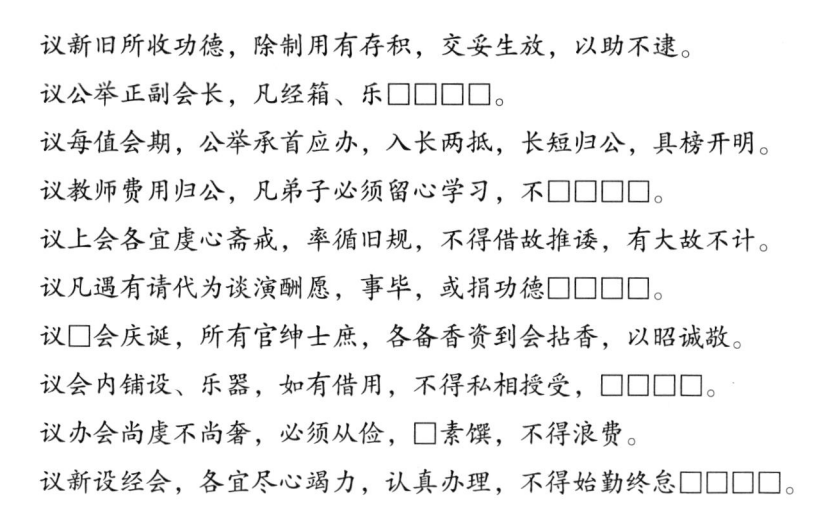

议新旧所收功德，除制用有存积，交妥生放，以助不逮。
议公举正副会长，凡经箱、乐□□□□。
议每值会期，公举承首应办，入长两抵，长短归公，具榜开明。
议教师费用归公，凡弟子必须留心学习，不□□□□。
议上会各宜虔心斋戒，率循旧规，不得借故推诿，有大故不计。
议凡遇有请代为谈演酬愿，事毕，或捐功德□□□□。
议□会庆诞，所有官绅士庶，各备香资到会拈香，以昭诚敬。
议会内铺设、乐器，如有借用，不得私相授受，□□□□。
议办会尚虔不尚奢，必须从俭，□素馔，不得浪费。
议新设经会，各宜尽心竭力，认真办理，不得始勤终怠□□□□。

以上十条洞经会会规规定了功德银用途、正副会长的产生及其职责、办会经费、教师费用和弟子学习、先生上会要求、代人酬愿、官绅士庶备资拈香、铺设和乐器的借用、从俭办会、新设经会等方面的内容，对洞经会社的运转与发展具有重要意义。

第三节　云南文昌信仰碑刻文献所见敬惜字纸

有研究者指出，"追根溯源，敬惜字纸信仰实质上是文字崇拜的一种发展形式"[①]，是社会重文、崇文的表现。到了清代，随着文昌信仰的传播及善书的普及，敬惜字纸习俗在全国各地普遍流行。

一　敬惜字纸活动

清曾百福撰《建邑西屯[②]金华寺文昌会收字功德碑记》载："金华寺中崇祀文昌兼设字库，每岁雇人搜辑，火而藏之。"清白映庚《惜字会记》载晋宁州："无惜字会，或有之而未遍，行之而未久也。修文庙，予

---

① 参见杨梅《敬惜字纸信仰论》，《四川大学学报》（哲学社会科学版）2007年第6期，第57页。
② 个旧西屯。

与同斋阮君暨绅士,建一焚字炉,筹办惜字篓二百余,散布城乡内外,并募一妥实之人,随时荷担拾归,就炉焚化,瓮而送诸海。……城乡废字,各贮于篓,得人收之。"可见,官员、士绅积极修建和置办字库(焚字炉)、字篓,普通百姓则参与捡拾字纸、集中焚烧,由此传达敬惜字纸的观念。

二 敬惜字纸的原因

(一)崇敬圣贤妙蕴

清李治撰《惜字会①碑记》载:"自包符启而精华泄其奇,文字炳如日星矣。试为溯所肇始,奇偶两画而已,而竖为直,曲为钩,柝之为点,分之为撇、为捺,凡属只字片辞,悉关圣贤妙蕴,宜如何崇奉而爱敬者也。吾儒束发受书,从事翰墨,世袭以藏,不敢轻于一掷,第平昔珍重。时少,玩忽日多,往往残篇断简,略不经意而蹂躏飘零,古今之赤文绿字,盖不知沉没几许矣。"清李诚撰《募捐遵圣会②小引》载:"夫月令垂圣人之法也,而一画开天九千言,皆圣人所留遗矣。爰名其会,曰'遵圣'。"③可知文字由圣贤创制,只字片辞皆需尊崇。

(二)阴骘科名果报

清李治撰《惜字会④碑记》载:"昔王沂公拾废,其子大魁天下;杨全书埋字,后裔不绝巍科。何神应不爽如是?吾辈读古人书,果报之说,诚不足道,然一字一珠崇奉,匪遑行,且兆书香于累叶,而绵绵未艾也。"李治在碑文中虽云"果报之说,诚不足道",但从字里行间依然可以感受到阴骘、果报思想对其的影响。

---

① 元江县惜字会。
② 新平县遵圣会。
③ (清)李诚修,罗宗琏纂[道光]《新平县志》卷八《艺文·引·本朝》,清道光七年(1827)刊刻钞本。
④ 元江县惜字会。

三 惜字会的设立与运作

敬惜字纸活动多由惜字会、文昌会等组织举行,其设立与运作的特点有以下三点。

(一)官员捐俸为倡,士庶醵金为会

清李治撰《惜字会[①]碑记》载:"爰是哀集同人,共襄盛举,敢以廉俸为之倡,而都人士亦踊跃争赴,量力捐资,不匝旬,而醵金逾百。"清李诚撰《募捐遵圣会[②]小引》载:"今令予首先倡率,复为此举,敬劝好善者随缘乐助,集腋成裘,多多益善"。[③] 敬惜字纸是重视文化的表现,地方官员多捐俸为倡,士绅、普通民众亦积极参与,展示了惜字活动不分阶层、不分贫富的文化生活内涵。

(二)捐金生息,置田购铺取租

为维持惜字会的运转,保障敬惜字纸活动的开展,管理者多将功德银典置市宅、商铺。清李治撰《惜字会[④]碑记》载:"余以为此不可无善后之图也,典置市宅,岁收租息,用作焚修沐化之资,而所为付鸿炉投鸥渚者,胥于是取给焉。"清曾百福撰《建邑西屯[⑤]金华寺文昌会收字功德碑记》载:

> 洵属义举,第工食,盈歉靡定,未有成规。会善士某君等(后因地震捐助芳名逸失无考)倡议相捐,得若干金,生息以供其费。至道光十二年,总计积银若干两,而捡字之资绰乎有余矣。顾恐日久弊生,或归泯灭,欲求一妥帖之处安置之则未有。若个旧之云庙者,盖斯庙为吾

---

① 元江县惜字会。
② 新平县遵圣会。
③ (清)李诚修,罗宗瑊纂[道光]《新平县志》卷八《艺文·引·本朝》,清道光七年(1827)刊刻钞本。
④ 元江县惜字会。
⑤ 个旧西屯。

滇兴旺福地，而董事诸君又皆平居好义之人，恳为曲全此事，众皆曰可。遂以十五年九月二十日，公同梓里将银五百二十两敬交云庙管事，同日又交入铺二个，共该银价一百二十两（契纸庙内收执）。酌定每年庙内上出利纹银五十两，于春秋会期分取其半，自今已往，寺内勿摇其本，庙内毋靳其息，则前有所需，后有所系，继继承承，有终罔替，维持之力较之倡捐者为大。帝君在天之灵，实式凭之，夫岂独西屯之幸也哉！

（三）官府拨款

清白映庚《惜字会①记》载："州尊朱公于街税项下，月拨钱一千文，发给定为案。……役食，发自州署，有案可查，则惜字当以永远期，不可谓非善举也。"惜字会活动经费基本来源于捐助，很少能获得官府支持；而晋宁州惜字会得到官府拨款并定案，可谓活动经费有了固定来源。

四 惜字会的多重慈善功能

惜字本身即为善举，清余治《得一录》载："惜字为积善中大功课，功名之得失，子孙之贤愚，禄寿之增减，多由于此。"②清代惜字会已兼有收尸、施棺、舍药等慈善功能。清李治《惜字会③碑记》载："其他赢余所积，置棺埋髊，命恂谨老成绅耆者董其事，虽未敢拟仁人之利济，而旅魂稍安，又可为宝惜鸿秘中，增一段佳话。"清李诚《募捐遵圣会④小引》载"会成置买田亩，雇人收掩无主尸骸，捡收道路字纸，敬谨焚化，以期永久。将来扩而充之，施棺木，舍药材，皆可于此取资焉。"⑤

---

① 晋宁州惜字会。
② （清）余治辑《得一录》卷一二，《惜字会分别缓急说》，清同治八年（1869）刊本。
③ 元江县惜字会。
④ 新平县遵圣会。
⑤ （清）李诚修，罗宗琔纂［道光］《新平县志》卷八《艺文·引·本朝》，清道光七年（1827）刊刻钞本。

五 文昌善书传播与惜字律

明清以降,《文昌帝君阴骘文》《文昌帝君化书》《行社仓文》等文昌善书在云南广泛流布。《文昌帝君阴骘文》是元明时期①依托文昌帝君而造作的道教善书,其开篇即云:"吾一十七世为士大夫身,未尝虐民酷吏;救人之难,济人之急;悯人之孤,容人之过;广行阴骘,上格苍穹。"②清乾隆四十一年(1776),云南开阳弟子沈德新立《文昌帝君阴骘文》碑于开化府城东文昌宫,为文昌善书在清前期就流传于滇东南的重要证据。

《文昌帝君化书》,又称《梓潼帝君化书》,相传于南宋时飞鸾降世,美国学者祁泰履(Terry Kleeman)称之为"神的自传"③。张泽洪先生指出,宋元道教的《梓潼帝君化书》为文昌帝君重新编造了家世谱系,宣称文昌帝君屡次化生为不同的历史人物,下降人间拯救世上的苦难。道教的文昌帝君化生说,赋予文昌帝君赏善罚恶、救度世难的品格,通过文昌帝君化生所宣扬的尽忠、孝亲、恤孤、荐贤等伦理观念,来体现道教济世度人的教义思想。④《文帝圣训》包括不少劝善类书文,《劝行社仓文》即涵括其中。⑤建仓置谷以济贫是古时候一项重要的社会慈善事业,因文昌信仰蕴含慈善思想,仓多建于文昌宫。本书整理的清张锦蕴撰《文昌社仓⑥义田记》、清罗钜璘撰《义仓⑦碑记》、清陈三重撰《合议捐置社⑧田碑记》等即为文昌信仰与社会慈善互动的产物。清乾隆四十二年(1777)《合议捐置社田碑记》载:"重纫遵家训,先君示以《文昌帝君化书》及阅《行社仓文》,未尝不掩卷而思……有

---

① 日本学者酒井忠夫认为《文昌帝君阴骘文》当出自明末,李刚认为《文昌帝君阴骘文》出现不会晚于元代。参见李刚著《劝善成仙——道教的生命伦理》,四川人民出版社,1994,第150页。
② 朱珪、蒋予蒲注《阴骘文注》,《道藏辑要》,巴蜀书社,1995,第9册,第443~444页。
③ Terry Kleeman, *A Gog's Own Tale: The Book of Transformation of Wenchang, the Divine Lord of Zitong*, Albany: State University of New York Press, 1994.
④ 参见张泽洪《论道教的文昌帝君》,《中国文化研究》2005年秋之卷,第6页。
⑤ 于国庆:《明清时期道教善书的繁荣盛行及显著特征》,《老子学刊》2020年总第15辑,第92页。
⑥ 蒙化府文昌社仓。
⑦ 蒙自县桂香殿义仓。
⑧ 永昌府城北社仓。

明之末，崇祯年间，凶欠频仍。己卯岁，因殷家闭粜，市无米卖，万姓嗷嗷，互相鼓噪。重与郡孝廉辛和国等目击心伤，不忍坐视，欲效黄承使符平粜故事，因请命于先君。时承谕云：'尔等若有此举，非独力能行，必广众善，乃能济事，亦必先建仓房以为贮谷之所。'幸选得黄公祠可以贮谷。"碑文记载了碑文撰写者陈三重与孝廉辛和国等于明末建仓贮谷之举。此外，《文昌社仓义田记》《义仓碑记》等碑文载文昌祠庙作为积谷之所，开仓平粜以济贫乏，反映了文昌信仰对云南社会慈善事业发展的影响。

《文昌帝君阴骘文》将"勿弃字纸"作为善行之一。专门宣扬敬惜字纸的善书被称为"惜字律"，常见的惜字律有《文昌帝君惜字训》《文昌帝君惜字真诠》《文昌帝君惜字功罪律》《文昌帝君谕敬惜字纸文》等。清道光年间云南开化府、个旧所立《文昌会敬惜字纸铭》《文昌帝君敬惜字纸文》是以碑刻形式在清代云南流传的特殊的"惜字律"。

文昌会敬惜字纸铭

三元八会，天运开通。苍牙石年，垂穗飞龙。变及隶楷，鬼神同衷。百尔君子，莫不崇从。吁嗟狂瞽，蹂驳踩践。云篆在涂，芝英秽揥。曰此残编，亦云断简。尔警尔思，搜剔用洗。洗之晒之。眼之火之。付之东流，谁曰不宜。凡我同人，念兹在兹。必恭敬止，靡有孑遗。瘗彼岩崎，斯文之事。酌以酒浆，终期无害。龟虫籀受，千金一字。钦哉铭词，天人攸赖。

文昌帝君敬惜字纸文

文昌纠察经书字籍，司曰：

寸函只字皆仙佛之精神，片语微言悉圣贤之著述。天曹地府，一字贵若珠玑；人世浮区，千言贱如瓦砾。或糊窗裱壁，颠倒文章；裹物燃灯，轻污典籍。封罐口而作土囊，重重灭裂；搓纸条而剪鞋样，种种乖张。或拭垢而拂尘，或擦油而抹桿。或学写未精而嚼烂打在墙头，或临做未善而撕残抛于粪土。或揉团而塞于壁缝，或掐块而掷于墙间。或带字而登东，或携钱而入厕。或纽绳而束物，或搓索以穿钱。或捶烂以和泥，或扯残而拭秽。或见人弃字而不能箴规，或见地遗字而不能拾取。至有癫狂浪子为爆竹而裂碎千张，村妇闺娃挟线丝而剪成万缕。或蒙童小子作踏于学馆书房，庸师莫知训诫。胥吏书佣轻贱于官衙私舍，有司罔识箴规。至于地集青蚨跨之弗顾，文藏纸袋坐下罔知。或写字于香囊，或题诗于绣枕。或书于棹案犹借口于旋写旋揩，或燃火以吃终尚托言于随焚随化。或以诗书而作枕，或以匾额而铺床。或以衣帕而求印送终，或以经文而入棺殓葬。或画卦于窀穸，或黥面于奴童。或织字于绸缎，愚夫愚妇用以为衣；或记字于棹几，俗子庸夫坐之罔畏。或书于瓷器，破烂而弃之街头；或写在竹签，弗用而弃于地下。或贴于兰房，或裹于淫室。或藏书史于卧榻，或置经典于房帷。或置书于床头而占毕，或安书于膝上而咿唔。或题句于花木之间，或贴字于便溺之处。或臭口吟哦而罔知盥漱，或秽手翻阅而不濯清泉。或书无衣而听其碎烂，或经缺轴而任其伤残。嗟乎！三教之中，九流之内，识字而不敬字，读书而反轻书，灭裂至甚，亵慢何堪，种种怼尤，曷胜发指，罪积丘山而罔觉，果昭地狱而不知。天地见之而震惊，鬼神闻之而赫怒。上帝屡行诫谕，诸人置若罔闻。仙真几次谴呵，众生弃而弗顾。岂知城隍、社令、司命、土地等神除将各人善恶详注，外令计慢字数目一一纠算。破一字者，促寿一日；残一字者，削禄一朝。千以岁除，万以纪夺。重则子孙绝乏，轻则眼目双盲。女子崩漏而产亡，男子痨伤而夭丧。一月一算，考核维严。人若敬之重之，寿禄依例增益。世人未知，特此晓谕。

《文昌会敬惜字纸铭》《文昌帝君敬惜字纸文》的内容都强调字纸具有神圣性，不可亵渎；尤其是《文昌帝君敬惜字纸文》蕴含浓厚的因果报应论，以此强调敬重文化知识，有助于广泛的崇文氛围的形成。

辑录篇

凡　例

一、辑录的碑文，凡是涉及文昌信仰内容的均收录，主要包括涉及文昌祠庙（文昌祠、梓潼祠、文昌宫、文昌阁、文昌桂殿、桂香阁、桂香殿、文星阁、文昌庙、桂香楼、文宫、文昌楼、崇文阁、文昌殿、文明阁）、魁阁、尊经阁修建的碑刻，庙学、书院、社学、义仓、义馆、社田开办和设立的碑刻，以及文昌信仰习俗（文昌会、洞经会、惜字会）的碑刻等。

二、时间上起元代，下迄清代，即按元代云南文昌信仰碑刻文献辑录、明代云南文昌信仰碑刻文献辑录、清代云南文昌信仰碑刻文献辑录的顺序依次录文，每个朝代的碑文也据时间先后依次排列。

三、碑文录自金石图籍、地方志、拓片、碑刻实物照片等文献资料。力求众本，择善而从。

四、碑文的编次以立碑或撰碑年代为序，未注明具体时间者，则据碑文内容和相关文献考证其朝代年号。

五、辑录时对碑文试作句读。为与"研究篇"字体统一，以简体字录入。异体字、通假字、碑俗字等，据文意择定对应的简体字。原文缺漏、无法辨认的字用□表示，大面积漫漶的用……表示。缺字较多用〈上缺〉〈下缺〉表示。原文夹注用（）表示。

六、每篇碑文末撰附记。对立碑时间或撰写年代、撰者、原立碑位置、现存地点、碑高宽、碑文字体、文献出处等方面尽可能全面说明。如文献出自多处，亦将文献及其版次、卷册、页码等注明。如碑文因多处文献收录出现碑名有异、部分内容不同的情况，也加以说明。

七、受体例和篇幅限制，部分资料未能完全按碑文格式编排呈现。

八、录文的索引按当今行政区划、撰者姓氏拼音排序。

元明清时期云南文昌信仰碑刻文献辑录

一 元代云南文昌信仰碑刻文献辑录

001 创修文昌祠碑记

延祐三年青龙丙辰，三月丁亥，集贤大学士邦宁言："蜀七曲山文昌梓橦之神，职司贡举，未有加封。"旨下中书，命集贤订定以闻。臣源道时为集贤直学士。明日，中书诣光天门，上曰："辅元开化文昌司禄宏仁帝君，上可命词臣演纶布告主者。"越三年，源道奉天子命，持宪云南行省郎中，河南秦君俨适创文昌祠于长春观西偏，像帝君其中。既落成，君以记文为请，曰："廷议加崇帝号，公尝与其事矣，独无一言以告滇之人乎？"窃惟鬼神之道幽矣，夫所谓天地之发生，山川之灵气，为鬼神之迹者，声与形茫若无朕。世之生能泽其民，死能祸福之以食其土庙。像设薰羞，灌潦而水旱、礼厉祷禳斯应者，在在皆是。神与人相依而行，人之精神群聚，有以通乎幽灵、交乎冲漠、悫蒿凄怆之著，未必无感召之理。呜呼！三纲九法，人道之大闲；福善祸淫，天道之至诚。夫人无所不至，惟天不容伪，冥冥之中，苟无神理以烛之，天人之际，可不畏哉！《春秋》书"震夷伯之庙"，盖因天地之变，以发其隐匿，圣人神道设教之意微矣。按：帝君生禀张宿，栖真参宫，其言历世七十二，为化九十七，虽未能征其所据，岂亦神道设教之意耶？是以肃将天威，扶立人极，妙用不测，倬为至灵。纠察人世善恶，民有修己植德，或忤天爽物，必报之殃休。而又主握文柄，人士之挟能战艺者归焉。神之灵若曰：依乎理道者，战则克；悖乎孝者，战必北也。或先事告之痊寐，或祝史笔之，以期于脘蠲，岂无自而然耶。剑以南幅员数千里之大，有民人者莫不奔走崇奉之，佥以为吾邦人材汇进沓出，舒翘扬英，炳烺铿匐，蜀文华之大振，繄神之力攸赖。夫云南之地，官正民物，有加于内郡，而其民俗尚攻斗，气殊未振，国家设取士科，滇之贡额当两人，版籍无秀民，无一人出应者。嗟夫！岂不为藩方之大戚乎？秦君之虑及此，于以创神之祠，资神之力，庶几作新士气，丕变民俗，其设心亦云至矣。或曰："帝君为灵，显相西蜀，遽皆及于六诏民乎！"曰："川岳之气，孔穴旁通而无阂也。神明之心，公平溥博而无私也。异时文华炳烺，人材沓出，当不在蜀后，神之千亿化身，风马云车，徊翔八极，将如泰山之云，不崇朝而雨天下矣，岂曰利西南一方而已哉！"其兴建土木、瓴甓、髹涂之细，皆略而不书。

附记：元延祐六年（1319）立，云南诸路肃政廉访使李源道撰。碑原立于云南府长春观西偏文昌祠。据[明]郑颙修，陈文纂[景泰]《云南图经志书》卷一《云南府·祠庙》，明景泰六年（1455）刻本；龙云、周钟岳纂修[民国]《新纂云南通志》卷九十三《金石考十三·后期·元》，民国三十八年（1949）铅印本；萧霁虹主编《云南道教碑刻辑录》，中国社会科学出版社，2013，第18~19页。萧霁虹《云南道教碑刻辑录》题为《文昌祠记》。

二 明代云南文昌信仰碑刻文献辑录

002 金齿司庙学新建梓潼祠记

正统九年，今南京刑部尚书杨公以右侍郎参赞云南军务，居金齿者最久。时值边陲无事，乃与守备都指挥佥事，今升左参将都督佥事胡公协谋，庀工创建庙学。选军中子弟之良者，命教授余穀领之，循循善诱，士风丕变。胡公又于孔子庙西隙地构屋若干楹，内设梓潼神象，春秋朔望，奠献谒告，如礼先师焉。盖殊方绝域，振古以来所无之盛事也。

景泰甲戌春，予巡边至金齿，教授余穀请于予曰："梓潼祠建久矣，敢丐公文为记，用垂不朽。"仰惟国家养士以学校，取士以科目，及其入官也，待士以爵禄，皆为世道计尔。然学之兴废，科目之盛衰，文运之通塞，人才之成否，造化扶植之妙，必有神以尸之者。苟有神以尸之，则于崇德报功之典，容可后乎？梓橦七曲之神，《化书》谓其主文昌而司禄命者。祀之于学，所以示崇报也。在泮诸生，朝夕出入，瞻礼祠下，必当致夫如在之诚，以尽事神之道。尤必思夫进德修业，乃人事之当为，阴骘默佑，则神鬼之不可知。尽吾人事之当为，而不惑于鬼神之不可知，将见学校兴而贤才出，科目盛而文运隆矣。若徒媚神以徼福，违道而干禄，又岂朝家建学养士之意哉？是为记。

附记：明景泰五年（1454）立，郑顒撰。碑原立于永昌府学宫。据[明]郑顒修，陈文纂[景泰]《云南图经志书》卷十《今朝文》，明景泰六年（1455）刻本；[明]周季凤纂修[正德]《云南志》卷四十四《外志九·文章三》，明嘉靖三十二年（1553）刻本；李根源辑，杨文虎、周文林校注《永昌府文征·文录》卷二《明一》，云南美术出版社，2002，第2233页；[明]陈文修，李春龙、刘景毛校注《景泰云南图经志书校注》，云南民族出版社，2002，第512~513页；方国瑜主编，徐文德、木芹、郑志惠纂录校订《云南史料丛刊》，云南大学出版社，2001，第6卷第514页；萧霁虹主编《云南道教碑刻辑录》，中国社会科学出版社，2013，第36页。

003　改迁三清宫三官殿文昌宫记

嘉靖辛丑，武略将军碧山施侨偕弟施化，迁三清宫于城内佑圣观之后，虑左右无翼，弗副所图。适安福谢钟八建三官殿于宫之左，邑人李寅移梓潼殿于宫之右，积群仙于灵庆，资圣寿于万亿。本其经始，实感众心铲荒夷险、郁起层构，敛众铢以资其费，择干士以董其役，得逸士张柏、陈助效劳，不日而成。翚飞矢直，像复崇严，庙貌如故。宫殿宏邃，金碧交辉，神仙仪卫，左右森列。得孔子问礼、关尹请书之像于前。位孙忠设瓜、张仲孝友之神于后。盖将通众仙而肃百灵，永以为祝延圣寿之所。况佑圣炳灵，阴翊王度，垂休储祉，长发其祥。

曩岁兴建学校，而天垂庆云，时和年丰，而万物熙皞。说者以为大姚龙脉发自岷峨，有诗曰："山从越嶲连南诏，水泛金沙绕大姚。"至苴却方山，联络起伏，奔腾于此，结局为山郭。北冈一带，为行龙过脉之所，不宜宫观。自二宫兴筑，城中凋落，咸以为风水所关，人心郁郁，愿迁改者久矣。今人谋神卜，两协其吉。于是，鸠工聚材，经始于嘉靖二十年冬月，庶民子来。落成于嘉靖二十二年秋季。

姚之卿士大夫及尚义诸君，捐资出夫助役，以成厥功，请予为记，以志不忘。噫！风水之说，其来远矣，今始迁，而大姚一境获福，信乎？神之格思，不可度思，矧可射思。《传》曰：敬神者必恤民，慢神者必虐民。慢神虐民，不敬之大者。故敬胜怠者，吉；怠胜敬者，凶。二者之报应，捷于影响，君子岂可忽诸？故凡有治人之责者，皆当以此为戒，遂并及之。

附记：明嘉靖二十二年（1543），大姚人、知县王鸣凤撰。碑原立于大姚县城内三清宫旁。据［清］黎恂修，刘荣黼纂［道光］《大姚县志》卷十四《艺文》，钞本；杨成彪主编《楚雄彝族自治州旧方志全书·大姚卷》，云南人民出版社，2005，第273～274页；萧霁虹主编《云南道教碑刻辑录》，中国社会科学出版社，2013，第497～498页。

004　修建文昌宫阁疏

恭惟

梓潼帝君道参元化，机运神明。职典文昌，悬象光照于北斗；教倡忠孝，降形灵著于西川。钟海岳之精英，得三辰之炳耀。人间禄命，庶□注生；天上铨衡，斯文宗主。泊诸九十七化，古今显应有征。是以数千万□，彼此尊崇无间。盖祖孙、父子、兄弟，世以忠厚正直传家，而孝友、姻睦、恤仁，恒将善恶、幽明警俗。瞻者起敬，闻之格心。惟兹昌郡，爰有神祠，幸地基爽垲，□谐□□于名区。顾堂庑倾颓未遂，翚飞于壮观，禋祀弗称，仪刑孰彰？乃诸□□念之。偶兴讯，阖郡舆情而允惬，是殆美墙如见，仰止斯存。然而财用不敷，工程曷就，量行资助，聊用作新。饬材欲□于成功，终事更需于好义。兰亭嗣续，祷尼征玉麟锦绂之祥；桂籍科名，梦兆应紫阁黄扉之贵。式标既往，可卜将来。况表扬先哲，德出于秉□。启佑后人，余庆原于后积。事固非妄，心贵克诚。将见青骡度风洞，冠袍俨唐制以来临；丹凤鸶云门，衿佩望汉庭而汇晋。神人□庆，家国增辉。远迩士民，共宜赞助。右金腾兵宪许公佳制。公讳公高，□□□人，庚戌进士。万历二年冬，公从金议修文昌祠，作劝募疏，目□转未果。越八载，两庠师友、阖郡士民属惟中继其事，得公劝募遗稿，然不敢浸公之文，镌之石以永其传。俾知当道诸公，维持世教，丕振文风，甚盛心也。中不敏，敢不恪恭代役？量捐资，翕众助，度财用，慎出纳。偕诸执事盟于神，严誓戒约斯会，规划详尽。肇建文昌阁，枕太保山，以壮形胜。继起神宫，拓而新之，以妥精灵。其宣力效劳者，亦题姓名于石，以表共成厥美之义。

万历十年壬午岁孟秋吉旦。

赐进士大中大夫行太仆寺卿前监察御史郡人缨泉邵惟中谨跋。

协理效劳

□宦士夫：□□、刘思忠、万谷、陈松、孙和、王裡、王月、胡慓、马继龙、孙□、闪应霭、赵鸾、朱崑、闪廷光、刘诰、邓嵩、□□□、□□、邵□□、闪应灵、沈希周、邵继贤、吴科、□继勋、李绍、陈□、李廷蔚、袁德方、张綗、黄□龙。

指挥：陈一龙、□天□、吴□、庄□□……镇抚：俞一举。千户：辛凤、邓光祖、□继□、□国忠……

……邵□□、□□□、王□、刘□、魏绪、张□、尹天俊、魏文光、陈大祥、何文光、俞□元。

僧人：真海、□□、如玄、如一。住持道人：李裕、张□□。募缘道人孙守中。

修建文昌官阁助银效劳提名于石

贵州都司都指挥使王月，银一两。

□□□□都指挥使袁钦宠，银一两。

……

□□□□都指挥使张……

……白□□……

……何国勋，银一两。

……

腾冲卫掌印指挥王宾凤，银三两。

景东卫掌印指挥木元瑞，银一两。

……

武举人：韦□亨，巴一百索。王鸣凤，银五钱。胡□斌，巴□□卉。邵□□，……

镇抚：俞一举，巴四十卉。王昭……谢廷表，巴八十索。李世胜，巴五十索。千户辛凤，银八钱……尹良□，……侯一□，……□□，……吴□，……辛安国，……武懋忠，……文继武……汪观龙，一钱。杨善，二十卉。沈元吉，□二□、石鼓二□。

武生：霍继张，舍碑一座。□□元，石灰一驮。……

百户：夏世臣，四十五卉。冯时雍，巴三十四索。唐世功，八卉。刘□珍，十卉。……

寿官：常藻，银五两、巴三百卉。刘思问，巴□十卉、助效劳。孙镇，巴一百索。袁钺，巴十索。袁必选，巴一百索。刘澍，巴□□□。王□，银五两。周□，……□□，……□御，……刘□，巴□十索。□□，……邵□□，巴一百索。魏绪，……杨□，……杨佐，……□廷□，巴十六□。□□□，……□□，……□文□，……邵文光，十卉。

义官：……赵松，银□□。……□□，巴十六卉。李楷，银三钱。王道，八索。马廷臣，巴四十索。赵孟□，谷二斗。丁文□，……丁时□，巴□□卉。

义夫：杨贤，巴二十卉。

道人：陈守□，……僧如清，……

善士：徐□……王价，银五两、塑圣像。郑汝材，银一两五钱、支钱效劳。何文焕，银五钱。何文魁，巴四十索。沈良，巴二十索。饶玉□，巴二十索。曾鹤，巴二十索。□□，……俞□，巴二十索。张□□，巴二十卉。□□□，巴二十卉。赵□，巴□□卉。李辊，银□钱。许诏，银一钱五□。□□□，银二钱。□□鹤，巴十索。闪应□，巴十六索。闪□□，巴

□□索。张□，巴□□索。白谟，巴二十索。谢□□、□□□，巴二十索。王贡□，巴□□索。张文金，巴十索。□时庆，巴十索。聂守礼，巴八索。聂守志，巴八索。白惟□，巴九卉。马胜□，巴十卉。安德淳，巴八索。谢仲高、顾□□，巴十索。张兰，银五钱。赵国宾，巴八索。杨德春，巴八索。□一龙，巴五索。吴门赵氏，巴十卉。□武，巴十卉。□□□，巴□卉。邵惟合，十卉。胡孝勤，塑圣像、银一两。郑慎，巴五十索。郭云鸿，二十索。朱一钦，巴四十索。袁鸿，巴二十索。范佑五，巴二十索。刘昆，巴二十索。毛凤举，巴十索。徐文光，巴十索。范俸，巴十索。李凤鸣，巴十六索。辛奇，十五索。□衮，巴十索。易文李，巴十索。□原，巴八索。张汝□，八索。□应鸣，五索。刘学□，巴八索。□广志，五索。□□成，五索。郑邦□，□索。高□，巴五索。罗□，巴五索。宋鉴，巴五索。陈□□，巴□索。陈应奎，巴□索。秦遇□，巴□索。沙应龙，巴八索。孟世伦，巴十卉。吴梓，巴五索。李□，巴十卉。汤子英，巴四卉。□门赵氏，巴三十索。沈门张氏，巴□索。丘门徐氏，巴六卉。赵氏□□，巴四卉。□□，□□□。张□，巴八卉。常□，巴十五卉。陈第，银三钱。徐万□。银□钱。周世□，巴□索。马□，巴十索。□□□，巴□索。□□□，巴□索。徐贤，巴五索。史良，巴六索。刘□，银□钱。王杰，巴十索。黄宇，巴十六索。张□□，三十索。冉士夔，巴八索。陈思忠，八索。张□□，巴十索。马胜举，巴□索。冯国光，巴五索。何天植，巴五索。雷应辉，巴五索。陶襄，巴□索。张□，巴□索。刘□□，巴八索。□凤阳，六索。马国贤，巴四索。范恩，巴八索。刘继周，巴十索。陈春，巴八索。□文□，银□钱。徐□□，巴□索。周世举，巴十卉。瞿文□，巴十卉。杨应元，巴五索。□□□，巴五卉。陈应奎，□□二□。□□，巴五卉。……张松，金二百张。马负图，银一两。刘廷祥，银二两。周□□，银五钱。吴□质，银四钱。闪□氏，巴三百索。张□□，巴十索。陈□□，巴□索。□□□，巴五索。□会：陆继□、□淮、陆士松、□□、刘□□□、张□、□英、秦□、周□、李□、陈□、□□、□□□、杨□、□□、王文李、□□□、徐仁、李□□、谭□、杨□、叶刚，以上共巴□□索。马忠，巴□索。方越，巴四索。张□，巴八索。□祐，巴八索。张□，巴八索。杨□，巴二十索。吴□，巴□索。王尚友，巴四索。陈清表，巴六卉。白□，巴五索。沈文洪，五索。冯应登，巴四索。黄门谢氏，巴五索。吴氏，豆一帮。杨□□，□二斗。刘□□，□二斗。赵□□，米五斗。僧人如济，□□□。客人张辊，巴二十七索。客人双谏，银□钱。曹□□，巴八索。张德□，巴□□。史□□，……吴应□，……张□□，巴□索、茶□□。杨□，□□。杨□，□索。□彩，四索。刘□忠，四索。段文彩，八索。杨□，五索。郑□□，银□钱。□□，巴七索。王□，巴□索。……□□□，巴□索。杨□，巴五索。张椿，巴五索。嵇汝才，巴五索。张□，巴八索。李□，巴十索。□仑，巴八索。叶文□，巴□索。□□□，巴八卉。刘谧，巴八索。赵文光，□卉。蒋文卿，五卉。聂应科，四卉。朱应龙，巴四卉。张门金氏，巴五索。文门金氏，巴四索。杨□□，……彭□，……吕□□，巴□索。陕应昌，五卉。经会任，……崔鹄，……□京，□俸……张□，巴□索……李□，巴□索。……朱□，巴□索。李正□，巴四索。文□瑞，巴四索。史志清，巴□索。王□，巴四索。二勋，巴四索。傅□，巴五索。张□，巴四索。盛京，……邵□，……朱文礼，银五分。张□，巴二十索。朱文明，巴□索。谷□仁，银四分。陈应□，□□六尺。冯门李氏，巴四卉。□门□氏，巴九卉。马明，巴□卉。周世芳，□五□。□□，□二□。张道□，巴五卉。杨三祝，十□。丘岳、□□，巴三十索。宋茂，巴四索。……吴汝□，巴五索。李□，巴□□。……张□，……潘元□，……魏俊□，巴八索。李思义，巴八索。马淮，巴十二卉。王国贤，巴二十四索。钟世贤，巴十二卉。胡大□，巴五卉。胡明道，十二卉。李□，巴□卉。杨□和，巴五卉。杨志举，巴四卉。王文□，巴……杨□，巴……□□，巴四卉。李凤朝，巴四卉。张明□，……杨文□，巴……李文□，巴……□文□，……□□□，五卉。魏文魁，四卉。……冯□□，巴□索。陆京，巴五索。丘继先，巴十索。□凤举，巴五索。王彦，五卉。陈大□，五卉。辛连，十卉。……张崧，巴□卉。田盛中，巴五卉。杨文清，巴□卉。□应文，巴□卉。……□□，巴八卉。杜高，巴……张□，……□□登，巴四卉。□高，巴四卉。……张昆，巴□卉。李□，巴□卉。……李□，马□，……□子真，巴二十索。张门□氏，巴□索。……孔□，……汪遂□，……□门王氏，巴□卉。张□□，巴三卉。□门陈氏，……李应元，……□□□，……王国龙，巴八卉。丘继□，巴□卉。□□，米□

帮。……王门□氏，巴□索。□文□，……□□成，……李□，……□□高，五卉。冯一元，钉五十。张汉采，□□四斗。……张□……□□忠，二十卉。……□文，巴□卉。……张□，……邓廷□，巴六卉。张□，银……吴金，巴二十卉。陆浩，银三两。冯良臣，巴一百卉。石震，巴……卉。陈儒，八卉。谌志谅，米五斗、巴□十卉。□□，米三斗。谭□□，米□斗。杨道元，米六斗。杨苟，米一斗。杨□芳，米一斗。……赵亮，米三斗。□□□，米□斗。□永□，……赵□，……赵□□，八卉。杨文跃，巴十卉。张学，巴八卉。□□，巴八卉。……文必澄，十卉。李鸾，……杨宗□，钱五分。孟□□，谷二石。……□老□，……□□□，石灰……杨□，银六钱。

通华门火醮会：朱文奎，巴五十卉。张云凤，银一两。杨合，巴十六卉。杨镇，巴十六卉。杨庆，巴十卉。……张□□，米一斗。……杨义凤，十二卉。俞□□，四卉。杨茂英，银三两。

木瓜郎寨土官莽节，银二两。土舍莽腾，银五□。……袁□□，银……□□□，巴□卉。……杨世□，巴……赵春震，巴□卉。刘时李，巴□卉。邹□，巴□卉。丘□，巴□卉。杨举，巴五卉。……土舍莽龙，巴□十卉。……明邑寨：……吴春，二十卉。汪□，□八□。杨保成，银一两。甸头寨土官莽□，……黎□，巴十二卉。杨□□，巴十二卉。朱柏，巴□卉。杨□朝，巴……宋□，……张阳……□文祚，……□□，……□文周，八卉……王□□，巴□卉。王□，巴□卉。王□，巴□卉。王□□，巴□卉。……宋□，巴十卉。杨保生，银一两。……

文昌会造金钉珠□善士：周□、王员□、李国延、李国卿、□□贤、□一元、□□□、□□□、□□□、□□□、李□□、□□□、张邦儒、陈应龙、宋钦、□良□、□继忠、张四□、陈文□、□梁、□仲□、冯一鸾、闪延□、□□□、张□□、严恩敬、王惟忠、□世□、□□□、□治、□□□、杨□□、彭□□、□□□、□□□、王□、□□□、陈时进、□□□、唐世爵、周□、……周淮、……周□□、……陈□□、□□□、汤时□、□应□、王□、□□□、张鸿训、□得善、丘允高、王□德、□□□、王敷德、□□□、王以祯、……

常住碑记

保禄阁常住于万历十五年七月□□。本府赵太爷清查给帖原奉，兵备道徐老爷明文原将吴乡官拨给义仓银一百两，买到□□田一分，舍为常住。□□□□□曹三□三，□□上纳租二十石，将十五石妆修□□阁，崇奉香火；内拨五石付三清殿住持□修，二处永为遵守。□□□田□□□□海子，东至大路，南至荒地，西至吴指挥□□□沟，沟外□地三块，□□□□□□□□□□四斗佃户上纳。一亩一分大小四丘，坐落山脚村后，年纳租二石。

附记：明万历十年（1582）立，永昌人、监察御史邵惟中撰。碑原立于太保山麓文昌宫，现存于太保山顶武侯祠后碑林，镶嵌于碑廊内墙中；青石质；碑身高1.8米，宽0.7米，厚未能测到；四周边缘饰卷云纹。碑文内容包括《修建文昌宫阁疏》及所附《常住碑记》。《修建文昌宫阁疏》包括三部分内容，即正文、协理效劳、修建文昌宫阁助银效劳提名于石，其中正文位于碑上部，阴刻，直行，正书，字体较大，计24行，每行字数不等，并非民国《新纂云南通志》所云"行二十八字"，合计555字。"协理效劳"部分紧接其后，共6行，但每行字数不等，载有60余人名，确与前正文合计碑上部分共"三十行"；"修建文昌宫阁助银效劳提名于石"部分位于碑中部、下部，即位于第二、三层，这两部分中一些文字已模糊不清且大面积漫漶，故每层行数及每行字数现已无法确定，但能确定共载300余捐钱物人名并捐助钱物额。《常住碑记》主体位于碑上部分右侧，处于正文第1行至第3行之间，其中"一亩一分大小四丘，坐落山脚村后，年纳租二石"部分处于正文第23行下侧，为后来添刻所附，并非与《修建文昌宫阁疏》同于明万历十年刻成。据碑录文。

005　新文昌宫像叙

文者，暗然而日章之道也，昉于天地，窍于人心，递阐绅于帝王师，相猗与昌哉！今夫天浑漠无朕，暗也，而章为云汉，章为日星，章为烟霞风霆，天文之所以昌也。今夫地厚重不迁暗也，而章为山岳，章为江河，章为鸟兽草木，地文之所以昌也。人得天地之气以成形，随得天地之理以成性。未发名中，已发名和体之身，为庸德庸言，推之化为尽人尽物，即暗即章，即章还归，暗人文之所以昌也。尧、舜、禹、汤、文、武之在上，帝不得不帝，王不得不王；皋陶、稷契、伊尹、周公、孔子之在下，师不得不师，相不得不相。自邃古淳朴之风渐远，而末劫偷薄之习愈深，文其外不文其中，文其名不文其实，文其边幅不文其道德。呜呼！将欲离暗而求章乎？是靡靡之文，非郁郁之文也，其何昌之？与有赖我梓潼帝君之神，炳灵张翼，累世以文教自任，躬孝友忠君王，移风易俗，济物利人，种种不可枚举，总之不离暗者，近是迨证其位，飞鸾开化，救劫度人，出书传录以范文儒，无非欲庸德庸言致自性之中和，尽人尽物成位育之实事，不自离其暗修一念。俾天地之文昌，在人心；人心之文昌，同天地。帝王师相之文，及天下万世神掌文昌之命于天，而昌文儒之命于桂殿，判录判嗣，定荣定枯，信已。先是太守邵公建祠于钟秀山麓，嗣后萧公卜迁黉序于骑鹤山，神告吉，作鹤麓书院，议迁神祠，迫迁，秩行不果，迄今愈赫厥灵。戊午宾士之夕梦神示二魁，而揭晓果魁二焉。此非素与神合，德不及此，然神之启文明示，先几至、再至，三则神之有造于泸者，多矣。都人士迁神祠于书院，以院楼为桂香殿，铸神金像，塑神诸眷属，盖神昌人文而人昌神祠，岂矫举哉！予欲奉神之教，会神之精，以暗然者为文，以暗然之章者为文之昌，勿徒文其外、文其名、文其边幅，而必文其中、文其实、文其道德也。返伦薄习，还淳朴风，天地之与参，帝王师相之与通，庶我不自澌灭其文，神始有据而昌我。若夫踊跃捐金，欢忭助力，亦为善者，昌之理也。

附记：明万历四十七年（1619）立，仁化人、教谕李占春撰。碑原立于广西府鹤麓书院桂香殿。据[清]周采修，李绶等纂[乾隆]《广西府志》卷二十四《艺文》，清乾隆刊本。

006 文昌帝君金像碑记

像者似也，语云波中之像，可以言我，亦可以言彼。是以绘月者，不能绘其明；铸像者，不能铸其神。况弘仁大帝，历劫化身，标灵著异，即巧铸者，安能以像之？似拟其真乎，然惟像在，而后赫濯之彰瘅与之俱在。则斯之铸，非以铸郭廓，实以铸心精也；非以辉庙貌，实以妥神庥也；非以歆帝座，实以翼斯文也。

罗婺有文昌宫，重修后，文教蔚蔚渐兴，非帝君阴牖而何？顾士囿于习气，见帝于显赫，不能见帝于隐微，锡禄则曰："祈弘仁也。"而不知所为锡之之阶言。广胤则曰："祈弘仁也。"而不知所为广之之地带，与我漠不相涉，我与帝涣不相亲，则何以迓灵宠而邀显眷乎？

署府王公育德，嘉意学校，日举帝训、阴功孝行等语，惓惓为多士劝勉。朔望诣宫，见塑像倾圮，遂捐俸一十五金，谋铸金像。未几，以交代行善果，竟未之就。幸郡伯赵公讳纾，嘉其意，力赞其美，兼郡丞杨公讳于升，司理何公讳宪，各义举鸠匠，以底厥成焉。

夫莫为之先，则为无因之果；莫为之后，则为有漏之因。孰若点培文治之念，先后若合符节有如斯者。列公善政，不胜纪述，即一铸炼成功而金身璀灿，庙貌聿新，使睹像者，智灯不灭。随地辣心，将七十二劫之灵，化亿千万种之仁慈，恍在举念间耳。若犹执尸而祝者之为真，岂帝君现化弘仁之神？亦岂我公祖铸像作兴之心察乎？是愿我武士见像警心，当下体取帝训，是遵是行，则士行端而士习自转，士习转而文运自昌，庶不负启佑多士之雅念云。

附记：明天启年间立，杨玄祐撰。碑原立于武定府罗婺文昌宫。据[清]王清贤修，陈淳纂[康熙]《武定府志》卷四《艺文》，清康熙二十八年（1689）刻本；杨成彪主编《楚雄彝族自治州旧方志全书·武定卷》，云南人民出版社，2005，第226～227页；萧霁虹主编《云南道教碑刻辑录》，中国社会科学出版社，2013，第156～157页。

007　新建文昌宫序

予尝读《忠》《孝》《化书》，见七曲之灵，万世之教也。夫无所逃于分者，君父也；无所解于心者，忠孝也。帝君以忠孝自淑，因以淑天下。万世后之人，不能忘于忠孝也，自不能忘于帝君也。不能忘于帝君，而又思见帝君而不得，倘不为之庙以依之，像以崇之，忠孝之性安乎哉。予衡文滇士，有事□于西，越螳川而上，不百里，名曰炼象，山水盘郁，风物繁秀。继而有罗庠弟子，见籍兹土者，若而人人有登于选者，有升于岁者，有游于雍者，彬彬皆忠孝德器。予曰：此必崇祀帝君之所致也。询之，果有乡善士王诗，偕子庠生秉乾，力创一殿，以妥尊像于其中。筑基监植，梵石鸠工，环之以垣堵，次之以山门，规模大略可□。又幸同乡善士杨应魁，偕子庠生文彩，协力辅赞，相与经营。始事于癸亥冬望，至丁卯乃告成焉。请记于予。予览其胜概，嘉其盛举，今又观其厥成，其□一言以为祝。夫予之衡文于滇也，不徒矜案上之秋月，滇士之待衡于予也，亦不徒恃纸上之春华，盖将以忠孝心，阐忠孝事，况尺幅其藉焉耳。然予不三年而告代，孰有如帝君之永住也耶。斯举也，其有以助予教之不及矣。予每思忠孝根于□，植于性，苟徒侈庙宇巍隆，丹垩伟丽，见外相之帝君，而忘自心之帝君，则崇祀究将何益。固□□二姓有是心，有是事也，行将令斗笠之报，克昌厥后，徽有荣光，借二姓为一方弁领，受禧艾哉。予尤得拭目以俟也。

钦差提督学政云南按察司副使杨师孔撰。

时崇祯己巳岁仲秋月上浣吉旦罗茨县儒学书。

附记：明崇祯二年（1629）立，杨师孔撰。碑原在禄丰县炼象关三华寺内，现存禄丰县恐龙博物馆。碑高1.30米，宽0.68米，厚0.20米；直行，楷书。据张方玉主编《楚雄历代碑刻》，云南民族出版社，2005，第76～77页；楚雄彝族自治州博物馆编《楚雄彝族自治州文物志》，云南民族出版社，2008，第162～163页；萧霁虹主编《云南道教碑刻辑录》，中国社会科学出版社，2013，第157～158页。

008　小水城文昌阁记

余以辛未仲夏，承乏滇屏，甫至会城，见太华葱郁，昆水澄凝，金马碧鸡，列嶂环峙，窃谓西南形胜，奇于中土矣。及莅屏之暇，偶一游观，则异龙湖数十里，烟波杳霭，中浮三岛焉：其一为杨少参建刹，其一为陈副宪结庵，而所谓小水城者，犹然未割鸿蒙也。心殊讶之，谓巽东胜地，风气所关，何可令三百年草昧荆榛，不一创辟，娓娓有意于其间，而力未之逮。

壬申之冬，孝廉许正廷请其地为文昌阁，因述其有夙愿于七十二化之中，王父靖州守可泉公曾建阁于靖之城南，若翁永明令曾建阁于永之关北，独是举也，鸠庀之余，未竟其业，耿耿有怀，愿勉成先志焉。余闻而深嘉孝廉之能继述也，缵先绪不惮辛苦，荐贤书，思酬夙，果用是欣然以勷盛事。阁成，而孝廉之仲季领其兄之意，嘱予为记。

余惟湖空阔而水盈盈，峰兀突而石磷磷。朝光霁而暮红紫，阁流丹而草铺茵。荷香十里，柳媚三春。听渔歌之款，乃发爽籁于岑涔，既握手而欣同调，亦扣舷而怀美人。凭栏凝眺，鹤氅纶巾，襟怀明月，富贵浮云。人偷半闲于白日，恍一息于清溟，若乃烽消燧息，氿可小休。桑麻遍墅，瓯窭满篝，幸寝戈而解甲，时佩犊而带牛。帘每静而无扰，琴可挟而漫游。寒汀巢野鹭，远浦宿沙鸥。嵯峨倚危阁，摇曳泛轻舟。青萍烟艇破，碧渚钓丝收。乐苍黎之熙穰，抚汉夷以怀柔。又如鼎创告峻，前堂后轩，冠裳鳞集，击节停骖，杯传太液，耳热将酣。或洗盏而更酌，或挥尘而高谈。霏玉屑于四座，茹英华于两间。染云烟于紫石，阐元化于灵昊。疑巫山之六六，恍蓬岛之三三。令人歌徘徊而神往，舞回折而情耽。又或慷慨临流，后乐先忧，方舟深矣，浅兮泳游。虽辑宁于眉睫，宜却顾于庞头。绸缪允塞，弛懈寡谋。如临波而涉险，期共济以同舟。漫说庾楼饶雅兴，可知剑阁握边筹。万里怔忪高马骨，三年劳瘁敝貂裘。卓荦每多身外想，低徊不是故乡愁。

后之君子，览斯文而增感慨，将并樽俎而与虔刘，至若神圣秘灵，载在《化书》，三世鼎新，播传滇楚。龙不敏，其何庸赘，乃郡之缙绅士咸推美于孝廉，而孝廉不自。有曰："终予父母之志"。又归美于令尹公，而不自为。若翁有曰"续予祖之事"，以至颂科名、祝嗣祚者，藉藉万口，而孝廉益逡巡而不自以为。有曰："发一郡之祥"。噫！孝廉其真能善继述哉！而屏之湖山嘉丽，点缀盈眸，当与昆华金碧相雄峙矣。

守是邦者，不且借手观成，而与有余荣乎？予闻之功深积累，有基有巅；人世福泽，有委有原。故由于阗大漠而昆仑，而天汉溯庆，源也；由焞煌积石而龙门，而渤海溯承，流也。其亦曰："有注之者，必有受之者，停蓄泄宣，理固应耳，亘世遐昌。"其以余言为券。

附记：明崇祯五年（1632）冬县人许之曾立，蕲州人、知州李犹龙撰。碑原位于小水城文昌宫，民国时"石断为二，幸嵌阁壁"；高六尺，宽三尺余；草书。据[清]管学宣纂修[乾隆]《石屏州志》卷五《艺文·记·明》，清乾隆二十四年（1759）刊本；周汝钊修，侯应中纂[民国]《景东县志稿》卷十五《金石》，民国十二年（1923）石印本；袁嘉谷纂修[民国]《石屏县志》卷三十二《艺文·附录十四》，民国二十七年（1938）铅印本；龙云、周钟岳纂修[民国]《新纂云南通志》卷九十七《金石考十七·后期六·明》，民国三十八年（1949）铅印本；萧霁虹主编《云南道教碑刻辑录》，中国社会科学出版社，2013，第168~169页。

009 三教常住碑记

自逸居时无教，太乙之始，勿三圣人起而虑焉，人于天命率性外，不能无修，安得废教。如儒云"文昌"，释云"观音"，道云"玄帝"，种种发慈悲心，种种发广大愿。一则分身救苦，教强悍者发慈悲之心。一则磨杵成针，教柔情者兴鼓舞之意。一则神文圣武，教诗书者动忠孝之思。其教虽殊，其心自一。迄于今借象见心，即心即佛。梁氏信女，自惭前世乏修，恐误今生因果，捐其资，传其像，乃欲广其教焉。于是铸三教圣像一堂，永作香山供养。所谓琳宫与桂殿齐开，武德共文星并耀。虔心敬造，金碧庄严，岂泥塑木雕者比哉？然而，犹未已也。思一时之香灯不继，三教之法像徒垂。于是，将原备价水田二段，施为常住，其田价、银两、秋粮数目照契开载明悉，使强梁毋得争竞，争竞者沦没三途，亲族不许声言，声言者漂沉诸趣。噫嘻！予于香山庆矣。问喜舍则妇女身也，问住持则比丘尼也。倘宰官、居士、长者睹此而发心，又不知当何如矣。是为记。

楚雄府通判署井事曾曰琥撰。

烟溪廪膳生员施潘薰沐书丹。

崇祯十三年仲冬吉旦。

附记：明崇祯十三年（1640）立，楚雄府通判署井事曾曰琥撰。碑原立于禄丰县三教寺。据[清]沈懋价修，杨璿纂[康熙]《黑盐井志》卷六《艺文·记》，清康熙四十九年（1710）刊刻钞本；杨成彪主编《楚雄彝族自治州旧方志全书·禄丰卷》，云南人民出版社，2005，第724~725页；萧霁虹主编《云南道教碑刻辑录》，中国社会科学出版社，2013，第188页。碑文载："如儒云'文昌'，释云'观音'，道云'玄帝'，种种发慈悲心，种种发广大愿。"

三 清代云南文昌信仰碑刻文献辑录

010 鼎建文昌桂殿碑记

自元皇开化，士之隶其籍者，莫不以昭事之处，祈嗣禄而焕人文，肝衡士于骏发翩翩于斯为盛。然阅《戒士子文》，谆谆以德行为本者，何也？盖本惟忠孝而资以文学，故九天辅元开化，开此忠孝也。嗣禄桂籍之传，传此忠孝也。奉玉旨而佐南斗以注生者，注此忠孝也。鹫峰古佛，纪功录行，为定慧菩萨成释迦梵，登如来之果者，即忠孝之极果也。至于殄凶残、诛叛逆，无非不忠不孝之魄而维持此忠孝也。是以修古悖凶，神道设教，即一念而横塞百久，可于其功用，六经皆忠孝之书，圣贤皆忠孝之人也。此宁待备述。近考吾乡大赵公，讳民献，以忠孝世传，举于乡，佐于郡，入祀乡贤，且有萃古名言之刻，以垂不朽，此忠孝实事也。为彦父师之所取法，不敢以不忠不孝取罪于天下。后世而诸文人，生斯习斯，亲承绍述，彬彬后先，隐显交摄，忠孝成风。修建弥陀梵刹，卜吉胜地，可方鳌岫为崇奉元皇之举。合力鸠工，耸构桂殿，焕日飞丹，庄严帝像，恍若天成。重开生面，俨然穆然，令瞻之，不觉忠孝之心勃勃自生。以及两廊仪门，循次聿新。而诗书之圃，桂禄之田，亦随寺僧丰殖，以禋香火。惟翼忠孝传于有永，而忠孝圣迹，亦久而弥新也。于以开人心、寿国脉，鼎新甲第，以巩皇图。所谓道待人行，人能弘道，其在兹乎。是又忠孝之发祥也。有林公、庄公之祀位暨诸父母亦祀，以忠孝作人者也。住持海秀，行行成功，谓即忠孝化主可也。贞珉永建，垂阴于昭，不避庸愚，敬之为记，昭忠孝之盛世也。

康熙四年季秋月凤仪山人奉教弟子文石甫、邹良彦薰沐拜撰。

□住持僧海秀、徒寂胤立石。

一、住持僧海秀备价银二十五两，买到郭振观民田一段，计两亩五分。坐落黑泥塘，东至大河，南至黑泥塘，西至职田，北至沟。随纳山曲里□甲，秋粮六升五合，入文昌宫内永为香火。

一、由□□□□□十民田一段，计二丘五亩。坐落河西□甸，东至吴三田，南至□道裕田，西至大沟，北至段含章田。随纳山曲里七甲，秋粮一斗四升五合，内海秀出过银两二钱，入文昌宫里永为香火。

一、韩煌祖原舍入弥陀寺〈下缺〉，乃西至郑和国，北至姜里长，随秋粮三升。

□□□□原舍弥陀寺民田一亩，计一丘。坐落北关外西甸，东至韩广，西至郑显吾，南北至本寺田。随秋粮二升五合。

一、住持僧海秀备价银三两五钱，〈下缺〉本寺田，西至郑和国。田随税一升五合，入弥陀寺永为香火。

〈上缺〉廷上员潘世霖，因田不便放水，霖将自己高田二亩换与海秀。东北□□田，南至郑有宽，西至韩煌田，随夏税六升，入弥陀寺永为香火。

附记：清康熙四年（1665）立，文石甫、邹良彦撰。碑原立于大理凤仪弥陀寺文昌宫，现存于凤仪文化站；高1.53米，宽0.62米；直行，楷书；正文15行，满行46字；附文5行，行字不等。据大理市文化丛书编辑委员会编《大理市古碑存文录》，云南民族出版社，1996，第461~462页；萧霁虹主编《云南道教碑刻辑录》，中国社会科学出版社，2013，第205~206页。

011　新建文昌宫碑记

粤稽寓内有三大，曰亲，曰君，曰师。若夫亲生君成，恩隆罔易，惟师道百代为昭焉，间尝披阅文祖经传，在列曜中专主文衡而司桂籍、禄籍，然建旗秉钺，武事亦兼其权。故观其言曰："混沌未分，吾统天、地、人之道；太极判，吾与大道俱显。"于此知道尊德贵，如日月之经天，江河之行地，无远无近，尽入钧陶。有物有象，咸承化育。矧飞鸾示劝，运祀世之舟车；

如意救劫，开多士之户庸。师世之道，孰能与京？

予不敏，于成童舞象之年，肄习诗书，躬沐圣泽，服膺勿失矣。丁巳秋初，叨荷简命，督理黑井鹾务。课重赋繁，私切覆悚，恐未能胜任而愉快。当朔望恭谒文庙，见四围倾圮，榱题朽敝，怃然者久之。乃召井庠诸生而命之曰："士为四民之首，文庙又为各庙之首。凡我士庶，知章句而明义礼者，皆余风所遝被，盍举而新之。"诸生曰："唯唯"。但井士不耕而食，悉借于盐，无力兴行。予捐资择吉，鸠工庀材，先修明伦堂，为课艺讲业之所。每见设立文昌宫于寺侧，逼近僧居宁第，非所以兴文教，且与文庙气脉似不相属，故经营再四，于庙右鼎创文祖圣殿，塑像其中，并列鼎峙，宛若大鹏之舒翼高腾云汉乎。不阅月而次第落成，毫不藉力民间。俾井之士民，俨然在望，咸生其子孝亲、臣忠君、弟尊师之念焉。虽不及鸟革翚飞，媲美乎轮奂，亦可谓东胶西序，璀灿于井区。倘来许风气节宣，卤源浓盛，受大圣之教铎，士敦节义；沾至道之末光，俗尚淳庞，将见羽仪天室，皆得梁栋之材；脱颖皇衢，可卜风云之会。予之矢愿获酬，与期后人者亦殷且切也。异日者，名贤高逸，登堂作赋，岂不云予斯役有小补也哉。是为文以记之。

岁在戊午仲秋月吉旦。

董便民记。

附记：清康熙十七年（1678）立，提举董便民撰。碑原立于黑盐井文庙侧文昌宫。据［清］沈懋价修，杨璿纂［康熙］《黑盐井志》卷六《艺文·记》，清康熙四十九年（1710）刊刻钞本；杨成彪主编《楚雄彝族自治州旧方志全书·禄丰卷》，云南人民出版社，2005，第734~735页；萧霁虹主编《云南道教碑刻辑录》，中国社会科学出版社，2013，第238页。

012　鼎建大魁阁记

山陬海澨，同遵孔氏之流风。异域遐荒，咸服儒宗之教泽。即文章制度焕乎有时，而伦纪纲常秩然不紊。使非六经之典，则炳若日星难合，百代之君民，奉为法守。溯来今与古往，虽异世而同揆。粤稽天象，爰著魁星。喉舌是司。位既尊乎北斗；璇玑攸赖，踪更显于南洲。默扶风化，昭菁莪棫朴之隆；实秉文衡，见礼乐衣冠之盛。七政云调，识纽枢之弗动，众星咸拱，望杓柄以为宗。执金执笔，魁名必定于心田。选甲选科，禄甲惟准于阴骘。故与杏坛之讲席，赫濯声灵。还同桂籍之飞鸾，阐扬教化。文思沛涌，春雷浪暖，蜇腾笔势，奔驰秋月，天香馥郁。

新阳山邑，地属畹町；平甸彝方，支分滇海。学校未兴，还问科名之著；人文未蔚，常怀寥落之悲。欲扶衰而起敝，必创始以鼎新。庠友王佐、赵云凤、舒之粤、吴兆南、陈尧道、孙象贤、杨友梅、任杰、陶师亮等雅志作人，恒心启后。庀材鸠工，并梓橦之殿后先而树立；梯云步月，同社学之宫左右以星连。工爰肇于庚申，阁垂成于辛酉。文光焕耀，疑射斗牛之墟；剑气辉煌，直映云霞之色。四山峻极，旌旗布列。以周旋一水，潆洄带砺，蜿蜒而巩固。开窗得月，置身如己在蟾宫；倚槛看云，适意何殊题雁塔。或挥毫于永昼，发性灵之精英；或展春于清宵，映藜芒之灿烂。既作兴于后进，更彪炳于来兹。科第峥嵘，悉式临于明德。元魁赫奕，更食报于洪文。

熹避地来游，情固同于杜甫；登楼远望，赋实谢乎王生。欣逢盛举，顿忘作客于他乡。幸辱隆施，敢谬陈词于同志。恭疏短引，用志新猷。

附记：清康熙二十年（1681）立，方熹撰。碑原立于新平县学大魁阁。据［清］李诚纂修［道光］《新平县志》卷七《艺文》，清道光六年（1826）刻本；吴永立、王志高修，马太元纂［民国］《新平县志》第二十三《诗文征》，民国二十二年（1933）石印本；梁耀武主编《玉溪地区旧志丛刊·道光新平县志》，云南人民出版社，1993，第121~122页；萧霁虹主编《云南道教碑刻辑录》，中国社会科学出版社，2013，第477~478页。碑文载："庀材鸠工，并梓潼之殿后先而树立。"

013 建修太和县文庙文昌宫魁阁碑记

自古帝王之兴，莫不修葺学宫，尊崇文教，时勤祀之典以□报享之隆。我宣圣之教泽，直与天地并垂不朽也。若夫羽翼六经，宣扬道化，司禄职贡举之权，操文场予夺之券，而大有裨于儒林者，文祖劝诫之力居多。故有大成殿，必有梓橦宫，示并重也。太和学制，创于明洪武二十七年，迄景泰而修举大备。奈末季沧桑迭变，榱桷倾颓，宫墙陵替，鞠为茂草久矣。本朝定鼎以来，奋武之际，雅重揆文。旧制相沿，修废举堕。至康熙二十三年，大师复滇，而邑侯光琏张公、永熙盛公，相继署理，与绅于□议，于明伦堂西建文昌殿。诸生捐资鸠工，共襄其事。而督率以效勤劳，则廪生杨嘉谊也。然成始而未成终，润色尚赖后人耳。幸西晋孙公津世大新奉简擢莅任兹土时，有遵旨修学之命，乃捐资集材，毅然以修葺为己任。适余亦以部铨司铎县庠，公喟然曰：得杨广文有所托矣。遂嘱余董其役焉。余亦不敢辞劳瘁，幸诸生输财力、相助为理，不数月而殿庑堂盈焕然一新，是官亦因而观厥成。孙公遂敦请塾爱立义学，月捐俸金以为训课之资，是不惟有功于先圣先贤，大有裨于后学后进矣。本庠诸生求余为文以为记。余应之曰：唯唯。夫观河洛者思禹功，见舞韶者歌舜德。是役也，经始之劳，修葺之勤，与赞成之效，皆有加焉。至义学一举，孙公丕扬之事也。且公敬以事上，清以律己，仁以爱民，后解组告归，士庶攀辕而不能留。有古循良之风焉。尔成人小子，瞻庙貌之维新，当思缔造之艰；睹殿阁之庄严，当思振兴之力；佩服圣贤之训，当思何以身体力行；叨入宫墙之中，思何以攀龙附凤。异日桂苑蜚英，南宫擢秀，为□□盐梅为苍生霖雨，庶几无负先圣祖著书垂训之意，与父母师表启迪奠望云尔。

康熙二十三年岁次甲子冬月吉旦，岁进士大理府太和县儒学训导兼教谕□□□□□□□撰。

廪生杨□□□□□□□□□□，生员杨德祖、万秉义、李光祖、□□、杨元极、苏雅存、高之霖、高之厉、张恂、黄祚升、王之翰、王锡荣、王御乾等立石。

附记：清康熙二十三年（1684）立。撰者不详。碑原立于太和县文庙文昌宫，1988年征集于市中医二院，现存市博物馆；高1.37米，宽0.65米，厚0.6米；直行，楷书，文16行，满行50字。据大理市文化丛书编辑委员会编《大理市古碑存文录》，云南民族出版社，1996，第475~476页；萧霁虹主编《云南道教碑刻辑录》，中国社会科学出版社，2013，第245~246页。

014 重修杨林文昌宫桂香阁碑记

盖尝闻治天下，以人才为本，而储人才之道，必以教化为先。余奉命总制滇黔，招集流亡，剔除弊政，肃清吏治，董正官方而外，日惟以作新文教为首务，更饬郡邑长吏建立学校，延访师儒。凡通省黉序有颓废者，悉为捐俸修葺，盖欲作养人才以上报天子。五载以来，弦诵之声，津津盛矣。

杨林为滇形胜之地，群峰耸秀，一水澄清，余颇爱其风景。癸亥夏，以公事奉命适黔，往来其地，惟见二三子衿磬折道左，不无人文寥落之感。因询其故，则云学附嵩明，本地城东旧有文昌宫，原以培一方文风，为士子观瞻之所，久罹兵火，风雨飘摇。余闻而增慨焉，遂为捐俸修理。阅一载而楼阁功竣，焕然一新，诸士欲请余言，勒之石。

余闻文昌帝君，以忠显之灵，专司文教，天下郡邑，莫不祀之，匪独滇南一方，杨林一邑也。兹杨林既已新其宫，吾知帝君之灵，如水之行地中，将无往而不在，其必有以启佑此方人文，使他日冠盖云蒸，簪缨霞蔚，人才之盛，当更有足观者，未必常此寥落也，多士其勉之哉！因为援笔记之，以见余作新文教之意云。

附记：清康熙二十三年（1684）立，云贵总督蔡毓荣撰。碑原立于嵩明县杨林文昌宫。据［清］王煦修，任洵纂［康熙］《嵩明州志》卷八《记》，清康熙五十九年（1720）刻本；［清］王沂渊纂［光绪］《续修嵩明州志》卷八《艺文志》，清光绪十三年（1887）刊本；［清］薛渭川纂修［光绪］《嵩明州志》卷三，钞本；陈诒孙修，杨思诚纂［民国］《嵩明县志》卷三十五《诗文征·清》，民国三十四年（1945）铅印本；萧霁虹主编《云南道教碑刻辑录》，中国社会科学出版社，2013，第544页。康熙《嵩明州志》题为《重修杨林文昌宫桂香阁碑记》，光绪《续修嵩明州志》、光绪《嵩明州志》、民国《嵩明县志》、萧霁虹《云南道教碑刻辑录》题均为《重修杨林文官桂香阁碑记》。

015 鼎建文昌宫记

《天官书》曰："斗魁戴匡六星，曰文昌宫。"□者曰："文者精所聚，昌者扬天纪。"盖纪纲，万物之象也。予观世俗所传一十七世为士大夫者，其事至不可考，每为之详究其意，或者如传说之于箕宿，东方之于岁星，以及云台列将，各占一星之说乎？不然，则相传之诞与误也。然而礼祀之隆，已非一日，且于人文之振起，亦有攸关，建为庙貌其可忽诸？吾龙之有文昌宫也，自吾先伯始。先伯讳效祀，字仁山，于前明时以明经仕至保宁别驾，生平谨身慎行，尤兢兢于帝君乩戒，及致仕归来，捐囊中物，铸为金像，高可六尺，四周称之，更铸二侍童，左立者执如意，右立者捧桂籍，一以著敬事帝君之诚，一以为化导乡人之举。盖天启初年间事也，厥后庙毁于兵，神像露处，一时人士以凋残之余，昭报无地，暂迁启圣宫中，迨今数十年。予每念不忘先烈欲为鼎新之计，而未遑焉。

岁丙寅，予馆于郡侯徐公署，适重九日，偕侄坦杜、子陶庵及同志查子髦、士四三人，携清酒，掇黄花，追落帽胜事于盘瓠城山巅。时予踞西麓，而纵观之山川秀色，引兴欲狂见其岭之横者，若锦屏之承、宇峰之耸者，若芙蓉之弄日，而西河一水纡徐北来泻出，襟抱间，潆洄不啻九曲，乃顾诸君而喟然曰："佳哉山水！一郡之文章，在乎是矣。予夙念先伯遗烈，不谓今日目中之盘瓠城，乃吾意中之文昌宫也。"诸君皆怏予言，而和之曰："唯。"于是乘令节之芳华，揽胜地之萧爽，畅昔年之孤抱，乐同人之雅集。与诸君班荆列坐，呼童命酒，扬觯无筭，诉怨乐百，忘山外夕阳，归徐欲晚也。低徊之际，云树苍苍，宛如置身梓橦县中，则他日之地灵人杰，于焉可卜矣，妥神作庙，可或缓哉！遂与杜子数人白之徐公及学传冯夫子，捐金购地，会地主杨弘仁与其弟弘义捐地价者半，乃以岁十月剔榛莽，面地形，辇云松，陶碧□。凡群材毕赴，群匠皆集。越明年正月，神宇三楹，焕然观成，帝君入座，恍然天上焉。嗟乎！文昌宫，予家故事也，而予谋之于数年之前，成之于数年之后，睹兹新宫奕奕，神惠千秋，可无记哉！然作庙以事帝君，非淫渎也，拜瞻斯庙者，其勿以世俗之见参之也，幸甚。

附记：清康熙二十六年（1687）立，撰者马龙人彭□□。碑原立于马龙州盘瓠城山西麓文昌宫。据［清］许日藻修，杜兆鹏纂［雍正］《马龙州志》卷十《艺文》，清雍正元年（1723）刻本。

016 文昌祠记

元江旧有文昌祠，在儒学之左。创于明隆庆，再建于万历之初，鼎革时，毁于兵。至今己巳，元庠诸生矢愿捐力，辟而新之。肇于己巳仲冬，告成于庚午春仲。规模结构，焕然蔚然。后复置真武祠，前浚陂塘，周二百丈余，亦胜观也。

盖自圣朝聿兴文教，虽在外徼，弦诵相接，彬彬郁郁，凡属风教所关，无不修举，以全力完缮宫墙，而余材为此，亦称巨丽。其山川形胜，亦分宫墙之余，概且不特山川之形胜也，钟灵毓秀，以滋培扶植于元江人士者，亦与宫墙共此阴翊而默助焉，此马生汝为，所以再请余记之。而余仍不敢辞也。

稽诸文昌垂训，必以孝弟忠信为先，此即四子六经之旨。孟子所云："其子弟从之，则孝弟忠信是也。"良士大夫诚能虔奉其训，而不徒以土木之彩绘，俎豆之修列，为神之所歆。在是生平所读之书，在家所事之父兄，在国所奉之君长，广廷大众之间，暗室屋漏之际，皆有神所昭鉴，而儆惕战惧，不敢稍违其训，不异守洙泗之传而觐宫墙之盛也。其于维持风教，岂有二哉！若建祠之工自有记之者，余不必赘述也。

附记：清康熙二十九年（1690）立，吴自肃撰。碑原立于元江县儒学左文昌祠。据［清］范承勋，吴自肃纂［康熙］《云南通志》卷二十九《艺文》，清康熙三十年（1691）刻本；黄元直修，刘达式纂［民国］《元江志稿》卷十六《祠祀志》，民国十一年（1922）铅印本；梁耀武主编《玉溪地区旧志丛刊府志两种》，云南人民出版社，1995，第699页；萧霁虹主编《云南道教碑刻辑录》，中国社会科学出版社，2013，第216~217页。

017　桂香书院记

桂香书院，故为文昌祠，祠有楼，曰"桂香"。康熙三十一年壬申，提督军门诺公拓之为桂香书院云。

先是嘉靖年，李太史中溪先生构文昌祠于府治西北隅，为楼，为殿，上下各三楹，缭之以垣，翼之以庑。门以外恢弘爽垲，望洱海如带，雪涛澎湃，鱼龙起舞，都人士多藏修其中，鸾骞鹄举，代有闻人。自嘉靖迄今，百有余年，中经兵燹，城市庐舍，荡为灰飞，独此与宣圣，宫墙巍然并存，岂非上天之祚斯文，而文祖之灵有以默护之者欤？

考大理郡乘，故有苍山书院，畴昔诸当道捐资置田，岁收其利，以供士子之肄业，甚盛事也。今寻遗址，则荆榛芜莽，不可复识，虽其碑碣所载田亩，亦尽为豪右吞噬，而遗文片石无复有留焉者矣，可慨也。夫且书院者，所以集大儒，讲正学，树道德之防而破邪僻之径也。大理，滇之才薮，明经砥行、志程朱之学者，当不乏人，独不得讲论之地，以召通都之人士而系其耳目，故寥落散处，无以自给，则皆务为童蒙训诂之师，求精举子业且不可得，况得闻程朱之学耶？

然则书院所关重矣，不可以一日不设也。军门诺公自驻榆城以来，孜孜然以兴学校、振人文为己任，即今府县两学，巍然焕然，有一非公之所整顿而润色者乎？礼乐之器，羽籥之舞，登降周旋之节，拜跪作止之仪，有一非公之所精造而讲肄者乎？乃公犹以为未得讲论之地，延明经砥行之儒，以召通都之人士，而系其耳目，使其寥落散处，沦于鄙俗，而不得与闻程朱之学，以求至于大道，非所以正人心、作士气也。爰谋诸绅士万崇义、李荣等，得李太史所构文昌祠及其余地，公乃纠工役，辟草莱，构数十楹以廓中溪之规制，而补苍山书院之所不存。进诸生而课之，置租田而饩之。将使高明者求造为大儒，次亦不失为国家之秀士，则皆足以破邪僻而树道德之防。噫！抑何盛也。

今大理人文虽未至于大敝，然视中溪先生时，亦稍稍替矣。孟子曰："待文王而后兴者，凡民也。若夫豪杰之士，虽无文王犹兴。"今诺公所以振兴夫士者至矣，士亦乌可不以豪杰自命而甘塈凡民也哉！彼苍山书院不可问矣，吾惧此将为苍山续也。爰记之，以望后之留意斯文者。

附记：清康熙三十一年（1692）立，黄元治撰。碑原立于大理府桂香书院。据[清]李斯佺修，黄元治纂[康熙]《大理府志》卷二十九《艺文》，清康熙刻本；[清]傅天祥修，黄元治纂[乾隆]《大理府志》卷二十九《艺文》，清乾隆十一年（1746）刻本；龙云、周钟岳纂修[民国]《新纂云南通志》卷九十八《金石考十八·后期七·清》，民国三十八年（1949）铅印本；王文成辑，江燕等点校《〈滇系〉云南经济史辑校》，中国书籍出版社，2004，第312~313页。碑文载："桂香书院，故为文昌祠，祠有楼，曰'桂香'""先是嘉靖年，李太史中溪先生构文昌祠于府治西北隅""爰谋诸绅士万崇义、李荣等，得李太史所构文昌祠及其余地。"

018　新建文昌宫记

　　天下郡县莫不有学，即莫不有文昌祠以培风气、植人文，若有默佑而阴护之者，其可阙乎哉？开化郡学为太守刘公所建，不过草创经营。粮宪张公莅开之日，捐俸重修，其规模已宏远矣，但文昌一祠阙焉未备。适有节年浮多，谷一百五十二石八斗，米二石，久贮在仓。今遂详请藩宪，恳其转详督抚两宪，给为文昌宫工匠之需。幸蒙各宪加惠斯文，如详批允。乃于康熙三十一年十二月鸠工，次年三月落成。计谷米变偿可四十金，今其费约有八十余金。又启圣祠虽有木植，散失不全，余亦发愿完工。忆余弱冠成名，由县令行取历兵刑二部，出守开郡，今之特建此祠，实有见夫宫墙数仞，乃士子水源木本之地，故不惜捐俸为之。且帝君十七世为士大夫身，一心主于周济容悯，饶退忍息，是即吾夫子忠恕之心也。开虽僻在一隅，为士子者苟能虔奉帝君之宝训，岂无掇科名而破天荒者乎？吾知必有朱衣暗为点头矣。是为记。

附记：清康熙三十二年（1693）立，知府沈宁撰。碑原立于开化府学文昌宫。据[清]何怀道修，万重笃纂[道光]《开化府志》卷十《艺文》，清道光九年（1829）刻本。

019　鼎建文昌宫碑记

国家化民成俗之功，首重学校，而凡言克维风行堪造士，实为斯道羽翼者，亦得分筵布席，以并峙于天壤之间，此文昌帝君配享孔庭，由来旧矣。帝君立教，恒与濂洛关闽相表里，而神化威权且能动人，寤寐怀思以补王化所不及。是其精微足以悟上士；祸福足以劝中材，功若不在尼山下。洵宜别构一祠祀之。

晋阳瞰海枕山，据滇左形势之地，历朝文治渐被，多有贤豪俊彦出乎其中，要亦人文渊薮。乃帝君于配享孔庭而外，未建专宫，宁独晋人士之过，亦典守者之与有其责也。

丁卯仲冬，余奉命来守兹土，凡有俾于地方风俗者，皆竭思殚力，而于帝君专宫之设，尤心焉急之。爰偕属僚学正蓝志廉，训导杨国楹，吏目王文玺，乡绅徐日明、唐绩巍、黄梦禧、唐斯盛及阖庠诸生辈，卜地于州城之东，取材于昆水之涯，聚资鸠工营作，创大殿、卷棚、头门各三楹，墍茨丹雘，举以法，冶金范像，桂柏罗阶。始于戊辰之冬，落成于癸酉之春。宏敞洁清，崔巍壮丽，诚可妥圣灵、肃观瞻也。

余顾之色喜，因进绅士而谓之曰："是举也，非徒以被宠绥者，云报也；非徒以邀福祉者，云祈也。帝君司桂禄而惟立训孝友，帝君实神异而常著范，子臣当此庙貌维新，俎豆在御，瞻礼之次，即为省身必心乎。帝君之心行乎，帝君之行亦如履孔庭，而睹其车服礼器，佩其道德文章，斯不言报而报，在不言祈而祈在矣。岂但以岁时伏腊，酌酒瓣香，遂于是举，无负乎哉？"绅士唯唯受命。

余嘉晋阳士风，将自此日上；帝君宠锡，将逾进无疆。而余于化民成俗之道，亦若有小补。因援笔而为之记。

附记：清康熙三十二年（1693）立，知州李云龙撰。碑原立于晋宁州城东文昌宫。据［清］毛煃、朱阳纂修［乾隆］《晋宁州志》卷二十七《艺文》，清乾隆二十七年（1762）刻本；［清］朱庆椿修，陈金堂纂［道光］《晋宁州志》卷十二《艺文志》，民国十五年（1926）铅印本；萧霁虹主编《云南道教碑刻辑录》，中国社会科学出版社，2013，第305~306页。

020 由旺文昌宫碑记

隆昌，古人文蔚起地也。其尤盛者，保邑之施甸由旺焉。余宰治者六年，罕能一至，此无他，恐劳民动众也。戊寅春，因公出城之西南隅，行冈峦六十里，忽睹山平水静，令人别眼相看。询之与人，云是即施甸之由旺乡，依山之麓，有文昌宫可以少憩。于是舍舆乘马，纵辔而往观之，则见其星罗棋布，千山之环绕也。左蟠右旋，万水之回流也。昔孔孟钟灵于泰岱，三苏毓秀于眉山，兹宫砥柱中流，为功不小。有僧皎渊系□桂的派告厥□□□文昌宫规模狭隘，孤立一字，无以壮观瞻而肃人心，垂奕祀而广教化。有文学沈生同合郡士庶思增修宫阙，仿府制规为，于是大破家资，重输弘辟。一时乐善好施者，无有远近。奈功力浩大，即众竭亦有不及者。爰募之当道，广助而始成焉。察其募疏，则前任张太守、蒋献翁之力为最。十余年住僧鲜有定人，保无剥落。丁丑之岁，是方之明经庠彦，延皎僧入室□□□教，永奉帝君香火，右启人文。第见其人事笔墨而知书，或亦熟读韩昌黎浮图文也。但餐风煮月，衲子之常，恐继此难垂久远，余忝为是邦父母，以作养人材为首务。因推广其心，以永盛、兴义、太平三乡所舍粮，曰"施为粥饭"，一切粮外杂派概行豁免。庶佳人杰地灵，为山川长开生面，为天子广育英奇，使黄茅青瘴之乡，复作衣冠文物之薮。期永远不易者，其无负前任创培之力与诸君子付会之心也。则后来之君子鉴此，谅亦有同心焉。爰将田亩坐落开列于左：

文林郎知保山县事楚黄程奕谨志。

永盛乡善信舍田……（略）

大清康熙岁次戊寅季冬月腊八日穀旦，同三乡士庶、住持率徒明慧、明心、性彻、永顺、明戒、明懋、常胤、孙震乾、真顺建立。

附记：清康熙三十七年（1698）立，程奕撰。碑原立于施甸县由旺文昌宫，现存于施甸县文物管理所；紫红色羊肝石质；高2.18米，宽0.80米；

碑额篆书"千古如斯";碑身中部断裂残损;直行,楷书。据赵家华主编《保山碑刻》,云南人民出版社,2008,第84页;萧霁虹主编《云南道教碑刻辑录》,中国社会科学出版社,2013,第269页;杨升义主编《施甸碑刻》,云南科技出版社,2018,第21~22页。

021 重建文昌宫碑记

康熙三十七年冬,余奉使督滇南学政,以承乏残局,日不暇给。甫下车即考试临安,所得多赏心士,未尝不深叹其人之盛云。越明年,校迤西诸郡。返,再抵临安,行汇事也。时值七月中浣,郡博士弟子员俨然造焉,揖余而言曰:"某等愿有请也。"盖庠内文昌一祠,自元初规模壮阔,为临郡胜概。凡遇朔望,诸生各聚社,会文于此,衣冠杂遝,有槐市遗风焉。自明末毁于兵燹,鞠为茂草,历五十年所矣!是无以妥帝君之神,而且令诸生会文之无地也!

兹幸郡之前太守王公讳永羲,今太守董公讳弘毅,同刺史张公讳鼎昌,首倡捐俸协力重修,诸绅士亦竞相与劝勤之,迄可底续矣!奈未成一篑何,倘得惠邀资助,无弃前功,实多士幸也。并祈为文以记其事,用且勒诸贞珉,垂示将来,俾后之人,以无忘踵事焉,其可乎?余曰:"唯唯。"因念自为诸生时,即虔奉帝君惟谨,今仰荷忝司文教,际此一方盛举,少效涓埃,是余之志也。其又敢惮管城之役,而固以不文辞乎?

余惟天地文明之运,自北而南;人文秀杰之气,随地而钟。盖河岳英灵,各抒其所蕴蓄,以发越于世,若百物之有菁华不可掩也。夫岂以今昔异,又或以远近殊哉。临虽僻处天末,诗书礼乐之教,声明文物之休,殆不少异中土。盖自元朝收附内地,历胜国以迄今,兹垂四百年,仁渐义摩之化,沦肌浃髓,以故风流大雅,代不乏人。其间勋名世业彪炳汗青者,亦屈指不胜数。何一非山水之所孕毓,先圣之所式灵,而为帝君之所阴扶默佑者乎?然儒者先德行而后文艺,鄙祷祠而尚功名。今圣天子雅意作人,尊师重道,亘古无双。正文治昌明之日,诸生各自勤思砥砺,仰副前修。帝君之灵,其必有以鉴之矣!监文之运,其将有进而益上者乎?余嘉诸生向学之志,而又乐贤太守与良刺史之克勤文治,能相与以有成也。于是乎书。

附记：清康熙三十八年（1699）立，山东人、学政赵之随撰。碑原立于建水州学文昌宫。据丁国梁修，梁家荣纂[民国]《续修建水县志稿》卷十三《艺文》，民国九年（1920）铅印本；萧霁虹主编《云南道教碑刻辑录》，中国社会科学出版社，2013，第312页。

022　桂香阁碑记

余承乏兹土，历四载于兹矣。夙夜黾勉，求所以安民生而厚风俗者，余不暇及也。惟从簿书之暇，缅想学道爱人之训，辄悠然有感于怀。且禄邑虽小，子弟田畴依然在也。原而农者，肆而力于畎亩；秀而士者，服习于胶庠。士习民瘼，均治道攸系。窃不自揣，欲与邑之士君子共相淬励，以兴隆学校，振起人才。幸有司铎万君，久留甸白，芹藻宫墙，皆其殚心葺治，而不致兴嗟城阙矣。顾县治北隅，旧有阁名"桂香"者，蹲踞城垣，所以崇奉文帝，为通邑巨瞻。其创始之年，已无碑记可考。但见败瓦颓垣，榱崩栋折，金容黼座，日炙风吹，触目凄然，不无盛衰兴废之感。窃思文昌一星，为天之六府，掌人禄籍，司士子科名。予夺之柄，惟神实主之。凡属群生，皆倾心向化，惟恐或后。岂禄邑多士独能任其倾圮而置之欤？爰捐清俸，以为首倡。万君从而鼓舞之，邑之明经王绳武及博士弟子何逊皆随分乐输，踊跃从事，置簿而募之，遂乃鸠工庀材，计工给价，分襄斯役。其遴拔夫役，则赞政杨君为之。自夏徂秋，体势大备，金碧丹艧之事，次第举焉。虽仍旧址，而其功几于创矣。左隙地建厨室三楹，增所未备焉。

夫修举废坠，有司之责也。邑有前人迹而能为修刷改观，亦道路之光也。矧斯阁也，灵爽式凭，实为文章司命。士子能闭户潜修，诵读弗暇。更整饬行而以其精意上孚，未有不为帝君所降鉴者。方今圣天子崇文右道，石渠虎观，名儒辈出，礼乐文明之盛，亘古未有。且加意词臣，锡于殷蕃，燕赏优渥，岁卑衡文之任，命所在臣工体恤，则文治之隆，当必有日引而月长者。禄邑士子苟能体朝廷作人至意，争自濯磨，将为翰苑名流，为熙朝柱石，以润色鸿业，而垂裕万年，未必不由此阁之巍然焕然而神灵启佑也。则此举也，亦欲与诸士子相与有成，其所望正非浅鲜。兹有捐助姓氏，载诸碑阴。是为记。

附记：清康熙三十九年（1700）立，王毓奇撰。碑原立于禄丰县治北隅桂香阁。据[清]刘自唐纂修[康熙]《禄丰县志》卷三《艺文》，传抄清康熙五十一年（1712）刻本；杨成彪主编《楚雄彝族自治州九方志全书·禄丰卷》，云南人民出版社，2005，第66~67页；萧霁虹主编《云南道教碑刻辑录》，中国社会科学出版社，2013，第270页。

023 重修太极山桂香阁碑记

州治之西，山峻而秀，□嶫蜿蜒生成，数合河图乃以隆，名"太极"，上有桂香阁崇奉帝君，始自明荐绅先生朱公建也。原鼎建之初，奚独上高巅之上，得毋欲焕一州文光以遐接斗牛星气耶？念切后人，志培风脉，意诚远哉！公讳化孚，中万历壬辰进士，历官楚省外台，冰雪一生，文章千古，其建斯阁也，而独曰"桂香"，毋亦贞恒性，洁清芬。励兹继起，莫不俾挹月殿天香待春风而看花上苑耳。落成之后，里族衣冠，代有名隽，非其验欤？奈以气运转迁，不无憔悴之感，兵燹而后，渐以倾敧。

余于辛巳秋，奉命牧理兹土，时公之裔孙年兄淳偕弟溥请示于余，欲募重葺。余曰："继前人之志，以大阁州之观，良举也，宜亟行之。"于是首倡捐俸，约诸绅士不吝悭囊，共相资佐，至壬午夏六月修建完毕，灿然一新。余爱招众绅士登峻顶，回旋眺望，觉文彩腾辉，势将据千里之雄也。功成有继，岂偶然哉！因欣托楮生，直为之记。

附记：清康熙四十年（1701）立，刺史高鈵撰。碑原立于安宁州治西太极山桂香阁。据[清]高鈵修，段拱新纂[康熙]《安宁州志》卷十九《艺文》，清康熙三十七年（1698）刻本；[清]杨若椿修，段昕纂[雍正]《安宁州志》卷十九《艺文》，清乾隆四年（1739）刻本。

024 桂香阁碑记

帝一十七世为士大夫身，神异皆著于西川，说者谓栖神自有定所，灵之凭依，多往来于七曲盘陀间，外此，则非真仙窟宅。庸知帝开化人天，何地不化，何人不化，神亦何所不在哉！古巨桥之河西乡核桃村者，去城十里许，舟通昆阳，路达临沅。村故无祠，以为岁时祈报地，州庠李君馆于斯，暇时登眺，见西畴沃衍，平挹江滩，太华峙其左，仙鹤翔其右，金沙武库，玉案文峰，宛然在目，亦山水奥区也。乃与村人鲁吉祥、李奇勋辈谋创帝宇，晨夕祝釐，兼里中俊秀得以讲业于此，甚盛举也。村人佥曰"善。"牒州守，得许可。问青鸟，卜之吉。由是庀材鸠工，备历辛苦，李君弗辞劳，或谓风水弗便，于邻村始有哗之者，李君弗辞怨，鼓舞村人善念勿倦。经始于壬戌之仲春，三阅月而告成，殿庑、门垣巍然伟观，肖帝像于中，司桂禄籍，侍卫森严，州人颜其祠曰"桂香。"从西南来者，谓："前之所未有，而今气象一新焉。"自是年岁丰熟，禾出双穗，乡人以为建祠之验，咸感李君倡始之义，尸祝以志不忘。于是知天下岂有不可化之地，岂有不可化之人哉。惟实心劝善，不避劳苦，不堕垂成。始而哗之，后且德之，李君诚可嘉也。而吾道之可以有为，亦于此乡。见一斑士君子，得志于时，化天下，化一国，化一邑；不得志，化一乡，皆帝开化意也。化无常而神亦无不在也。村之人朴安耕凿，秀咏诗书，植山头之丛桂，结子飘香；鬻池上之凤毛，凌云矫翼，均于斯祠有厚望。西河，即西川矣。李君斯举，岂小补乎哉！李君，讳从绅，字又书，巨桥旧家子也。走家隔一衣带水，得耳其事，故记之。

附记：清康熙四十一年（1702）立，呈贡人、检讨张旭撰。碑原立于昆阳州河西乡核桃村桂香阁。据[清]朱庆椿纂修[道光]《昆阳州志》卷十五《艺文志》，清道光十九年（1839）刻本。

025 文昌宫常住碑记

吾乡文昌宫建自康熙辛卯岁，由黉宫迎圣像于兹。莅兹邑者，春秋丁祭毕，文昌旋致祭焉。每岁二月朏，恭逢圣诞，邑人士庆祝，历今弗替。余自幼瞻对，庙貌有严，殿宇整饬，阅二十余年而宫门辟，更阅十余年而周垣。固未尝不叹葳成迟，常住乏也。癸未春，欧阳公来莅我蒙，甫下车，会文庙公产久为四邻侵占，爰清界址，拨公租十石永作常住，嘱余记之。余惟帝君忠孝，文武之迹锵洋，《化书》读之凛然，自会城迄郡邑，莫不辉煌俎豆，多设修葺之资。欧阳公此举，所以补前缺也。夫帝君于至圣虽生不同时，而道脉渊源如流归，何如宿拱辰昭，事者遂不啻一家。况昔由黉舍移来，今即以是租供奉，此神人吻合，并不等酌剂衰益也。是为记。

附记：清康熙四十二年（1703）立，尹均撰。碑原立于蒙自县治文昌宫。据〔清〕李焜纂修〔乾隆〕《蒙自县志》卷六《艺文》，清乾隆五十六年（1791）钞本。

026 新建文昌祠序

文昌祠建自七曲山中，出梓潼县，其间亭岩泽池，不胜指数。独忠孝一楼，垒三层，高百尺，自楚黄鹤而下，莫可与京。夫楼名忠孝者何？帝以忠孝立身，以忠孝教人，故曰"忠孝楼"。数千百年来，遍天下而祠之，虽规模创制不与楼符，要皆忠孝感人。故世之绅者、士者，莫不敛衽而钦向，即少识君父二字，亦过庙思敬。蒙有祠，居学之右，地势窄狭，墙屋倾颓，适间邑绅士约为建创之举，佥曰："分司街，有地一隅，先明察行馆也。永历年间设总镇以控制土司，将为廨署；迨本朝，廨署为土司所毁，基址犹存，既方正又宽敞，殆天留之以为文昌祠乎？"余曰："唯唯。"请之邑侯。邑侯善之，且捐资焉。择于康熙五十年二月十六日兴工，六月十六日落成。登其堂，见夫南山拱秀，宛然其图画也；海水洋潮，焕乎其文章也。且四围民舍环卫，居中御外之势焉，洵发祥之所自矣。

夫人生斯世，忠孝为本。今庙貌巍峨，神灵赫奕，则凡一望之而起人以忠、起人以孝者，又宁有量耶？嗟嗟！妥一神，立一祠，而忠孝克敦，大本能立，则人心还淳，风俗转厚。祠之创建也，其关系岂浅鲜哉！若夫功名嗣续，余故不敢倡，为邀福之论，然富贵福泽，几见非忠孝所必至之数耶？余题其匾曰"忠孝阁"。逆知后来功名中人，尽忠孝，忠人愿，勿置身名教而忘帝之忠孝立身、忠孝教人也。谨序。

附记：清康熙五十年（1711）立，马龙州学正汤茂如撰。碑原立于蒙自县分司街文昌祠。据[清]李焜纂修[乾隆]《蒙自县志》卷六《艺文》，清乾隆五十六年（1791）钞本；[清]佚名纂[宣统]《续修蒙自县志》卷三《社会志·祠祀》，清宣统年间修稿本。

027　重建文昌宫碑记

邑之文昌宫，在文庙左。规模狭隘，年远倾圮。我邑侯徐公讳琳号恒庵者，以名进士宰兹土，仰体皇上佑文至意，发义馆谷一百五十石，欲重修而光大之。命余同邑中诸生，布地展基，鸠工庀材。经始于壬辰冬初，落成于癸巳春莫。事竣，邑侯授简于余，期镌贞珉，以垂永久。余不获辞，因告于邑侯曰："文之昌大于天壤，昌明于今古者，蕴之在身心性命之微，显之在纲常伦纪之大。能使君明而臣良，父慈而子孝，兄友弟恭，夫和妇顺。临下简，御众宽。故天地于以清宁，国家于以康寿，人民于以雍睦，风俗于以醇庞。历亿万年，尸而祝之，俎而豆之。"我辈群称曰："文祖，非若释道家所谓渺不可知之说也。"按《天官书》，汉、晋两《志》，及《甘石星经》，文昌在北斗七星之柄，三台六宿之上，云敛晴空，皆得仰观。夫斗魁戴匡六星曰文昌，悬象著明。自开辟已然，人是以敬祀之也。今邑侯于故文昌宫踵事增华，扩大其基，我知入其宫、瞻其像者，仰见庙貌崇隆，将洗心涤虑，诚其意以修身，尽其性以立命，饬纪敦伦，有必然者《书》曰：作善，降之百祥；作不善，降之百殃。人种德行仁，帝君必忻然喜，喜必降之以福。《孟子》所谓"天爵修，而人爵从也"，反是，而或贪、或妒、或奸、或伪，帝君必艴然怒，怒则降之以殃。《论语》所谓"罔之生也"，卒难膺眷顾矣。因为之记，而始终襄厥事者，则司训姚公燮理元庵也。

附记：清康熙五十二年（1713）立，宜良人、司马徐松撰。碑原立于宜良县文庙左文昌宫。据[清]王诵芬纂修[乾隆]《宜良县志》卷四《艺文》，清乾隆三十二年（1767）刻本；[清]李淳纂修[乾隆]《宜良县志》卷四《艺文·记》，清乾隆五十一年（1786）刻本；王槐荣修，许实纂[民国]《宜良县志》卷十《艺文》，民国十年（1921）刊本；周恩福主编《宜良碑刻·增补本》，云南大学出版社，2016，上册第165~166页。

028 新建罗平尊经阁碑记

从来风俗之同，本乎教化，教化之兴，本乎六经。经书之为教，要使人敦孝弟、存忠信、循礼义、重廉耻，时时体认，在在躬行。其事迹，其功约，绝非佛道家虚浮怪诞之说可同日语。独《文昌化书》一则与吾道相表里，所以薄海内外，凡建学之处，必有尊经阁，尊经阁之上必肖文昌像祀之，典至重也。

罗平僻在天末，久隶土司，即设流以来，接经本朝更定。学宫重地，迁徙无常，遑问尊经楼阁哉！迨康熙二十年，刺史孙公念学宫为崇祀圣贤之所，人材所自出，务择胜地居之，遂移放州城外东南之隅，殿庑檐楹，一时称改观焉。但草创之际，勉力成功，他务概未暇及也。

余于癸巳之秋，奉命司铎是邦，见学校中多有缺略，慨然者久之。会刺史王公素蓄此志，未获同心。爰与商确尊经阁之事，王公毅然捐金倡首，余次之，绅士又次之。卜基于启圣祠之后，随即鸠工庀材，建阁三间，中绘文昌圣像，而以魁星、金甲神配之，耸然特出，翙翼黉宫，诚邑中一巨观也。绪甫就，王公适以内升去任，余独立难支，日夜忧惧。诸生中有共襄其事者，亦计无所出。幸署篆杜侯加意庠序，多方设处，迄今泮沼、墙垣焕然一新者，皆侯之力也。虽然杜侯不过五日京兆耳。

岁丙申，山左黄老父台莅任兹土，睹厥肇造雅意振兴，尝语余曰："凡事创始者劳，观成者逸。兹阁工程浩大，吾两人勉为之，庶不负创始者之深心。适纂修州志成，而阁事亦成，所有待者垩粉施丹之务耳。"都人士共美斯举，亟欲泐之贞珉，以志不朽，而请记于余。余窃思圣人之教，神化之速捷于影响，无古今之异，无遐迩之殊，学者诚能因尊经之名，而思尊经之实，以孝弟忠信立其基，以礼义廉耻敦其行，上体乎孔孟程朱之理，下亦不失乎文昌垂训之意，将见文章彪炳，与镴山并峙，与块泽共长，出为名臣，处为贤士，风俗由此同，教化由此兴，是又黄父台与余之所厚望也。夫至工作若干，费用若干，经始于何时，告成于何时，督理者有人，捐资者有人，例得并记之于左。

附记：清康熙五十五年（1716）立，学正涂曒撰。碑原立于罗平县城外东南隅学官内尊经阁。据[清]黄德巽修，周启先纂[康熙]《罗平州志》卷三《艺文》，清康熙五十七年（1718）刻本；朱纬修，罗凤章纂[民国]《罗平县志》卷《清文》，民国二十二年（1933）石印本。碑文载："独《文昌化书》一则与吾道相表里，所以薄海内外，凡建学之处，必有尊经阁，尊经阁之上必肖文昌像祀之，典至重也""建阁三间，中绘文昌圣像，而以魁星、金甲神配之""上体乎孔孟程朱之理，下亦不失乎文昌垂训之意。"

029 鼎建尊经阁碑记

盖闻六经皆载道之书，孔子集大成之圣。自纂修删定以后，而经之旨益明，其揭日月于天中、流江河于地上者，至人之述经，垂训昭昭也。故学宫既设，即建阁尊经，无在不然。余以丁酉岁承乏嵩阳，斋虔庙谒，见夫台殿巍峨，廊庑整饬，其规模宏敞，丹黝辉煌，适新修之甫毕也。瞻仰幸之，独是魁阁之后敞屋三间，中供文昌，而官师生徒又以时行礼、讲习于其内，不几神栖无定宇，明伦无专堂乎？必更设之，而后两有所得，且尊经一阁，自来未建，诚创兴之不可缓也。奈下车伊始，如力之未逮逮何。越己亥春，谋诸两学并阖州绅士，胥欣从之。爰捐俸首倡，而诸君子咸慨然乐为之助。乃卜基于启圣宫侧，构阁三楹。督造则儒学杨君暄、高君朗、捕衙闻君调元，监工则庠士吴瑛等也。凡工皆出于佣，凡物皆购诸市，历数月落成，而人不知焉。乃奉文昌帝君于此阁下，奉史皇木主于魁阁中。向之位次失宜者，今一改置之，而神灵妥矣。时偕宾从登阁眺望，栋宇穹窿，窗棂豁达，凭栏而遥瞩之，群峰环拱，众水潆洄，烟树云林，缥缈无际，湖光山色，挹于襟抱之间。览兹胜概，其必人文毓秀可知也。每瞻顾徘徊，而不能去。众请余为文记之。余思阁曰"尊经"。经，固万世之不易也；尊，则有恭敬奉持之义焉。凡士之翻治于经者，必精研之而究其体，推准之以致其用。微而天人性命，显而政事文章。与夫淑性陶情、定名正分者，淹贯之余，一一皆恭敬奉持而不忽，则游圣人之门，学圣人之学，共跻于道焉，庶几可以无憾！矧今圣天子诞敷文教，寿考作人，颁《五经讲义》，御制《大易》，折衷《朱子全书》，于学其加意诸生，立体达用，收实益于穷经，俾处为醇儒，出为良佐者，洵殷且切也。讵可剽窃章句之辞，为博取功名之地以长自负哉！余将广汇经书，楗藏于阁，以拭目多士之振兴矣。因约略数言，而镌诸石。

附记：清康熙五十八年（1719）立，休宁人、知州汪煦撰。碑原立于嵩明州学官尊经阁。据［清］王旸修，任洵纂［康熙］《嵩明州志》卷八《记》，清康熙五十九年（1720）刻本；［清］王沂渊纂［光绪］《续修嵩明州志》卷八《艺文志》，清光绪十三年（1887）刊本；陈诒孙修，杨思诚纂［民国］《嵩明县志》卷三十五《诗文征·清》，民国三十四年（1945）铅印本。碑文载："独是魁阁之后敞屋三间，中供文昌，而官师生徒又以时行礼、讲习于其内""乃奉文昌帝君于此阁下，奉史皇木主于魁阁中"。

030　朋普社学记

圣天子大统中外，宇内荡平，数十年于兹，文教诞敷，儒风浸盛。即今西南天未，山陬水涯，莫非弦诵之地，万里同文，可谓极盛矣乎！余奉简命，叱驭来莅。此州在滇之南，与安南壤接，洵称荒服矣，而诸士子重学续文，彬彬有中州风。距城百二十里曰朋普，村落耳，而有社学焉，殿阁楼坊具备。予尝至其处，见夫碧池萦席，秀峰来宾，居然胜地。诸生童肄业其中者，百有余人，棣棣威仪，美且都也。予因询其始末，盖此地在前明时曾有社学之制，兵燹之余，鞠为茂草矣。今康熙癸酉，乡绅聿修，姜先生倡议重建，募诸同志，次第经营，为殿以祀文祖，为阁以供魁星。复为书楼九间，以为朋友讲习之所。牌坊则姜独任之。数年之间，焕然可观，又置田租十数石，□为祀神延师之费，规模渐备矣。岁进士姜、杨、徐、李、王及诸生等呈请前任吴公，愿以是为义学复古之制，申详抚宪，批准在案。继自今师生教学，庶几永无晋焉。窃惟昭代武功赫濯，而文治亦寖休，明若兹筚路荆榛之所，亦为扬风论雅之声，声教何远讫也！余职任化民，思副圣主作人雅意，但使人知向学，士爱横经，而余得与说礼敦诗之徒，咏歌太平于光天化日之下，岂非昌时盛事欤？于是乎喜为之记，书其田租之数于碑阴，以垂永久云。

奉直大夫知弥勒州事加三级、上谷杜琮撰文。

临安府嶍峨县儒学训导、加一级姜延祖篆额。

临安府儒学廪膳生员□邹文华书丹。

计开：康熙三十二年朋普绅士姜延祖、杨四知、徐盛、王仁、李如梗、李美、杨升、郑民……（其余略）

康熙龙集戊戌年一阳月穀旦。

匠人毛德先，住持戒宽、通宸同立。

附记：清康熙五十八年（1719）立，弥勒知州杜琮撰文，临安府嶍峨县训导姜延祖篆额，临安府儒学廪膳生邹文华书丹，匠人毛德先。碑立于弥勒朋普文昌宫；青石质；高1.8米，宽0.98米；直行，楷书；半圆形碑额，中部阳刻"文官碑记"四字，其外阳刻双龙戏珠图案；碑额边及背身边阴刻花草纹。据政协弥勒市委员会编《弥勒碑刻拓片集》，云南人民出版社，2021，第16~17页。碑文载："为殿以祀文祖，为阁以供魁星。"

031 修建魁神阁小引

魁属佐司文衡之神。考之《天官书》及汉、晋二《志》，斗魁戴匡六星，曰文昌宫：一曰上将，二曰次将，三曰贵相，四曰司命，五曰司中，六曰司禄。大约魁神居六星之一，而星居斗口，初无待于人之祀之者，乃天下诸文人祀之者，何以神必祐之者也。天下诸文人，又崔嵬其殿阁，专祀于宫墙者，何以为非，此不足以尊其瞻仰，妥其神灵也。

路南当兵燹之余，文庙及文昌殿、魁阁尽付祖龙。迄我大清定鼎，荷督抚各上台加意抚绥，俾诸属吏得以奉行惟谨。于是废者复，倾者葺，率皆次第修举。如我路南前守张公汝士，偕都人士议，谓修复之宜亟者莫过于文庙，至于今大成有殿已，启圣有祠已，两楹有庑，明伦有堂，而文昌有宫已，惟魁神一阁缺然未备。解如宗先生秉铎兹土，谓是役不可复后，仍偕都人士首事鸠工，以非独力之能支，而授简于余，使弁其端。余忝继张公汝士后，斯阁不建，亦余之憾，曷敢辞？

夫神之在空虚也，杳杳冥冥。或祷之而应，或祷之而亦不应，非应与不应之有殊也。其祷之而应者，必其贤且材，足以当孝秀之升而充栋梁之任也。其祷之而亦不应者，必庸且不肖，不足以当孝秀之升而充栋梁之任也。然吾犹有进于此。夫物之无遗鉴者，至于神而止；而人之可自为转移者，亦非限于庸不肖而止。贤者、材者神固祐之，庸与不肖翻然自励而进于贤且材焉。神未尝不因人有自新之图而遂弗喜之也。虽然贤与材在人之自至耳，懋修罔怠，将纡青紫登仕进，出而见遇当时，何借于神而云。然是人者，固赞神之所不及矣。持是说而集建魁神之阁，不已左乎。

夫人之贤不肖，非天有以囿之也，使贤者遇而不肖者终无自新之路，则鬼神何所呈其灵。而人将置虚空杳冥之说而弗信之，岂复有听于神者哉！欲人之观感而通者，必借资于神，然后良楛，皆为可用，然后材者自信为可必，而不材者亦将勉强希冀，徼幸于不可知之天，其所造就，斯已多矣。

余因以是劝路人士，而又稽首斗枢，自兹以往，惟愿魁神尽锡包荒之度，俾贤者遇而不肖者翻然悟自新之图，于以济济充廷，为国桢干，神功报祀之典，当未可以已也。

附记：清康熙年间立，知州陈可撰。碑原立于路南州魁神阁。据［清］金廷献修，李汝相纂［康熙］《路南州志》卷四《艺文志》，民国十七年（1928）石印本；［清］史进爵修，郭廷选纂［乾隆］《路南州志》卷四《引》，清乾隆二十二年（1757）刻本；［清］李星沅修，李熙龄纂［道光］《重修澂江府志》卷十五《引》，清道光二十七年（1847）刻配补钞本；梁耀武主编《玉溪地区旧志丛刊府志两种》，云南人民出版社，1995，第533页；萧霁虹主编《云南道教碑刻辑录》，中国社会科学出版社，2013，第223～224页。碑文载："考之《天官书》及汉、晋二《志》，斗魁戴匡六星，曰六昌宫"、"路南当兵燹之余，文庙及文昌殿、魁阁尽付祖龙"、"而文昌有宫已，惟魁神一阁缺然未备"。

032 文昌社仓义田记

君子之乐善，固无一不欲以身任之矣。然论缓急，不论大小；论久暂，不论巨细。如其急，则升斗以资涸辙，固□□水西江也；如其久，则细流可积江河，不必忽为涓滴也。诚絜其急且久者，而力图之，则施与当而流泽远。彼大且巨者，不亦于此而积之哉。吾蒙旧有义仓，别公私焉。公则职于官，私则职于士。曾几何时，胥废于兵燹。至己酉岁，二三同志复兴私仓，得谷七十余石，粜于荒月则减价十之三，荒岁则减价十之五，荒甚则不受价，而馈送之，虽人仅一升，多不至。再然市价平而弊，不至于腾长荒歉济，而名复泯乎施受，是诚周急而垂久之仁术矣。行之五载，众咸称便，无何风鹤虚惊，未敢复为积贮。计约所粜谷价，得银三十九两，照时价置孟君锦莲瓦窑村田以为久计，孟亦愿减原价以勤功德。然惜所入簿而惠不周，适郡掾李君达天之女与夫小忿而雉经，李仗义释怨息讼，将其应得装奁银十七两，市刘天御、杨蕴琳石孔村田以附之，二人亦各减原价若干以勤善举。夫人情所不能忘者，怨也；所不克澹者，财也。今于骨肉之怨，分内之财而忘且澹焉。是虽义士仁人所见不侔于流俗，亦可卜义仓盛举，将日益而未有艾也。自是赈穷周乏者，栉比而兴；尚义施仁者，□还而起。俗归醇厚，咸耻夫偷薄，人尽慈良不即于贪鄙。是善之急与久者，莫过于此；而善之大且巨者，亦莫愈于此矣。爰志其详用，垂诸石。冀乐善君子，相继而扩充，毋浸渔而中废，且不以荒芜田地混入而反害之，则天人胥庆，而食报又宁有涯哉。田粮价租，详载如左云。

附记：清康熙年间立，张锦蕴撰。碑原立于蒙化府文昌社仓。据［清］蒋旭修，陈金珏纂［康熙］《蒙化府志》卷六《文记》，清康熙三十七年（1698）刻本。

033 禄劝州文昌宫碑记

禄之有文昌宫也，始自康熙十五年。前任李刺史睹文教衰靡，因迁大士阁于椒山。袁刺史塑像，庙祀渐次经营。及范署州，又覆踵事增华。庠生陈此猷身理其责，募修厥成所云。培植地脉，为仕林捷径，真圣德不朽事也。

今中正二殿、东西两厢，俱轮奂可观，且置买常住供香火，以垂永久。俾帝君实式凭灵，而忠孝节义昭若云汉，盖历千百年如一日耳。从此文运聿兴，贤才辈出，而夜燃天禄之藜，日吐元亭之凤者，代不乏人，则异日出家修以献天子之廷，皆社稷生民之寄矣。是缔造虽起一特，而开先启后，在世世也。其有俾于禄阳岂浅也哉！万里尘踪，恨雄风之未赋，一行作吏，感离骚而有怀。眷斯美举，可以风世，遂为作文以记之。

附记：清康熙年间立，李之骥撰。碑原立于禄劝州文昌宫。据[清]王清贤修，陈淳纂[康熙]《武定府志》卷四《艺文》，清康熙二十八年（1689）刻本；杨成彪主编《楚雄彝族自治州旧方志全书·武定卷》，云南人民出版社，2005，第253页；萧霁虹主编《云南道教碑刻辑录》，中国社会科学出版社，2013，第235页。

034　新修大魁阁记

予既修文庙，凡制之所不可缺、典之所不可废者，罔不经营拮据以毕。乃事工虽率略，规模粗具，而予心犹未能已者。自京师以及天下府州县卫，所在设学，即莫不有文庙，即莫不有文昌宫，即莫不有魁星阁。我国家崇文重道，兴贤育材，春秋两闱，特简名宿以重其事，又特选中外词臣有文章品行者克学使，巡行天下。先之以岁试，次之以录科，凡有一得者，无不取。有一长者，无不庸。以是薄海内外，被我圣天子治化所届，文风莫不丕变，世气莫不鼓舞。然文运举世运相表里，有官以治之，不有神焉，以司治之，则冥冥之中谁为主宰者？古不云乎："在天成象，在地成形。"凡地下之一兴一作，人犹有不及觉，而悬象著明，已昭回于九天，故曰："观乎天文，以察时变。观乎人文，以化成天下。"国家定制，于文庙之侧，立祠以祀文昌。春秋丁祭飨，以魁星配。圣人以神道设教，不为无说。间考具义，祭星曰布，祭灵星于国之东南，无所谓文昌与魁也。《天官书》曰："壁为天之中道，主天下文章、图书之秘府也。"奎为天之武库也，北斗七星，所谓璇玑玉衡，以齐七政：一天枢，二璇，三玑，四权，五衡，六开阳，七摇光。一至四为魁，五至七为标，合之为斗杓携龙角。龙角，东方宿也，其星明大则天下太平，贤人在位。衡殷南斗，魁枕参首。魁，斗一星也。言北方斗，斗衡直当北之魁，枕于参星之首，北斗之杓连于龙角。南斗六星为天庙，丞相、太宰之位，主荐贤良，授爵禄。斗星盛明，王道和平，爵禄行用。昏建者杓，夜半建者衡，平旦建者魁。斗为帝车，运于中央，临制四乡。分阴阳，建四时，均五行，移节度，定诸纪，昏系于斗，斗魁戴匡六星曰文昌宫：一曰上将，二曰次将，三曰贵相，四曰司命，五曰司中，六曰司禄。上将建威武，次将正左右。贵相理文绪，司钱，赏功，进士。司命主灾咎。司中主左理文昌宫，为天府。文者精所聚，昌者扬天纪，辅拂并居，以成天象。斗主荐贤授禄。斗为器量，所以斟酌，且有权衡义，故祀之于文庙。而若奎，若璧，则图书之秘府，天子之武库，王家有统祀存焉。

我国家以武功定天下，以文教致太平。入为卿士，出为将帅，胥于庠序中是问，而其祀文昌与魁也，厥有旨哉！今井既设有文庙，庙右有文昌宫，而魁星未有所，无乃缺略乎？用是滋惧，审视再四，因于"万世师表"坊东下卜地一隅，命工凿石，垒以为台，台高一丈五尺，为方六围十二丈。上建阁，阁三丈，周以阑楯，达以阶级。上以奉魁神，中以肃祭飨。自兹以往，而井之魁星于是乎在，岂曰徼福云尔。曩予同徐州事，适有学宫之役，相与经营其间。导水入泮，青乌家占之，以为有异。丁丑春，州人李蟠遂大魁南宫，至今传为胜事。今井之形势不亚于徐州。语曰：地灵人杰。不知人杰则地自灵耳。地待人兴，地何足以限人乎？旧传欧阳修知贡举，考试阅卷，常觉座后一朱衣人点头，然后其文入格，不尔则无复与考。始疑侍吏，及回视，一无所见。因与同列三叹。故今之应试者，莫不严祀以徼其佑，称之为朱衣斗口魁神。是说也，予尤疑之。德行为文章之本，天定者胜人，人定者胜天。苟行之乎仁义之途，游之乎诗书之源，无诱于势利，无望于速成。养其根而俟其实，加以膏而希其光，直取之若寄耳，否则天也业患不能精，无患有司之不明。行患不能成，无患有司之不公。宁复问朱衣人哉。苟本之不力，而徒骛乎鬼神，是则亦遗笑于古人也已。井之人士其共勉之，予于诸人士有厚望焉。阁之既成，因颜其上曰"大魁阁"。

附记：清康熙年间立，山阴人、提举沈懋价撰。碑原立于黑盐井文庙大魁阁。据[清]沈懋价修，杨璿纂[康熙]《黑盐井志》卷六《艺文·记》，清康熙四十九年（1710）刊刻钞本；杨成彪主编《楚雄彝族自治州旧方志全书·禄丰卷》，云南人民出版社，2005，第785~787页；萧霁虹主编《云南道教碑刻辑录》，中国社会科学出版社，2013，第282~283页。碑文载："自京师以及天下府州县卫，所在设学，即莫不有文庙，即莫不有文昌宫，即莫不有魁星阁"、"国家定制，于文庙之侧，立祠以祀文昌"、"斗魁戴匡六星曰文昌宫"、"司中主左理文昌宫，为天府。文者精所聚，昌者扬天纪，辅拂并居，以成天象"、"入为乡士，出为将帅，胥于庠序中是问，而其祀文昌与魁也，厥有旨哉！今井既设有文庙，庙右有文昌宫，而魁星未有所"。

035 小瑞城祀田碑记

吾屏属畇町郡，地极边远，而山环水聚，天地清淑之气，蜿蜒蕴结，毓秀钟灵，故虽蕞尔小邑，文章科第，几埒中州。城之东有异龙湖，湖中浮三岛，宛同海上三山，其一岛名小瑞城，屹立波心，作中流之砥柱，北耸莱玉，南环五爪，诸峰又如北固焦山，争奇献瑞于扬子金江之左右，焕文东拥，笔架西雄，云树烟光，时浮几席，南山胜地，何多觏焉。明崇正初，先伯祖正廷明府捐资建阁以祀文昌，前竖魁楼，旁启宗祠。来每登临其地，恍置身于蓬莱、方丈、御风、泠然。今碌碌京尘十丈中，故里湖山之胜时，萦诸心目间也。先人置祀田于湖滨，每为雨水淹没，岁所收不足供香火之费，以故住持行脚，时去时来，且岁久风雨震荡浸浸，有倾废之虞，州人士颇共忧之。先是土酋猖獗，民多逃散，昌明里七甲彝人普归顺，户绝田荒，输供运米之苦，阖郡代为赔累。幸际圣天子恩纶叠沛，良司牧抚恤招徕，户口日集，土地日开，普姓荒芜田亩渐次成熟。州人士以此田宜作此地常住，白之州守。时江陵张侯留心风化，加意人才，允绅士之议，以其半奉香火，贮其半备士子三年宾兴之用。名正事公，良法美意，宜勒石垂永久，而属予记其事。窃惟宇宙佳山水，虽辟自天工，实助以人力。钱塘明圣湖，素称奇秀，不有亭台妆次，梵刹炜煌，几与穷岩幽壑，埋没于荒烟蔓草耳。今以公田作公用，祀神兴贤，两有所赖。自此山川增胜，人文蔚起，科名甲第，冠南滇，魁海内，为邦国之光，作梓里之瑞。行当载笔纪之，史乘所补讵小哉。至田粮数目、山寨地名，并录之碑，俾后有所考据云。

附记：清康熙年间立，石屏人、侍讲许贺来撰。碑原立于石屏小瑞（水）城文昌阁。据[清]管学宣纂修[乾隆]《石屏州志》卷五《艺文·记》，清乾隆二十四年（1759）刊本；袁嘉谷纂修［民国］《石屏县志》卷三十二《艺文》，民国二十七年（1938）铅印本。碑文载："明崇正初，先伯祖正廷明府捐资建阁以祀文昌。"

036　新建尊经阁记

　　我朝崇文教，而于被兵之数省首重补制科、修文庙，以为迓皇盛治。滇之南被兵尤甚，蒙制、抚两台亟疏请于朝廷，为通省有司捐俸修学之典。白井之建有学宫也，其来旧矣，宫殿制度，莫不备举载加，丹艧巍然，山井之灵光。独尊经一阁，凡有学宫皆所必建，兹则阙然，岂非创始之未尽欤？抑限于地而未之荒度欤？余牧井之二年，日从事于宫墙，与诸生董修葺之举，得庙中西偏一隅地，其相望则魁星阁也。遂筑其址，捐金庀材，建阁于其上，得夏子琼、甘子洲、石子凤翔、郭子贞一首先任事，又命陈子尧道殚力司工，诸生协力同心，不半载而功成。于是文庙之制，创修始备。

　　当其建阁之始也，知兹地铸有金身文昌圣像，建宫在阛阓之间，每为往来商旅所亵慢；继而移之龙吟寺中，又非所以专祠崇教之道。今阁既成，诹吉，集诸生虔请供奉，与斗魁交映于杏坛，圣心不滋慰乎？第考之《晋·天文志》，文昌六星在北斗魁前，今东西相向，位列未宜。然群峰壁立，平土为艰，又限于地之无可设施者，但以尊经典、翼圣功云耳。

　　嗟乎！井之人士至于今，困苦极矣。论其质，皆美秀；论其文，则斐然。奈何前困于兵，复困于逋负，岌岌乎治生之不暇，则寒窗膏火之资，用是告匮。余又勉力延师傅、设义馆以助之。倘邀神之灵，俾诸士子奋发有为，策名王国，以觐天子之耿光，此又余所日夕祷祀而求者也。虽然，犹有憾。阁以尊经名，所以重经籍，圣贤之心法在经，古今之事理在史，今要荒僻邑，而五车万卷不克备收。兹成是阁，再得充栋之书，以资后学，窃有志而未之逮焉。是为记。

　　附记：清康熙年间立，提举夏宗尧撰。碑原立于白盐井学宫尊经阁。据［清］刘邦瑞纂修［雍正］《白盐井志》卷八《艺文》，清雍正八年（1730）刻本；郭燮熙纂修［民国］《盐丰县志》卷十一《艺文》，民国十三年（1924）

铅印本；杨成彪主编《楚雄彝族自治州旧方志全书·大姚卷》，云南人民出版社，2005，第1347~1348页。碑文载："当其建阁之始也，知兹地铸有金身文昌圣像，建宫在阛阓之间。"

037 义仓碑记

  古有常平仓及义仓。社仓之设，所以防凶年、赈饥乏，甚盛举也。然此特为一方备荒之计，至鳏寡孤独，则冬燠而犹号，寒年丰而亦啼饥。故西伯施仁，必先四者；而诗人兴叹，惟哀茕独。况为民父母，而为之求牧与刍者，其可无以恤之乎？

  前阿迷州方公讳逢圣，以菩萨心署蒙自，谋尾义仓于县治东，未及置田而去，遗众以余俸令桂香殿为仓，中厅则塑文昌像于上。诚以文祖十七世为士大夫身，未尝虐民酷吏，济困扶危，提躬泽世，有物有则，足为百世法，故妥祖像而祠祀之。则凡我后人之莅于兹，与生长于兹者，所宜共入庙而致敬，见贤而思齐，神之日鉴在兹，幸勿沾升斗以自润焉，可也。

  余承乏兹邑，访此中民风，虽无千金之家，亦无冻饿之人，可称乐土。然人事不齐，天地有憾，其中亦有翳桑之夫、贫老无告者。余悯之，每于岁终捐俸，买谷量给斗石，为彼度岁之资，受者颂之。余闻而益愧，因念此辈穷困，连年周济，何以长久？随查失粮土地，兵燹荒芜，鞠为榛莽，官民俱累，乃买牛措种，得好义绅衿，共襄其事，招佃开垦，拨充义仓。俾司其社者，办纳公税，上无损于官粮，下有资于茕子，但所施未广，欲使无棺者殓，啼寒者衣，婚嫁者助成其事，穷迫者阴赒其急。为用不足，余复捐资，买川坊寨田三顷，俱入义仓，共粮一石九斗五升，其地东至州田，南至坡脚，西至郎有寨，北至庄田。虽区区微末，固无补于单寒，而踵事增华，全借力于后之邑大夫与后之贤士，迭相培植，利施无匮，共舒有脚之春，永恤无告之瘝。故勒其段落邻址，以杜占争，以垂永久。嗟夫！人志不同，时事多换，固难保后日之无所侵渔，然穷民嗷嗷待哺于下，文祖昭昭鉴观于上，宁独无良而冒昧侵渔乎？故记。

  附记：清康熙年间立，知县罗钜璘撰。碑原立于蒙自县桂香殿义仓。据［清］黄焜纂修［乾隆］《蒙自县志》卷六《艺文》，清乾隆五十六年（1791）钞本；［清］佚名纂［宣统］《续蒙自县志》卷十一《艺文·文》，清宣统年间修稿本。碑文载："前阿迷州方公讳逢圣，以菩萨心署蒙自，谋尾义仓于县治东，未及置田而去，遗众以余俸令桂香殿为仓，中厅则塑文昌像于上。"

038 新建文昌宫碑记

文教至今日而称盛矣。方天子在御，加意右文，幸学临雍，必躬行释奠，省方设教则亲祀杏坛，是以薄海内外，罔不向风。滇南去神京万里，顷遭逆孽蹂躏，民不聊生，士皆失业，废耕凿而填沟壑，弃诗书而窜山谷者，不知凡几，此予率师讨贼之日，所目击心伤者也。迨贼平之后，奉命制滇，乃为之极力招徕，哀鸿甫集，清理学校，士类渐兴。凡黉序之倾废者，悉为捐修；师儒之阘冗者，悉为检饬。五载以来，向之鞠为茂草者，今则焕然一新矣；向之逃窜山谷者，今则弦诵比户矣。而且列贤书者，极一时之誉；毳捷南宫者，登木天之清选矣。然则滇人士之向风丕变若此，何莫非圣天子右文之致治所耶？昆阳州去会城百二十里，为古爨彝地，即宋之巨桥城也，虽隔盈盈一水间，而山川风景不减昆明。州城处月山之阳，旧有文昌宫，为一州文风之助，毁于流烽者，阅四十年，兹当文盛之。曰彼都人士谋所以复之，乃闻于予，爰捐薄俸以襄盛举，甫半载而工竣，殿门廊庑，鸟革翚飞。州牧唐君之柏特函牍以丐余文，勒诸贞珉。余闻文昌帝君乃蜀之英显王，以孝德忠仁显灵于蜀，庙食剑州，为梓潼神，上帝命其掌文昌府事，司人间禄籍，以故天下学校多祠之。滇与蜀为邻，祠之非异也，今昆阳人士既能聿新庙貌以妥其神，余知帝君之灵必有显佑斯土者，将使月山之下冠盖云兴，人文蔚起，安见石龙巨桥之胜不与神皋绣壤同其郁郁也哉！故为走笔记之以仰佐。

附记：清康熙年间立，云贵总督蔡毓荣撰。碑原立于昆阳州治文昌宫。据［清］朱庆椿纂修［道光］《昆阳州志》卷十四《艺文志》，清道光十九年（1839）刻本。

039　重修文昌魁星阁碑记

州学旧有文昌祠、魁星阁，既灰烬于丁亥之变，迄今三十年矣。学宫缺典，莫大乎是曰，是固然矣，时为之也。兵燹之后，必次第创造，而后可跻于完全美善，待其人以成之耳。是故，首创有人，则先建圣殿及两庑大成门矣。继起有人，则后建棂星门，又建启圣祠及名宦、乡贤祠矣。学宫其全矣乎？未也。夫大厦非一木之支，大功非一日之积，恃乎后之人随时修举，底于完全美善。若阻于时艰，畏难苟安，罔克黾勉从事，则告厥成功，何日之有？虽然不可谓继起者之更无其人也。

学师冯德祯，以永昌辛丑科孝廉任州学正，金玉之范，优异之才，造士作人，甚赖之。乃于赞成各殿祠修建，后当历任之二载，谋之诸生曰："士宜先道德，而后文艺科第，根诸心行，惟文昌、魁星实主之，何享祀之久未鼎新，是谁之责也？凡事堕于随，成于勉，盍其图之。"皆曰："谨奉教。"遂有出而任其劳者，且有争竭毫未而不敢后者，为冯公捐奉，以倡首矣。

于是，就地谨广丈余。先请于州尊王厚业建魁阁于右，继请于州尊姜开周建文昌阁于左，塑像崇祀，相其耸峙。殿前如鸟斯革，如翚斯飞，二阁有焉，亦足壮观。文庙而垂，享祀于弗替。

经始于丁未，落成于庚戌，学宫至此，庶几完全矣乎。己酉、壬子，联翩得捷，未必非二阁为之兆也。虽此地科名辈出，代有闻人，从此振起人文，又未可量也。或谓二阁似渺乎小哉，不知尺寸之功，亦有裨于大厦，况乎度庙中之所少者而为之，不赔九仞之亏也。令非冯公尽其心力，冀今之完全，不亦难乎。

噫嘻！创其基者而图维于其先，与夫谋其成者而经营于其后，是皆有功于文庙，而又何殊焉。冯公淡泊宁静，十载于兹，今升任临安府教授，不肯自以为功，通庠生于其将行，特为之勒石云。

附记：清康熙年间立，教授冯德祯撰。碑原立于晋宁州学宫内。据[清]朱庆椿修，陈金堂纂[道光]《晋宁州志》卷十二《艺文志》，民国十五年（1926）铅印本；萧霁虹主编《云南道教碑刻辑录》，中国社会科学出版社，2013，第519~520页。

040 桂香殿碑记

完三才之正，统百行之全，实无加于忠孝，究竟二者，无岐说也，何也？父母者，生身之本，而以孝报之；帝王者，成身之本，而以忠报之。孝可该忠，该之以报本而已。所以虞舜为孝之大，其大在乎尊亲。古今有国者，封禅郊社，率该以尊亲，配天地。然此意，历代名人具能言之。若切切教人忠孝者，则又莫如文祖。鉴文祖九十二化，率皆积忠孝而证圣成真，东晋以来，代加褒号，自京师以暨州邑乡井，靡不奉祀典，荐馨香。顺郡之有祠，在城南，而东向。余尝瞻谒之，独圣父母像列案旁，惊叹久之，因思家庭上下，虽人间父子，且别尊卑，未有紊慢，至是而文祖有灵，知神之不安矣，而复望其来格来享乎？且礼曰：先祖庙，先祭器，殆与兹立庙之意异。爰取殿之后，城南小巷，委转数步，构一殿，割地得四寻许广倍之，筑址列阶，巍然有成。又两厢各营小室，以栖焚献之流。指画成规，市材募匠，一一费之俸薪，不三月而工告成，颜其额曰"文德本源"，义仍取夫"报本"耳。嗟乎！文祖在天而洞箓万言，同流上下，字字忠孝，念念君亲，今而后有殿崇先，阶庭不亵矣。推锡类之仁以之祐皇舆，庇下土，宏文广运，知与七曲宝山不二。其显赫则三才百行仰邀开化者，其将与天地为始终也。敬勒斯言以记之。

附记：清康熙年间立，宛平人、知府米瑭撰。碑原立于顺宁府城南桂香殿。据[清]范溥纂修[雍正]《顺宁府志》卷十《艺文》，清雍正四年（1726）刻本。

041 重修文星阁记

学宫有泮，鲁僖以前无闻。先儒以为象泗水者，近是。惟临建之泮，秀甲于滇，汪汇里许，焕影卧波，历春冬不竭。昔当道环以桃柳，亭榭其中，曰"钓鳌亭",曰"文星阁"。登眺于斯,游艺于斯,壮丽为一时最。且两序莘声辈蝉联接武。佥谓:微学之力不至此,微泮之力不至此。无何劫火西来,举所为亭与阁者,回禄竟收之,阅今廿五载矣!濒莅建土,每周览之余,慨然想见风来水清,然力实不能振之也。

方今,上临雍御讲,凡兴文之务,咸与维新。我太尊程公甫下车,敦名教,重经济,一以齐鲁待临建之士。如学宫、尊经阁、明伦堂、观水亭,各以此第举。其文星阁,濒何敢多让。爰就圮址度材鸠工,匝月而告成。宫亭据胜,柏柳连荫,空蒙潋滟,间复有此翘然拱秀,翼然霞举者,何减镜湖爽气耶?拟冠诸滇,信其不谬。

夫以盛世崇儒重道既如此,而在上实意作人又如此,即奔走劳吏,皆敬襄厥事无不如此,则临建之士,蝌蚪出词源,蛟龙腾学海。求继美于前者意,其在斯乎?其在斯乎?至于奎宿、文曲、离方、天马之喻,阁仍其名,庸何赘要之。学如临,泮如临,尤不可少此一阁耳。因率尔为记。

附记:清康熙年间立,李濒撰。碑原立于建水州文星阁。据[清]陈肇奎修、叶萊等纂[康熙]《建水州志》卷十一《录文》,清康熙五十四年(1715)刻本;[清]祝宏修,赵节等纂[雍正]《建水州志》卷十二《艺文·记》,清雍正九年(1731)刻本。萧霁虹主编《云南道教碑刻辑录》,中国社会科学出版社,2013,第326页。

042 四圣庆诞田租碑记

至圣为万世宗师,文昌实斯文主宰,而魁神、金甲相翊赞焉。每逢圣诞,士子恭申释菜,诚崇德报本,必不可缺之典也。从前俱系当会绅士捐资致祭,不无参差之咎,府庠生汪浤素行忠诚,累德积功,非一端,即学宫供桌、灯油,已竭致敬之心,尤慨然输悃,将备价银一百三十两买得旧竜寨一庄随慈鲁里无编秋粮一石,实租一十六石五斗,之内出租十石以供每会祭祀,然以十石之数,而备四祭之礼,犹未尽敷。其子生员维祥、维祺克继先志,善述前事,又将所存六石五斗一并奉入祀典,写立捐契钱粮租粒,丝毫永不干预。有庠生汪一天伯侄以业主告经本府,但田已奉入文庙,难以言说，蒙署府汪公奭隆重祀，捐银五十两，与一天伯侄，写立杜绝，永断葛藤。雍正六年，勒石以志不朽。

附记：清雍正六年（1728）立，教授王膺天撰。碑原立于广西府四圣阁。据[清]周采修，李绶等纂[乾隆]《广西府志》卷二十四《艺文》，清乾隆刊本。碑文载："至圣为万世宗师，文昌实斯文主宰，而魁神、金甲相翊赞焉。"

043 新建文昌宫碑记

尝考天官家言，文昌于星辰为奎若璧。而吾儒亦云："传说为列星，东方朔为岁星。"是知古圣先贤清淑之气，在天为星辰，在地为河岳，幽则为鬼神，而明则复为人。此事理之恒，然无惑乎？《文昌化书》备言帝君九十七化而柄司文章，其一耳。寓内州县，靡不建宫崇祀，以为乞灵之资。云龙虽僻处边隅，然沐浴圣朝文明之化，几及百年。而人才犹未蔚起者，岂在上之振兴未至与？抑父兄之教不先，而子弟之率不谨与？乙巳冬，予奉命来牧是邦，下车之日，即北向嵩呼，上谢圣恩，而万岁龙亭设于武安王庙，九叩之下，局蹐靡宁。越二日，而谒文昌宫，见其卑陋湫逼，是皆边裔士子，未知尊君敬师之道，致乏彬彬郁郁之风。予既知是州，大惧弗称。乃进师生父老，共谋而振作之。未几，博士以学田进为宫基址，因往观焉。见其西山环翠，东水拖蓝，俯视金泉，如指诸掌。而近廓民居，远峰烟树，无不历历可望，实为祝釐兴贤之所。于是自捐清俸，倡率士民，芟榛辟址，鸠工庀材。前建六角亭，安奉万岁龙牌，翼以两庑，为官绅习仪之处。外树大坊，以肃观瞻，后创桂香殿三楹，肖文昌像，使士知向慕而愤发焉。是役也，财出于官，工不久妨。而亭坊殿宇，巍然焕然，上应奎璧之光矣。自此而州之绅士，共知尊君敬师之礼。日出而钟鼓和鸣，师儒揖让，陈说上谕六条，趋跄仁义二途，俾椎髻编氓，环视踊听，普被华风。于化民成俗之义，不无小补，是为之记。

附记：清雍正七年（1729）立，陈希芳撰。碑原立于云龙州文昌宫。据[清]陈希芳修，胡禹谟纂[雍正]《云龙州志》卷十二《艺文》，钞本；黄正良、张浚、杨瑀编著《古镇宝丰》，云南人民出版社，2008，第180页；萧霁虹主编《云南道教碑刻辑录》，中国社会科学出版社，2013，第343页。

044 修建澂阳文昌庙碑记

自古祀典之设，必立人伦，有功名教者则祀之，而人乃不惑于祸福，如文昌祠祀是也。考之《明史》，帝张姓，讳亚子，居蜀之梓潼县七曲山，仕晋战殁，唐宋屡封至英显王，元加号为帝君，明景泰建庙，以二月三日祭。议者以其学近二氏，夫二氏废人伦，乌可以立人伦者同语，自宜历代尊崇为儒宗。澂阳郡城设帝专祠，昉自万历三十五年，太守刘公讳懋武建于署左，城绅士立联元社置田供祀事。祠左有祝国寺。康熙壬午岁，郡守黄公讳元治迁庙学于城，卜基帝祠，迁祀其像于祝国寺后阁。公曰："此刹为庙学左翼，宜更为桂香祠辅卫黉宫，俟学宫竣营之。"无何，公告归，事遂寝，儒释同宫几五十年。

余解祖旋归，每祀事，辄广于心。适黄安邑侯张公讳琮、罗次学博李公讳可拭先后归林，相与熟筹，爰集同人商移佛像，更新帝祠。或者难之以祝国常住久湮，其修葺香火，历取给帝祠之祀租，一旦他移，后何资？且两事兼举，经费匪易易也。余曰："唯唯！否否！君不见凤山之麓有古刹曰'净土楼'者，孑然孤立，隙地正富，何不主斯楼配以殿庑门垣，位兹诸佛，合二刹而一之，仍颜曰'祝国'。至营祠刹诸费，吾澂好义者不乏，兼之联元祠租縻于分胙，今暂挪公用祀典各捐，奚不可？"于是询谋佥同。

岁丁卯移刹佛，庚午更后阁五楹为桂香阁。敬者直之，朽者易之，涂墁而丹雘之。复翼以左右厢楼各三楹，周其门垣，斋宿有室，庖宰有所，取次而成。由是见兹祠之堂皇正大，与祝国净土布置井然。咸谓一举而三善备之。

是役也，襄事诸贤嗣弗恪供，而总理诸务则金君讳希声为尤，著事将竣，同人速余为文志巅末，余维令祠之设，匪但明禋祀、壮观瞻，为嗣禄计也，俾游斯门者，睹庙貌而儆心，凛帝训之谆谆，返躬克己，砥节砺行，勿愧于名教，勿惭兹对越，余三人有厚望焉，是为记。

附记：清雍正八年（1730）立，澂阳人、庶常李应绶撰。碑原立于澂江府庙学文昌庙。据[清]李星沅修，李熙龄纂[道光]《重修澂江府志》卷十六《记》，清道光二十七年（1847）刻配补钞本；梁耀武主编《玉溪地区旧志丛刊府志两种》，云南人民出版社，1995，第500页；萧霁虹主编《云南道教碑刻辑录》，中国社会科学出版社，2013，第471～472页。

045 文昌宫碑记

朝廷建城以设官，置学以造士。所以安辑群黎，裁成俊秀也。是以学宫之内有忠孝祠，学宫之外有乡贤、名宦、文昌诸祠，皆不可阙者。元谋自设学以来，诸祠皆备，惟文昌宫规模草创，不蔽风雨，毋乃叠遭兵燹，不暇修葺耶。前任许公讳廷佐者，心念久之，乃偕两学广文、通学诸生，捐金修建，刻桷雕楹，缕金绘像，俾习礼之士，未瞻孔子之宫，先睹文昌之盛，起敬起爱，端在斯矣。且又广香火田，以为侍奉之籍，乃工犹未毕，而擢升开化，倏焉别驾，遂尔托诸执事之人。继任山左刘公虽力为振作，再广其田，而历任未久，旋复北去，亦不暇为久远计也。好仁来宰是邑，下车伊始，即欲增补修葺，而奉调还往刻无宁晷，有志弗逮，今又远任恩安，若不将田契查出，勒石垂久，第恐将来侵隐互混，致使两贤令并各施主盛心淹没无闻，是又好仁所不敢出也。因叙其始末，付之石工，以垂不朽云。

今将各姓所施宫内田地开列于后。

计开：

一、监生廖富昌备价银五十两，置买水田一分，坐落左那上村，东至、南至、西至、北至，随纳秋粮一斗六升，年收租谷三石五斗，随租银八钱，脚价银一钱六分。于雍正四年十月初六日施入，有施约一套。

一、监生廖富昌、生员王骧开挖塘田一丘，坐落左那村，其田无粮，年收租谷三石。于雍正四年十月初六日施入，有施约一套。

以上二项原契失落无存，日后查出已为故纸，鸣宜惩罚。

一、吏员李超林备价银六十两，杜买到李文秀水田一分，坐落班洪村斗首下三丘，下首尾四丘，东至大河，南至火头田，西至思家田，北至河，随纳秋粮二斗四升，年收租谷五石五斗，随租银一钱一分。于雍正七年五月十二日施入，有施约一纸。月十二甲。

一、里民常思谦备价银九十六两，置买田地一分，坐落班皂肆村，四至零星不等，随纳秋粮六升四合，税粮二升六合，年收租谷四石。于雍正八年四月十三日施入。

元谋县知县樊好仁撰。儒学教谕罗著黼、训导许莆暨阁邑绅士全立。

雍正十一年六月十八日立，住持武勋。

石工赵世德

附记：清雍正十一年（1733）立，元谋县知县樊好仁撰。碑原立于元谋县学文昌宫；大理石质；碑高1.20米，宽0.62米；右行直书，正文12行，行35字，加开列文昌宫田地产4宗，详述四至，文8行，计700余字。据张方玉主编《楚雄历代碑刻》，云南民族出版社，2005，第530~531页；萧霁虹主编《云南道教碑刻辑录》，中国社会科学出版社，2013，第339~340页。

046 新建魁阁记

弥庠前无魁阁，以火神旧楼塑像祀之，规模卑隘，列城南市肆间，与学宫渺不相涉，无以妥文星何以启文明，宜乎？翠屏公后，科甲寥寥，都人士何乃安此？盖亦因陋就简，不兴思创建以大启人文也。

予奉简命，于雍正辛亥来秋牧是邦，甫谒圣庙，见殿庑、门壁、泮池略具，棂星、瓦屋非宜，且前后左右催官、巽贵、案峰俱欠培补，而魁楼远不相照，殊失体制，亟欲与诸绅士会议兴修。窃恐董率不得其人，适学博占魁孙、正生王二公至望，而知其方正贤良，可与有为，与之语其事，谓圣天子尊崇至圣，诸上宪加意育才，屡檄崇修学宫，其倾圮者宜整饰之，其缺略者宜创建之。学博先生与有责焉，其弼予协恭，乃事维时，孙公唯唯，王公慷慨应承，雅有同心，略无难色。予知其必能相与有成，可与其举其事矣。

适普贼纵横，予奉调督粮戎间，意谓其事必俟他年。公乃协恭同寅于壬子秋，鼓舞绅士，远延名师，相地制宜。公议增建三层魁阁于后，建桂香阁于左，建案山文笔，建棂星石坊，四事并举，规画尽制，分任督修，驰牒于予。予喜其不负予言，喜而复之，嘱以勤于董率、务成厥功。未几，孙公以抱恙闻。公独精勤不懈，劝捐劝劳，以德动之，以义激之，士皆强仁慕义，勇于趋事，赴功不逾年而功皆垂成，魁阁完备。予归视之，层峦耸翠，上出重霄，崔巍之势，小峨山而低圭岭，襟翠屏而带盘江，层累而登，恍若置身千仞。呼吸时，通帝座，凭临常霭烟云，可以妥文星于九天，可以启文明于奕祀，不禁抚公背而叹曰："矍铄哉！七十老翁为此成劳，功非浅鲜矣。"公让之谓："予一人，其何能力兴修之！"始会集倡议者增生马驰方也，伐木取材，几历□□，愿二三同志各自爱，鼎无负圣天子设学之意云。

附记：清雍正十二年（1734）立，洽阳举人、知州张景澍撰。碑原立于弥勒州学宫魁阁。据[清]秦仁、王纬修，伍士玠纂，傅腾蛟等增订[乾隆]《弥勒州志》卷二十六《艺文》，清乾隆四年（1739）刻本。碑文载："公议增建三层魁阁于后，建桂香阁于左。"

047　新建桂香阁暨书院记

文昌司人间福嗣，天府持衡士之显当。时传后世者，虽爵禄于人官，实默佑于桂籍。国家兴贤造士，皆赖道化作人，所在学校，皆建阁崇祀，由来久矣。弥阳学复于南，文昌宫仍在城北，背阳向阴，未曾建阁，无以妥神明，且无以卫胶序，多士久欲移建，未果。前刺史景澍张公莅兹土，见学宫荒陋欠培，同学博先生倡，率绅士捐资崇修。凡殿庑、门壁、泮池，悉加整饰，以后无催官，增建三层魁阁。犹念左畔巽位空缺，无以为学宫辅，率绅士捐建桂阁，崇祀文昌以培巽贵。期年功成，张公乔迁。予来署篆，见其巍焕壮丽，逼汉凌霄，襟带盘江，枕籍圭岭，近与学宫魁楼辉煌掩映，远与文笔照耀峥嵘。凡山之高，水之流，村市烟云之缭绕，无不环巧献技于其下，可以萃百川岳之精英，可以毓亿万人之灵秀，才人学士宜陶咏于斯，因问学博伍、王二公，阁之左、右何不即建书舍以为书院育才？答以张公有志未逮，幸际贤能，愿成其美。予思圣天子崇封圣代，敕建学宫，垂训士子，云汉作人，各上宪留心学校，加意育才。各府州县皆设书院、义学，发给御制群书，令士子聚学诵习以储。公辅器弥阳，何独不然？予虽署事，凡有绅士民者，架石通泉，且不惜多金以利济，岂事关育才、裨补学校，不乐捐金以成盛举？乃经营修建，而左塞茅屋，右逼节孝祠，隘难建也。爰捐给屋价，迁其茅屋，并移节孝祠于学宫右，拓地平基，鸠工命匠。捐建书舍于阁之东序七间，西序如之，外建大门三间。其后无堂未当也，又捐建讲堂五间，其左隅街口缺陷，未善也。又捐建联魁小阁于其地，功成铸像魁星于其上，遥卫学宫，匾以"揽云"。自是学之巽位，飞阁重重，书舍井井，花木森森，书声朗朗，其于学宫，岂曰小补？爰详请藩宪陈匾题"桂香书院"，作经义馆，并置馆租二十四石，俟后之牧是郡者。延名师以严训课集，郡之成人小子受学请业。朝斯夕斯，三更灯火，五夜鸡鸣，咿唔不辍，读御制群书，督宪斯文，精萃日事，讲习讨论，辨难析疑，探性道之源流，穷贤圣之根柢，参古今之异同，研书理于毫芒，摩文章以神化，冀入濂洛之室，而登瞿薛之堂。时惜禹寸陶分，仰□帝君《蕉窗十则》，常学颜四曾三行见，身心陶淑，渣滓尽融，无点尘气，岂惟发而为文，妙绝一世，抑且德，修行洁，不怍于人，不愧于天，天府持衡，必将阴扶默佑，于以荣登桂籍，筮仕登朝，大建丰功，伟烈接踵。翠屏杨公亦复何难，是所望于弥之士也。夫效职捐资姓名，应并纪后以垂不朽。

附记：清雍正十三年（1735）立，署州王纬撰。碑原立于弥勒州城北学宫。据[清]秦仁、王纬修，伍士玠纂，傅腾蛟等增订[乾隆]《弥勒州志》卷二十六《艺文》，清乾隆四年（1739）刻本。

048　桂香楼记

桂香楼在凤山文昌殿前，襟九龙（山名），带波罗，俯金城。东望晴云、五佛、龙伯诸峰，松杉叠翠；北眺铁甲、相国诸山，怪石崚嶒。楼前古柏阴森，铺青摇碧。敞西窗，则晓月栖松，岚光染袂；瞰龙井，则德水沁心，溪毛适口。乃若新鹂织柳，布谷催耕，杜宇啼红，鸣鸠唤雨，则于春。宜蝉咏星槐，蛙鸣古沼，松涛漱枕，云影窥人，则于夏。宜秋则桂英馥郁，菊慈缤纷。冬则巉岩坐雪，雨花寻梅。余少而壮，壮而老，读书其间，披风抹月，觉千林俱白，万山皆响。友人拟余为瑞凤，为文龙，谓前可以追煮龙之迹（明金矗于此苦读，夜取龙井鱼破伽蓝像煮之），继凤嬉之游，余但凭槛长啸而已。

附记：清雍正年间立，赵淳撰。碑原立于赵州凤山文昌殿前桂香楼。据[清]陈钊镗修，李其馨纂[道光]《赵州志》卷五《艺文》，民国三年（1914）重印本。

049　鼎建尊经阁记

滇西诸郡称人文薮者，惟大理之赵州。州广文司君钧洪、君梓芳为余言曰："州之有学宫，建于明洪武十八年，在治西南隅。我朝康熙十年，始迁于城西凤山之麓。凡浴龙、卧麟诸山，萃秀钟英，环带左右，盖地灵则人杰，故州人士掇科第、策勋名，较他郡为独盛。"先是学之殿宇祠庑，历六十余年，日就倾圮，刺史程君鼎建，特捐置田亩为修葺资，然第令博士弟子员经理，不免侵渔弊生。雍正十年，摄州篆令永北太守钱公恒请于上官，乃使学官司出入严交代，著为章程，然后岁时收获济息，堪充公用，罔致虚縻，遂缮理大成殿及棂星门，次东西两庑，次明伦堂、史皇祠，次义路、礼门与文明诸坊，悉告成功。十二年八月，暴雨骤涨，湮坏宫墙，不下百丈，亟为整治，更筑泮水之桥焉。乾隆二年，绅士杨其楷等，又请建尊经阁于文庙左，右故有文昌祠以其址为阁，而祠则改移于阁前，两学官多方筹画，鸠工庀材，经始于上年季冬下旬迄今，次第完善，请使者撰文以垂不朽。使者念滇南兴学，肇于汉代；自盛览张叔从司马相如受经学实，开滇西文章之始；迄元和中，许叔入中国受五经；越延熹中，尹珍赴汝南受经书图纬，归教授其乡人。由是南人皆知所为学矣。然究之千余年以来，仍以地处极边，载籍未备即有，有志力学之士，亦苦于家鲜藏书，安所得博综今古，以探索其源本。今幸得列圣，继继承承，首隆文治，优重师儒，崇尚经术，复令学者濯磨文体必衷至道。属在吾徒孰不仰承德意，感激奋兴，思穷经以致用？况复新构杰阁以贮圣籍，俾益得肆力于诗求知。郡之人文，将必有倍盛于畴昔者。

附记：清乾隆三年（1738）立，孙人龙撰。碑原立于赵州文庙左尊经阁。据[清]陈钊镗修，李其馨纂[道光]《赵州志》卷五《艺文》，民国三年（1914）重印本。碑文载："乾隆二年，绅士杨其楷等，又请建尊经阁于文庙左，右故有文昌祠以其址为阁，而祠则改移于阁前。"

050 文宫碑记

党庠塾序之设，三代教乎乡者，至矣。国朝大化殷流，州巷间里，广设义学，俾山陬僻壤，皆纳诗书礼乐之内，视古更为详尽。弥下伍村、朋普，去城百余里，栽成未获，时亲讲学之藉，宜急急也。岁癸酉，彼地绅士聿修鳣一诸君，议建文昌宫，资以讲学。下村首秀峰阁池，宛然大块文章，鸢飞鱼跃，真机□泼，建殿楼数楹，"育才"一坊，远近子弟，肄业于斯。置田数十亩，为师儒膏火、祭祀、岁时修葺之需。筹划尽致，续建鳌亭、魁阁于宫前，交相辉映。捐资不敷，暂典宫田七分，但田未可久悬，诸君子毅然解囊，复不惮艰辛，将典出之田赎还宫内，且建宫墙一围，功皆甚伟。噫！盖莫为之前，虽美弗彰；莫为之后，虽盛弗传。信夫！考古史册记载，党庠塾序后先媲美，何意弥之一隅，计所以教子弟者，周详条贯，实有感于圣天子作育人才之至意。然此其具也，是在敦其实者益加磨砺，正谊明道，进于大雅之域，岂特拾科掇第为国家桢干，即耕凿之夫，亦胥化于诗礼淳庞之俗。是宫之建，大有裨矣。爰为志。

奉直大夫、知广西府弥勒州事、加三级、纪录四次洪奕隆撰文。

广西府弥勒州儒学学正、加一级、纪录一次伍士玠书丹。

广西府弥勒州儒学、以教谕管训导加、一级李毓雯篆额。

岁进士、吏部拣选训道严藻督镌。

乡进士、吏部拣选知县吴绍伯校字。

（捐资功德姓名从略）

龙飞大清乾隆四年岁次己未黄钟月吉旦立。

附记：清乾隆四年（1739）立，弥勒知州洪奕隆撰文，弥勒州学正伍士玠书丹，广西府弥勒州教谕李毓雯篆额，吏部拣选训道严藻督镌，吏部拣选知县吴绍伯校字。碑立于弥勒朋普文昌宫；青石质；高1.80米，宽0.98米；直行，楷书；半圆形碑额，阳刻双龙戏珠图案，宝珠外阳刻"文宫碑记"四字；碑额边及背身边阴刻云龙纹。据政协弥勒市委员会编《弥勒碑刻拓片集》，云南人民出版社，2021，第30~31页。

051　竹园文宫大殿北墙碑文

弥阳属甸水上伍村文昌宫、魁星阁，巍然耸翠，文明一方，称大观焉。今春秋之典不废，而祭务稍缺，有贡生赵讳玘者，敬入市斗民租二石，永作祭需。其田坐落拘皮寨上沟下洗马河田，秋粮四升，价银三十两，同乡人士交僧。讫嘱余载事勒石，援笔而为之记。

乾隆九年桂月穀旦。
弥阳学正张大典敬立。
原卖主木自荣种田人。

附记：清乾隆九年（1744）立，弥阳学正张大典撰。碑原立于弥勒上伍村竹园文昌宫，今竹园中学；大理石质；长0.72米。宽0.5米；直行，楷书；四周阴刻花草纹。据政协弥勒市委员会编《弥勒碑刻拓片集》，云南人民出版社，2021，第32~33页。

052　文会碑记

自来文会之设非偶然也，盖学人食圣人之德，必思所以敬圣人，是故竭诚尽志，捐金积谷，即荒僻之区不无所备。况吾邑地接古城之界，居联圣庙之旁，而不思所以敬之也哉！乃思所以敬，而愧无所资以伸其敬。于是二三友人抒悃摅悃，共讨同心，蠲资出粟，敬传不坠，积得些须之费，聊将献芹之诚。但恐相传之久，不无懈怠之忧、侵蚀之虞，于是勒诸贞珉以垂永久。

俾世世相传，不坠厥志；代代相守，以免侵吞。庶乎今日之祭享有归，而后人之祀事攸赖。行见人文昌炽，莲池渊源接泗水，德教弘敷，堤畔理脉映东山。体阴骘以重心田，德行文章并著；沐暗点以来捷报，元魁科甲联芳。然要非一点恒心，不克致此。吾辈尚其各抒乃心，其持乃志，于以永守勿替为幸。

嘉庆六年起，盖文阁耳房，东庙占着文会田七尺许，当仝合营，并住持代议明，每年常住内，上纳会中租谷三斗，若有欠少，将谢□□田穗□□□之常住田作当会中，自行□佃永勒。

王文勇五分，李占槐五分，马之崇五分，徐文明/国银每人五分。

马及武银一两五分，贾于圣银五分，贾于仁银五分，赵之灼银五分，杨文理银五分，傅必华银五分，刘昂银五分，尹乐道银五分，杨文雄银五分，李芳秀银五分。

杨文英银五分，赵之璞银五分，杨文魁银五分，贾文元银五分，王尚才银五分，刘冕银五分，赵阔银五分，贾文相银五分，尹乐善银五分，王贵银五分。

刊判马灼。

生周望敬撰。

乾隆十三年岁次戊辰二月十一日城西士庶仝。

附记：清乾隆十三年（1748）立，周望敬撰。碑原立于江川县文阁；青石质；半圆形碑额，"文会碑记"四字居中，阴刻双龙戏珠图纹；碑身直行，楷书。据周黎编《古碑遗珍：抚仙湖周边地区明清碑刻录考》，云南美术出版社，2017，第112~115页。

053 文昌关圣宫碑记

从来寺观之设，创之固难，而守之为尤难，其故何也？盖有寺必有僧，有僧必有田。有僧无食〈下缺〉，故欲为寺而招僧，先为僧而谋食。使檀越无膏腴之割，而贫衲无卓锥，以致山僧一钵，香火〈下缺〉不明，钟磬乍鸣而复断，自古迄今，往往皆然。今弥只有关圣一祠，由来久矣。得世守李尊闻〈下缺〉殿阁乃观厥成焉，然而规模阔大，常住无多。旁有僧法海，苦心募化，弥只官衿士庶，得〈下缺〉安其身焉。然而一木一椽，实赖檀那之力，一丘一弘，亦非长者之企，使不勒石以垂永〈下缺〉。是以施主李世守与僧众等亦虑及此，而属序于予。予维固陋，然称功纪善，吾儒事也〈下缺〉。亩数目开记碑后。自是莲台炫彩，奕世闻钟鼓之声，庙貌生辉，吉威仰宏纲之重，因〈下缺〉缘以奉佛圣，庶几寺有传灯〈下缺〉。

赵州弥只凤山书院教习生员苏潮侣韩甫熏沐撰。

特授赵州正堂加三级纪录九次刘〈下缺〉。

大理府赵州定西岭世守李尊闻，弥只岁贡生自显名之孙自悦书。

大理府赵州儒学生员李峥嵘、自永慣、自若采、杨纯仁、万启荣、董〈下缺〉。

檀越弥只世守李暨合川人等，李绍龙、李绍麟、李廷□、李傅驴、李尊士。

弥〈下缺〉仁、李朝祥、李可树、自永光、自成韦、自天定、自有功、李朝辅、李瑷芳、李朝鼎、李有〈下缺〉。

善信：李天从、李绍尧、张凤翔、李瑷渫、李朝靖、李枝华、自贵、自源、自容愚、张猷、戴〈下缺〉杨象乾、朱灿盛、时周履、赵以爵、徐得茂、李瑷、自文义、李周、张宏亮、张成龙。

乾隆十五年仲夏月吉旦。掌管文约檀越李绍白，住持僧法海，徒庆源、庆助同立。

附记：清乾隆十五年（1750）立，赵州弥只凤山书院教习生员苏潮撰，自悦书丹。碑原立于文昌关圣宫，现存于弥渡县密祉镇文化站；大理石质；下脚残，残文楷书，共18行，每行7~35字；碑额"文昌关圣宫碑记"。据黄正发、黄正良、盛代昌编著《弥渡古代碑刻辑释》，云南科技出版社，2018，第217~219页。

054 文昌宫义田碑记

国家圣德覃敷，文教昌明，建立文昌宫，有司春秋祀事，普天之下莫不尊亲。休哉！文治称盛矣。石羊一邑，何独不然。余官南滇，闻是邦科甲绵绵，人才济济，未尝不慕英才之淬砺，仰良牧之甄陶也。余于庚午岁蒙恩特简莅任此邦。每于政暇，会课生童，郁郁彬彬，有德有造，又于朔望瞻仰庙貌，见义学设乎其中，询所由来，乃前任司牧白公率五井绅灶罗铨等捐金，买购原任建水训导张公讳铎田租十七石，以作义馆学金，故肄业有所，人文辈出，前人之功綦伟矣哉！但宫内香火不继，看守无人，终非久远之计。于是，一岁捐送银四两设看伺一名，永作香火。正欲与绅士酌盈剂虚以计久长，有铎侄张为沛等具呈到台，控诉刁佃欺隐义学田租，占据开垦陆地。余令斋约等科验，于额租外科得余租三石九斗，为沛等且欲继伊伯之志，不惟以余租愿作香火，又将本名买购田租三石，一并送入宫内，以作香火修葺之费。噫！奇矣。井中文教昌明，其自封者曾无人过而问之，好善者又苦于力之不逮，今有此义举，不甚属可美哉！是以表其行，奖其额曰："善霭桂香"所以表张子也，抑以风将来也。况是癸酉科，一邑而中式三人，岂非圣人在天之灵，有以感召之哉！夫积善之家，必有余庆，多士其勉之。余因中州诏下，行装已束，因盥手而序其略云。

附记：清乾隆十八年（1753）立，提举高锦撰。碑原立于白盐井石羊文昌宫。据［清］李训铉修，罗其泽纂［光绪］《续修白盐井志》卷十《艺文志》，清光绪三十三年（1907）刻本；郭燮熙纂修［民国］《盐丰县志》卷十二《杂类》，民国十三年（1924）铅印本；杨成彪主编《楚雄彝族自治州旧方志全书·大姚卷》，云南人民出版社，2005，第872页；萧霁虹主编《云南道教碑刻辑录》，中国社会科学出版社，2013，第364页。

055 惜字会碑记

自包符启而精华泄其奇，文字炳如日星矣。试为溯所肇始，奇偶两画而已，而竖为直，曲为钩，杽之为点，分之为撇、为捺，凡属只字片辞，悉关圣贤妙蕴，宜如何崇奉而爱敬者也。吾儒束发受书，从事翰墨，世袭以藏，不敢轻于一掷，第平昔珍重。时少，玩忽日多，往往残篇断简，略不经意而蹂躏飘零，古今之赤文绿字，盖不知沉没几许矣。余目击之余，转生怆悼。乾隆乙亥岁，由交水署篆兹土，自维马齿加长，毫无善状，而婆心一片，刻不忘敬惜之意。爰是哀集同人，共襄盛举，敢以廉俸为之倡，而都人士亦踊跃争赴，量力捐资，不匝旬，而醵金逾百。余以为此不可无善后之图也，典置市宅，岁收租息，用作焚修沐化之资，而所为付鸿炉投鸥渚者，胥于是取给焉。其他赢余所积，置棺埋骶，命恂谨老成绅耆者董其事，虽未敢拟仁人之利济，而旅魂稍安，又可为宝惜鸿秘中，增一段佳话。昔王沂公拾废，其子大魁天下；杨全书埋字，后裔不绝巍科。何神应不爽如是？吾辈读古人书，果报之说，诚不足道，然一字一珠崇奉，匪遑行，且兆书香于累叶，而绵绵未艾也。独是余发皤皤，须臾老之将至矣。今代庖至斯，流光弹指，犹得与同志之士共结善缘，以慰夙昔敬惜之意，是诚余之厚幸也。夫所有捐输，若干例得，泐诸贞珉。

附记：清乾隆二十年（1755）立，李治撰。碑立于何处不详。据黄元直修，刘达式纂[民国]《元江志稿》卷二十三《艺文志》，民国十一年（1922）铅印本。

056 新建文昌殿桂香楼记

文昌之崇奉，至今日而无地不然，亦谓其秉忠孝以作人文，而默翊圣教，有裨于生，三事一之义耳。琅地旧有阁，在开宁寺，历久而圮，明经江公有志未逮而卒。厥嗣自潇思有以继述之，爰卜地于鱼池山麓，鼎力创建。大殿三楹，前楼三间，左右串楼各三间，禅房、厨室以次兴构。乃恭迎圣像于中，以奠厥灵，植桂二株。经始于壬申之春，历五载而始告成。仍延请明师以训子弟，招僧同明以奉香火，行且厚置义租，以垂永久，助困穷其意甚厚。丙子春，予以并司修志之聘至琅，江生乃请余记之。

余考《明史》，文昌帝君张姓，蜀梓潼人，因为晋臣，殁于王事，获享庙祀。唐宋屡封英显王，道家遂谓帝命主人文桂籍，元始加号为帝君，盖重其移孝作忠，而默助孔孟，以师道教天下也。则其先德行而后文章，宗正学而异于释道，明矣。

今江生孝友传家，力从善举，而延师训子孙，其中盖真有志于事三如一之义者。自有以默契神道设教之心，而食作人之报于无穷也。宁必如流浴之道其所道，崇信伪书而反为文昌累哉！是为记。

附记：清乾隆二十一年（1756）立，赵淳撰。碑原立于琅盐井鱼池山麓文昌宫。据［清］孙元相修、赵淳纂［乾隆］《琅盐井志》卷四《艺文·记》，清乾隆二十一年（1756）刻本；杨成彪主编《楚雄彝族自治州旧方志全书·禄丰卷》，云南人民出版社，2005，第1270~1271页；萧霁虹主编《云南道教碑刻辑录》，中国社会科学出版社，2013，第362~363页。

057 移建文昌宫魁阁于华宜寨序

东城依麓有山，突然包裹，作回顾势，曰"金钟"。前令听形家言，筑文昌宫、魁阁于其上，殆若纽然，所以发声文教也，意非不善。迨十余年来，委顿犹昔，文战辄不利，多诿咎于此焉，岂地灵人杰，必有待而然欤？

予素重温公不信形家，而都人士思谋移建，取其奋志萌动之机也。因托为形家说以导之，而免其请，乃进诸绅士，而告之曰："堪舆多妄论，惟乾凿度为可，次取《玉尺》《经》二书，皆言下沙，不可取文笔峰，此地诚非所宜。吾为尔等择来龙顾母处，所谓对面看高处，看隐隐隆隆者。是检吉辰，迁奥区，去城北十里华宜寨，是卜是筑，规制加轮奂焉，诸生今而后，其无所待矣。学宫中定制所垂，本无不谛，而又补其外之缺漏，移浮露归，深藏允宜，闭户潜修，默鉴于文魁二星之侧，光远而自他有曜也，无若大山之麓，止而弗升，则甚矣。前之有待，为地灵人杰，而今之无待，不又将人杰地灵也乎？吾谓尔诸生，无信形家言，但立勤身，志弃厥旧，图厥新，断绝金钟纽，迁建华宜寨，可操券而预决云。"是为序。

附记：清乾隆二十六年（1761）立，东川府知府方桂撰。碑原立于东川府华宜寨魁阁。据［清］方桂修，胡蔚纂［乾隆］《东川府志》卷之二十下《艺文·本朝·序》，清乾隆二十六年（1761）刻本；萧霁虹主编《云南道教碑刻辑录》，中国社会科学出版社，2013，第311页。

058　文宫田粮碑

民生遂，而后教化可兴；教化兴，而后人才蔚起。余奉简命，来牧是邦，凡为教为养，莫不殚心筹划，清查利弊，期于无忝厥职。弥城百里许，有溯普一村，其间户多殷实，人欣礼教。旧建有文宫一所，堂构巍然，楼阁焕然，设立馆师，以为义学教读之地。余因公□焉，见其清超旷逸之致，是亦人文乐育之区也。思所以鼓舞而振兴之，又虑无以资化导，而垂久远……诸生叩其详。诸生且呈余曰："康熙三十年，本村乡绅士庶姜延祖等，备价三百三十两七钱九分，承……地一百五十九亩六分三厘，因先年地方，不无夫役之扰，□中捐出田亩，以资公费。兹已并无夫役，……田亩分之，不胜其分；存之，亦无所措。而承领之各户子孙，及粮户人等，情愿送入文宫，永作祭祀、修补、生徒膏火之费。"余因察，或田或地，必有坐落……一丘一亩，必有银粮数目，岂得憓然送入？致启后来侵欺霸夺之弊，爰令详细清开，造簿注册，并准勒石以垂久远。诸人士肄业其中者，资其膏火，尚笃志奋兴，将来人文蔚起，庶不负余殷殷振作之意，所厚望也！是为序。

奉直大夫、知云南广西府弥勒州正堂事，加三级纪录三次、闽绥陈……撰文。

广西府弥勒州儒学学正、仍候选县正堂、加一级赵鸿……书丹。

广西府弥勒州儒学以教谕管训导事孙琨校阅。

计开原承领捐田地乡绅士姓名列后：

原任临安府嶍峨县儒学训导加一级娄延祖。

岁贡生王仁、杨于陛、生员童养正、徐锦阳、邹一清、路为元、张有时、朱礼明、林起凤、解先云、辉□晓。

坐落小龙沟，东至蔡姓田，南至徐姓田，西至仄上寨田，北至刘姓田，每年额租六石。

坐落罗□寨下，东至王家田，南至白姓田，西至小沟，北至□姓……

坐落冷水沟，东至易姓田，南至王姓田，西至……北至三岔沟，每年额租六石。

坐落林树田，东至沟，南至路，西至刘姓田，北至沟，每年额租一……

坐落……下旱田一凹，东至学池埂，南至张姓田，西至□浪，北至余姓田，每年额租……石。

坐落马槽沟，东至大者黑田，南至元天阁田，西至大路脚下，北……租二石。

以上捐入之田，每年额租共二十六石，岁纳秋粮八斗。

乾隆三十年闰二月二十九日，溯普阖境士庶同立。

匠人代昇元。

附记：清乾隆三十年（1765）立，弥勒知州陈□□撰文，弥勒州学正赵鸿□书丹，弥勒州教谕孙琨校阅。碑立于弥勒州朋普文昌宫；青石质；高1.68米，宽0.76米；六边碑额，阴刻二龙戏珠图案；碑身直行，楷书。据政协弥勒市委员会编《弥勒碑刻拓片集》，云南人民出版社，2021，第38～39页。

059　奎乡南楼小序

彝良为镇雄西鄙，土目星布其间。雍正八年，乌寇跳梁，密会镇雄刷刀等作乱。禄安人坚不与盟，遂得平复，彝良亦借以获靖于兹。四十余年历任分防，因形家言，地为丹凤衔书，城不宜石。初用木，姑苏顾公易以土，周围仅二里许，皆出已俸，经营迄今。圣化逾渥，商民辐辏，南城外居民较多。后山接壤威宁，宵小出没无时。虽近者严惩，颇知敛迹，究非长策，日用隐忧。爰续捐薄俸，请居民添筑土垣以藩南城之外。南面开门，曰"小南门"。上建楼，彷古南楼意，内供文昌帝君。凡四时花开鸟啼以及晦明风雨，登楼一览，蔀屋无遗。职斯土者，游目慨心。庶念先忧后乐，虽墙不过二百余丈，楼不过一间，费不过廉俸一季，工不逾时，役不累民，所举者小，所益者广。士君子忝一命之荣，亦何惮而不为也？兹因释奠文祖，举一杯以告诸同事始末，又从而歌之。歌曰：

昔者南楼镇武昌，而今南楼守彝良。
武昌峡口列龟蛇，彝良地轴衔凤凰。
龟伏蛇行拱元帝，凤飞凰舞朝文昌。
名公会沥一杯酒，十分春色散潇湘。
小子借泼半池墨，四时清气染奎乡。
湘有班竹沅有芷，忠孝节烈流芬芬。
乡有高松城有柳，农工商贾生书香。
贤哉矩矱可矜式，蠢尔蛮彝域用臧？
约约桴桴永安堵，翚飞鸟革瞻康庄。
穆穆圣容骑白马，飘飘云树凝肃霜。
遨游西极来山阁，汲引后进登朝堂。
纵然三载有遗躅，不愿人云庚复江。

附记：清乾隆三十二年（1767）立，州同汪浩存撰。碑原立于镇雄州彝良小南门奎乡南楼。据［清］吴光汉修，宋成基纂［光绪］《镇雄州志》卷六《中·小序》，清光绪十三年（1887）刻本；邹长铭编著《新编昭通风物志》，云南人民出版社，1999，第129～130页；昭通市志办编《昭通旧志汇编》，云南人民出版社，2006，第4册第1060页。碑文载："上建楼，彷古南楼意，内供文昌帝君""龟伏蛇行拱元帝，凤飞凰舞朝文昌。"

060　副官村文昌宫碑记

国家文教覃敷，自名区胜地，迄于僻壤遐陬，莫不蒸蒸然丕变进益而上。我朝重道崇儒，广励教化，近复释奠孔林为天下先。夫是以人文彬郁，济济日盛也。顾黉宫为发迹之所，而桂籍题名，厥有由始。昔王文恪谓："孔子为后天之文昌，文昌为先天之孔子。则阐扬翊赞，而使人才蔚秀，甲第蝉联，微文昌之赐不及此。"尝读《阴骘文》一篇，宝训格言，字字皆六经精蕴，而一十七世宏仁广被，扶名教以启文明者，总不越作忠教孝，劝人为善之旨而已。故士奋迹而起，建竖非常者多由科第。然必本忠孝以发为文章，而非直拾青拽紫，藉诗书为弋名之具，故曰"微文昌之赐不及此也"。

永邑有副官村者，旧属西蜀，雍正六年改隶云南，为东迤之极边，而地处冲繁，因设县佐焉。窃尝披舆图而考之：群峰罗列，金江如带，意此中必有伟人。邑人士向余言曰：曩者，一科而隽七出，其捷南宫、入史馆，间有其人。至今过副邑者，犹想像其风流不置，奈何嗣响无闻也。则文昌宫之创建，其容已乎！乾隆癸巳岁，黄君以粤才分治吾邑，捐俸首倡以文教之兴，端赖培毓，属我同人伙助鸠工，以董厥成，此千秋盛举也！不可无述，敢以是为请。余学植荒落，秉铎兹土。乙未岁长至后二日，以课士抵副邑，寓居文昌宫。入其门，缭垣矗然，几筵秩然，丹腰焕然，僻壤遐陬，何幸气象维新也。呜呼！亦云盛矣！今惟浮屠、老子之宫，所谓率民而出于无用者。世之人不惜千金之费，穷工极巧以成之，孰若兹为人才起见，而大启文明者乎？余既诺邑人士之请，因得为之伸其说。夫文昌宫之建，所以培文运也。今之为士者，自离经辨志，莫不读孔子之书，为科举之业。然文以明道，学惟务本。子夏之以尽伦为学，韩子谓约六经之旨而成文，此物此志也。孰谓孔子之修道觉世，与文昌之《阴骘》垂训有异旨也哉！自兹以往，邑之人士果能争自濯磨，弦歌备习其中，吾见文风日上，人材日多，其应科举之选者，发为经济以佐太平之治，即进而沐浴于道德，渐渍于仁义，养成大儒以接洙泗之传，是即善体帝君阐扬翊赞之盛心，而无负国家文教覃敷之雅意也。可不勉哉！黄君印"兰香"，广东平远人，由例贡生而署兹县佐焉，是以邑人士之效力助资者，例得并书以勒诸石云。是为序。

乾隆三十四年夏月吉旦，教谕吴绳祖撰。

附记：清乾隆三十四年（1769）立，元江举人、教谕吴绳祖撰。碑原立于永善县副官村文昌宫。据［清］查枢纂修［嘉庆］《永善县志略》卷二《艺文》，清嘉庆八年（1803）修钞本；萧霁虹主编《云南道教碑刻辑录》，中国社会科学出版社，2013，第379～380页。

061　文昌宫义学碑文

洛岸义学之设，自乾隆元年，关城府主□公好仁观风，至此，见其山环水曲，地阔田映，因锡名白马修金□□，而义学之制立矣。历年所而人文虽起，甲第未开，阖乡绅耆酌议迁徙。适有王公仕敖、吴公起周喜施基地各半，建立庙宇，而义学始成于斯焉。其时戊申岁也，迄于今数十余年矣。风霜迭易，瓦屋隳颓。约我同人更培斯庙，败者成之，损者益之，更塑文奎神像一座。业始于己丑之冬，功成于庚寅之夏。

附记：清乾隆三十五年（1770），王道隆撰。碑原立于盐津县洛岸文昌宫。据陈一得、陈葆仁等撰[民国]《盐津县志》卷十四《金石碑文》，云南省图书馆据民国三十八年（1949）稿本传抄；萧霁虹主编《云南道教碑刻辑录》，中国社会科学出版社，2013，第380页。

062 文昌会叙

儒都推文祖尚矣，而吾乡之先实无是会。先伯考刘公悯念荒村之寥落，志丕振乎斯文，乃与以翁吴公计议，约集各村民，于元年丙辰启建是会。而□刘叔震北执掌功德，兹会所由始也。于时创立之初，众志齐一，先期斋戒，昭其诚也。备物以祭，昭其洁也。文物有数，升降有度，昭其仪也。肃坛者杜□逸循少长，条规立也。长讽经，士礼忏，民供役，执事修也。一时恪恭谨严，罔敢戏论喧哗情矣，游玩以贻神□盖彬彬乎，盛会之日隆矣。毋何延及中叶，人心渐变，享祀之典，于□将坠。于是会中长者虑其芜以继于后也。乃申□刘叔与表兄吴君君用，力维于后，仍以所存余金生息，渐积至二十有五年，制得租十石，永为奉祀之需。盖至是创于始者成于终，衰于继者振于后，春秋享祀，孔惠孔时，而斯会可永久矣。吴君君用欲勒于石，以垂永久，乃向叙欲余，余以才浅学疏，未敢奉命，但念先伯考与诸君创始之勤，刘叔与诸君终事之功，不敢违也。爰备详始末，以志不忘云。

时乾隆三十九年岁次甲午孟夏月。

邑人子厚刘培元撰。

附记：清乾隆三十九年（1774）立，刘培元撰。碑原立于建水县文昌宫，现存建水县燕子洞石壁；青石质；长方型横幅式，碑长1.04米，宽0.8

米；直行，行书；阴刻。据萧霁虹主编《云南道教碑刻辑录》，中国社会科学出版社，2013，第387~388页。

063 巍宝山文昌宫新建魁神金甲殿碑志

山之灵也，必赖圣贤之宫院而彰，而寺之兴也，又必得〈下缺〉人，所以交相待也。兹宫之建，阅年已久，面有龙池，萃一山灵〈下缺〉关帝像，武庙与文宫前后相表里，称巨灵矣。然左右附于帝君桂殿者，应有魁神、金甲二阁。前之任事者，将兴辄止，斯固非其时，非其人。遂置〈下缺〉二十四年，得同志鼓舞，积累募化，镶砌龙池，建修亭阁，东西两耳〈下缺〉载，至八年，二阁始建，大殿焕然一新。四十年七月内，得善士徐郑、欧〈下缺〉人，而后功成也耶。至绘事装修，又必待起而继之者。由此山以神〈下缺〉阴骘之门，传天榜于忠孝之子者矣。爰将历年善信捐金悉载如〈下缺〉。

捐金善信：（略一百二十三人名）
大清乾隆四十年岁次乙未仲秋月吉旦。
住持道人杨□□〈下缺〉。

附记：清乾隆四十年（1775）立，撰者不详。碑立于巍山县巍宝山文昌宫（龙潭殿）内；大理石质；右前下角及碑身下部已残损；高0.63米，宽0.53米；直行，楷书；文28行，行15~30字；碑额刻篆字"善纪灵山"四字。据重庆市博物馆编《中国西南地区历代石刻汇编》第十七册《云南大理卷》，天津古籍出版社，1998，第111页；大理白族自治州白族文化研究所编《大理丛书·金石篇》第3卷，云南民族出版社，2010，第1241~1242页；萧霁虹主编《云南道教碑刻辑录》，中国社会科学出版社，2013，第389页。

064 桧溪文昌阁记

余任恩邑时，因公而赴永善之黄草坪，道经猓木、画鼓诸台，偶携土人登高远眺。其左则黑铁、金锁、五莲峰等隘，关山盘错，米贴争雄；右则锅圈、虎跳、大汉漕各滩，波浪排空，金沙角胜。山川风物，光景流连，每令徘徊焉，而不忍去。至若所谓桧溪者，土人未尝言，余亦未之见也。丙申秋，因纂修府志，开局赴昭，适永之禀生孙谦亦以分修入局，而以桧溪之文昌阁请序于余。讯之，始悉溪距城西北四百里，两岸桧木翳映，浍波光华夺目，水合柏杨溪，南流入江东盘凤岭，西距虎岩，北枕高冈，下即汛所，中辟市廛。一区商贾居民，烟火相望，望不下数百余户。沿溪环种土田，阡陌纵横，绣壤如织。汛后即文昌阁，背山面水，基亘平坡，中正殿三楹，塑帝君像，以妥肃祀典。两旁廊房六所，以作学舍。暨大门三楹，周遭墙垣毕具，倡修者即廪生孙谦与廪生葛张、附生鲜芝、监生唐绍先。若而人者。自癸巳秋月经始，至今丙申夏五落成。於戏！余虽未身至其地，然心窃仪之。夫以山川之清奇，若此阁宇之整秩，若此邦人士，毅然争以名教为己任者，又若此遥想农歌渔唱，户外时闻弦韵书声，室中互答。昔为负弩挽弓之场，今为声明文物之地，溪籍桧而名甫彰，桧因阁而声益著，岂不盛欤？间尝稽阙里《志》，载中古桧一株，高五丈余尺，文皆左纽，称为宣尼手植。菁葱郁勃，樾荫繁纷，历千百年而不改柯易叶，非以大圣人道德文章亘生民所未有。而桧亦得藉呵护之灵，昭文明之象，至今望之而必恭敬止者乎。诸生苟悟其盘根错节，以深其基；坚心厚质，以固其气；紫波沸水，以陶其情；干霄蔽日，以神其用；凌霜斗雪，以完其贞。即今日之文章，卜他年之事业，则入文昌之座，始登阙里之堂，当不仅效法云寺之双峙，长廊昼静，古殿秋阴，徒供后人啸歌而增咏叹夫。非此物此志也夫。或谓是役也，馆虽备，膏火缺，如邑明府李君璿亭为古闽进士，学问渊深，更好造就，后进当必善为经理，俾诸生相与有成，以垂诸永久也。是为记。

附记：清乾隆四十一年（1776）立，镇雄州知州饶梦铭撰。碑原立于永善县桧溪文昌阁。据[清]查枢纂修[嘉庆]《永善县志略》卷二《艺文》，清嘉庆八年（1803）修钞本；云南省永善县人民政府编著《永善县志》，云南人民出版社，1995，第757页；萧霁虹主编《云南道教碑刻辑录》，中国社会科学出版社，2013，第396~397页。

065 文昌帝君阴骘文

帝君曰：吾一十七世为士大夫身，未尝虐民酷吏。救人之难，济人之急，悯人之孤，容人之过，广行阴骘，上格苍穹。人能如我存心，天必赐汝以福。于是训于人曰：昔于公治狱，大兴驷马之门，窦氏济人高折五枝之桂，救蚁中状元之选，埋蛇享宰相之荣。欲广福田，须凭心地行时时之方便，作种种之阴功，利物利人，修善修福。正直代天行化，慈祥为国救民。忠主孝亲，敬兄信友。或奉真朝斗，或拜佛念经。报答四恩，广行三教。济急如济涸辙之鱼，救危如救密罗之雀。矜孤恤寡，敬老怜贫。措衣食周道路之饥寒，施棺椁免尸骸之暴露。家富提携亲戚，岁饥赈济邻朋。斗称须要公平，不可轻出重入，奴仆待之宽恕，岂宜备责苛求？印造经文，创修寺院。舍药材以拯疾苦，施茶水以解渴烦。或买物而放生，或持斋而戒杀。举步常看虫蚁，禁火莫烧山林。点夜灯以照人行，造河船以济人渡。勿登山而网禽鸟，勿临水而毒鱼虾；勿宰耕牛，勿弃字纸；勿谋人之财产，勿妒人之技能；勿淫人之妻女，勿唆人之争讼；勿坏人之名利，勿破人之婚姻；勿因私仇，使人兄弟不和；勿轻小利、使人父子不睦；勿倚权势而辱善良，勿恃富豪而欺穷困。善人则亲近之，助德行于身心；恶人则远避之，杜灾殃于眉睫。常须隐恶扬善，不可口是心非。剪碍道之荆榛，除当途之瓦石。修数百年崎岖之路，造千万人来往之桥。垂训以格人非，捐资以成人美。作事须循天理，出言要顺人心。见先哲于羹墙，慎独知于衾影。诸恶莫作，众善奉行。永无恶曜加临，常有吉神拥护。近报则在自己，远报则在儿孙。百福骈臻，千祥云集，岂不从阴骘中得来者哉？

附记：清乾隆四十一年（1776），开阳弟子沈德新立。碑原立于开化府城东文昌宫，现存于文山州档案馆；碑高1.60米；碑额呈半圆形，两侧刻青龙浮雕；直行，楷书。据萧霁虹主编《云南道教碑刻辑录》，中国社会科学出版社，2013，第390~391页。

066　合议捐置社田碑记

　　重纫遵家训，先君示以《文昌帝君化书》及阅《行社仓文》，未尝不掩卷而思，曰圣人之为斯民计至勤且恳，甚盛心也。平市之粜而鳏寡孤独艰难莫告者，皆有所济焉。病者药、婚丧不能完具者，靡不有所资而赖甚盛典也。

　　有明之末，崇祯年间，凶欠频仍。己卯岁，因殷家闲粜，市无米卖，万姓嗷嗷，互相鼓噪。重与郡孝廉辛和国等目击心伤，不忍坐视，欲效黄承使符平粜故事，因请命于先君。时承谕云："尔等若有此举，非独力能行，必广众善，乃能济事，亦必先建仓房以为贮谷之所。"幸选得黄公祠可以贮谷。先君即预出银钱买置木料修建仓房，上塑帝君圣像。

　　后与诸友谪议求谷举，所知有平素好善者请至保禄会集，置簿募化。时蒙神天感，供众皆乐捐，有捐三五石者，有捐十余石者，犹有捐二三十石者，陆续捐输，约有八百余石。后分为五方，每方卖谷百石，只卖原价，不取其息。卖有八载，于地方不无小补。

　　不意抚南临永，将仓打开，破费谷石许多。后因平东安西蓉国公李忠武等临永，接遭兵燹，屡次破费，谷石无几。重宵昼忧虑，恐将数十载辛勤付之水水，且以旧易新，终若无源之水，只得将所存之谷变卖成田以存永久。至于管理之人，不拘绅衿士庶，只择其清正无私、诚实好善者。免求管理，只管理一年。对帝交代，同社中之人公同收租，春米赈济以及上粮费用若干、存剩若干，凭神将出入之账，逐一算明后，方得下年接管。

　　虽不能如神如圣人之勤恳为民，而鳏寡孤独艰难莫告者亦皆有所济焉。以至病者医药、产者馈粥、婚丧不能完具并资本缺乏者，亦必有所资而赖焉。是皆重与和国及诸善士俱勉体圣意而成此举也。所有田亩坐落、租石粮数，开列于后，以公观览。继起者倘能清正无私、诚实好善，自有上帝鉴临，以永保无替焉。是又重之所厚望矣。

　　岁进士陈三重立仓巅末谨撰。

　　大清康熙癸酉岁季冬穀旦。

　　以往绅衿善信：

　　陈应科、王伯昇、龚彝、庄允文、张士俊、陈三元、辛和国、周超旦、杨嗣庆、陈三乔、彦龙美、陆云衢、魏光裕、庄自修、辛国正、陈尽忠。

张成吾、赵之琰、王家栋、陈布陟、韦瑄、连第、叶占先、陆自淑、周鳌、李春伟、辛允国、白惟清、尹元、朱之佐、陆效才、周道昌、芮宪乡。

现在绅衿善信：

□秉汉、汤尹学、沈昌贤、陈三重、冯天驭、曹开昌、张辰、周永命、吴道一、闫俊章、周永祚、曹会昌、庄以莅、郑动、周永裔、郑□泰。

尹亲尧、耿进炜、车达、曹先彬、尹懋经、陆骏、袁来清、沈秉治、陈其学、陈其隆、徐洪、刘泓袭、盛吉、陈其治、冯斌盛、王膺命。

郑懋烈、陆钟瑞、徐淳、杨盛誉、韦祚衍、周徒濂、辛□铣、郑懋修、陈祥麟、沙现文、杨民望、陈思舜、刘嗣荣、袁绅。

乾隆四十二年岁丙申子月之吉。

后学邵其位重书。

合郡绅士等重立。

附记：清康熙三十二年（1693）初立，陈三重撰；清乾隆四十二年（1777）重立，邵其位书。碑原立于永昌府城北社仓，现立于保山市隆阳区太保山公园碑林内墙。青石质；半椭圆形碑额，中间阴刻"合议捐置社田碑记"八字，周边阴刻二龙戏珠图案；碑身高1.5米，宽0.66米，两侧饰花草纹。据碑录文。

067 文昌宫碑记

日月星辰，天之文也；山川岳渎，地之文也；礼乐诗书，人之文也。道之显者，谓之宗也。天下不可一日无斯文，即不可一日无斯文之祖。此文宫之设，所以不遗于穷乡僻壤也。（恭）惟文祖忠孝开化，护国牧民，其道则尧、舜、禹、汤、文、武、周公、孔子、孟子之道也，其教则君臣、父子、夫妇、昆弟、朋友之教也。教而道行，道行而文著，一以贯之者也。吾人之得与于斯文，即吾人之得与于斯道，而非由教而入，亦□睹文之所以明，而见道之所以大欤。我国朝人文化成，菁莪棫朴之教，覃及远方，而文明在天，所以照临而□翊之者，其源有自。赵治南浦阿苴郎，群山耸秀，曲水抱流，地之灵，人之杰也。掇巍科而列黌序者，代有其人，若觉民尹公，金冶、金声两赵公，以科贡为斯文领袖，然皆于□文宫之举未遑也。迨文贞吴公又以经元冠于滇，因甚念夫斯文必知所祈，向而崇重之也，遂毅然为首唱，而属和者若冠六尹公、焕其赵公、扬海吴公、荣弼尹公、聪甫尹公、闇如尹公、泰生尹公诸先辈，同乡之耆老幼壮，平基伐木，鸠工庀材，起于雍正乙巳之冬，越明年丙午，大殿告成，于此见古人为善之勇，而从善如登之信不诬也。夫力恶其不出于己，而有一人倡之，必有数人和之，一人始之，必有数人终之。阅数年，而左右两厢次第就理，至乾隆之四年，前楼□观厥成焉，凡此皆合营捐资之所致，而于修补装严未逮也，因立洞经社于圣诞演谈。外四方有建善者即往助之，随其功德多少，以助其成，庶几哉。文星有耀，巍乎碧落之间；殿芜齐辉，尚出利墟之表。上塑帝君像，主村文明于上；左右列魁星金甲像，前绘白衣观音、洞府仙众，于是村之人士，善男信女，或祈嗣，或祈禄，各各如意，无不满足。而且异卉仙葩，名花珠宝，罗列于堂阶之下者，或拱抱，或合抱，盖栽培者又四十余年矣。今岁暮春，同志诸君子，大惧轶□之失传，因共陈本末，而请序于予，予既许叙之而尤与诸同志共期之，盖善之念愈出而愈新，善之事愈推而愈广。吾乌知□桑与梓，敦诗说礼，家诵户弦，不较前之初沐文教□骎骎愈上欤！又乌知种诗书圃，耕阴鹭田者，其文炳文蔚不与通都大邑相颉颃欤！夫正人心而消劫运，文教之所以常昭也，培心田以广嗣禄，得与于斯文者之所以不容己也。士有实学，人敦实行，以共勉于人文之蔚起，庶有当于前人缔造之劳与后先诸君子玉成之意也夫。

时大清乾隆五十年岁次乙巳孟夏月中浣。

吏部拣选知县甲午科乡进士邑人刘炳南暗章甫熏沐敬撰。

庠生刘江其清甫熏熏沐书丹。

善信尹元勋、吴思成、李正齐、赵天弼、刘廷祚、普和润、彭肇龙、张友荣、罗友为、陈珣、尹元章、陈天爵、罗宇秀、尹元□、赵伯龙、尹涟、李春和、汤仲义、李可长、陈宗尧、洪寿、黄尚荣、彭俨、赵荣祖、熊涟、赵良玉、张秀、彭赵瑞、罗宣、鲁恩义、谷胜有、毕煊、周珂、吴庭龙、张崇寿、尹元功、彭仰圣、张明龙、彭肇麟、熊必、履源、张宏、萧华、张理、冯□来、□□禄、尹□清、尹晋邑、吴聪、赵良佐、赵伦、彭俊、□□、□□、张□龙、罗□彩、□安仁、□洙、吴越，合村仝立。

匠人江振刻。

碑阴：功德碑记（上部自左向右书）

雍正二年，尹万成、尹万达、尹朝佐舍入建文宫基址一块。

一、生员赵三元送大殿大料木头一所。

一、雍正七年，李善送地三块，坐落河东，随粮三升四勺。

一、雍正八年，罗芝华送田二丘，坐落门首，随粮一升三合。

一、乾隆三年，李珠捐功德银一两。

一、乾隆二十九年，师曾捐助功德钱七十文。

一、乾隆二十年，杜买得罗仁彬弟兄田一分，坐落河东。

一、乾隆二十一年，师我宗捐田一分，坐落河东，九合六勺。

一、乾隆三十一年，沈文贵、沈文路同侄沈珣、沈卓送入文昌宫山地一块，坐落阿苴郎后山，东至山岭，西至阿苴郎村，南至山顶苴力界，北至山岭，再批西南至尹贤地，沈珣、沈卓送功德银一两。

一、乾隆三十二年，尹门杨氏送地一块，坐落和尚村后，随粮一升九──合。

乾隆三十五年，高门李氏捐功德银十两。

一、乾隆四十三年，生员施继鲁同男施霖，同侄施云适田一丘，坐落河东，随粮一升二合，随银一两。

一、嘉庆五年四月十八日，弥渡市街尹丕纲适入文宫活契田一分，其田坐落阿左郎。其原契□□共银一十五两，钱六千文。至嘉庆二十年□□，此田永远适入文昌宫。后□姓子孙不得复认，□主有送契为据。

道光辛卯，鲁□捐铺砖银四两。

附记：碑阳于清乾隆五十年（1785）由吏部拣选知县、甲午科乡进士、弥渡人刘炳南撰，庠生刘江其书丹，匠人江振刻；碑阴大概刻于清道光年间。碑存于弥渡县苴力会兰村文昌宫内；青石质；高1.17米，宽0.6米；碑阳之碑额阳刻"丕振斯文"四字；碑身直行，楷书；行11～58字。据黄正发、黄正良、盛代昌编著《弥渡古代碑刻辑释》，云南科技出版社，2018，第230～233页。张树芳、赵润琴、田怀清主编《大理丛书·金石篇·卷5·续编》，云南民族出版社，2010，第2086～2088页。

068　文昌宫碑

龙陵距永郡三百余里，与诸彝接壤。虽风气渐开，人文渐起，而文宫犹未之建也。有楚僧广澈者，览山川之明秀、人物之繁殷，与诸檀越谋，诸檀越亦欣然曰："此为地方风水计也。"遂相与捐金募化，创其宫于东山之麓。前建三楹，以奉帝君；后建三楹，以奉大士。右云堂，左僧舍，山门疏圃俱全。虽地逊名山、宫让琼瑶，而峰峦特达、殿宇巍峨，不可谓非西南一巨观也。既有宫殿以崇圣，不可无常住以居，僧广澈更邀众姓捐置义田。但恐日久奸徒妄生觊觎，住持假以当卖，侵渔营私，殊失前人创造之功，并塞将来继守之路，合将田亩、契典、四至、钱粮刻石，以垂永久。

乾隆五十一年三月，住持僧元高为其师广澈立。

附记：清乾隆五十一年（1786）立，释元高撰。碑原立于龙陵县东山麓文昌宫。据张鉴安修，寸晓亭纂[民国]《龙陵县志》卷十五《艺文志》，民国六年（1917）刊本；龙云、周钟岳纂修[民国]《新纂云南通志》卷九十九《金石考十九·后期八·清》，民国三十八年（1949）铅印本；萧霁虹主编《云南道教碑刻辑录》，中国社会科学出版社，2013，第412页。萧霁虹《云南道教碑刻辑录》载"僧广澈更邀众姓捐置义田，以奉香火"。民国《新纂云南通志》载："《龙陵文昌宫常住田碑记》，杨一村、胡龄、华楚玉、杨础柱、卢玉柱、杨浩、杨朝柱、冯汉仝修。高四尺，广二尺六寸。二十一行，行三十七字，正书。乾隆五十一年季春月。在龙陵县文昌宫。"

069　圣庙文宫

圣庙文宫建自前明，历今二百余年矣。先辈置租，所以崇祀典，新庙貌，供香火，使之历久而不替也。一切修建祭需，所设公租，原属通用，由来已久。两处香火，阙一招愆，故文昌宫既有住持租石，而学内看司供食，未归画一。乾隆五十二年二月丁祭，诸生会议：圣庙应置田租，永作香火。将先年住持镜明同绅士备价，杜买得张六仁新垦田十五亩，原租三石五斗，接因水冲沙压，减租一石，租与生员陈河图耕种，纳租二石五斗，递年送入圣庙，以供香火。因未经勒石，有张六智之孙登龙，具控厅堂，杨讯明，亲阅文契，系六仁父典子杜，经今八十余年，与登龙所控，毫不相涉，明系诬告，应加惩处，念年老，姑免。登龙情愿投结存案，永杜滋扰。即出看得批断，拨入圣庙，永作香火。谕该绅士勒石垂久，实属正大光明好事。倘有从中借端觊觎，许绅士指名供呈，重究不贷。诚万古不磨，永护圣庙，永培香火之盛心也。爰序始末，勒之口珉，以志不朽云。

署广西直隶州弥勒县督捕厅，加一级，军务记录大功一次，杨讳尧夫，准给勒石。

特授广西直隶州知弥勒县事正堂，加三级记录六次，关讳英识。

绅士：孙珩、张夔龙、马燻、陈鸿儒、褚文黼、张大伦、刘国柱、张信、宣廷谕、孙璨、刘师晏、陈河图、王锦、黄一德、段成玉、萧奇才、吴伸、刘扩川、刘宪、张文龙、宣仲、严文光、姜宣、彭汝玺、陈永策、李琮、刘玺、李璞、陈永泰、刘如晏、孙璉、姜文绣、张友曾、任尊、唐金章、张照、宣化、陈煜、张灼、刘万川、刘倌、洪杨祖、唐汝熊、李瑃、姜袖、李儒毅、高畅、王奇生、严燃、张学礼、王士和、刘瑸、姜吉士、杨树、李琇、吕嘉猷、刘国相、张煌、吴祥龄、连玺等同志。

杜买得张六仁父子新垦田十五亩，坐落小寨岔路。南至江姓田；西至张姓职田；东至刘伍田；北至关圣会田。其粮照亩上纳。

看司：陈惠。

乾隆五十五年三月三十日吉旦立。

附记：清乾隆五十五年（1790）立，弥勒知县关英撰。碑原立于弥勒虹溪镇文昌宫，今弥勒三中内；青石质；高1.74米，宽0.67米；直行，楷书。据政协弥勒市委员会编《弥勒碑刻拓片集》，云南人民出版社，2021，第58~59页。

070 重建文昌宫碑记

定远，古越嶲郡地。自汉唐迄元，虽时隶版籍，而邑处荒远，声教犹未洽焉。前明嘉靖，始建学立师，而人文丕变。学宫之左，旧有文昌阁，始自崇祯甲申，岁久剥落，将沦蔓草间。前令钟公，志存修葺，谋诸士民，咸踊跃输资，趋跄集事。于是鸠工庀材，择地于旧阁之前，复营新殿。经始于庚子季冬，落成于辛丑孟春。遂卜吉，奉神像于中，而以殿后阁为祖父祠，甚盛举也。嗟乎！定邑自唐人斥土以来，辟荒而成，邑又历七百余年矣。而踵事增华，昔之一椽湫隘者，今则规模宏敞。昔之仅构享堂者，今则复建寝门，此虽宰斯土者振兴文教之心亦何？莫非诸生之敬神襄事始终如一之所致欤！盖尝按之《天宫志》：文昌四星，主天下图书，为司命之神。《周礼》：大宗伯以槱燎致祭，在六宗之列。而世俗以诗人所歌，张仲孝友当之。夫古圣人之立庙举祀典也，匪直以云报也，将以悚动人之心志而范围乎？一世人之心，使于对越骏奔之时，凛凛焉有见尧于羹、见舜于墙之思，则即以张仲之孝友，炳炳烺烺，乃揭日月于天，行河海于地者，为神之化身，不愈足以兴起人心维持世教，而赫然为百世之师乎？诸生谒斯宫也，临在上而质在旁，时存一吾心之神明，而探其本原，凡所为孝友之大者，皆内照于心无愧。则是宫之建于学宫侧者，诚有裨于立学设教之意。而士之拜于祠下者，洵可以希贤希圣而无愧于神矣。岂仅科第蝉联、声华崛起之谓哉。余承乏南来，聿观成事，遂援笔而为之记。若诸生之与有劳者，皆刊其名于碑云。

附记：清乾隆年间立，谢锡位撰。碑原立于定远县学文昌宫。据［清］李德生修，李庆元纂［道光］《定远县志》卷七《艺文志》，清道光十五年（1835）刻本；杨成彪主编《楚雄彝族自治州旧方志全书·牟定卷》，云南人民出版社，2005，第265~266页；萧霁虹主编《云南道教碑刻辑录》，中国社会科学出版社，2013，第503页。

071 重修太保山魁阁募引

太保山，郡城一大观也。嵯峨数十仞，冈横二里许；树木葱郁，岚翠欲滴；俯视万家，烟火迷离。又有宝盖、玉壶映带左右，登眺者咸以为快。山旧祀武侯，报征南武功也。祠创于守滇之梁王，今石坊尚存，即所镌"松山元祠"者是。继乃增建接龙楼，崇文教以祀文祖，宜也。最后复建三圣殿，赖威镇边方之义也。山顶平冈城之西，门峙焉，其后耸然突起，俨若矗立一峰者。郡先达因建阁于其上，主祀魁神，而以朱衣、金甲神配，兼培风脉。其亦接龙之意欤。

夫魁，文星也。考之《史记·天官书》，曰："北斗七星，所谓璇、玑、玉衡，以齐七政。"盖斗者，天之喉舌；玉衡属杓，魁为璇、玑整。又曰："衡殷南斗，魁枕参首。"《正义》云："南斗六星为天庙，丞相、大宰之位，主荐贤良、授爵禄。""南二星，魁、天梁。"又曰："斗魁戴匡六星，曰文昌宫"，"魁下六星，两两相比者，名曰三能"。即三台也。《前汉·天文志》所纪略同。而《春秋》《魁斗极》与《正义》皆云，北斗第一至第四星为魁。孟康注《史记》，亦以魁为斗之首。据此，则魁为北之第一星、南之第二星，是南、北斗皆有魁矣。故每于文宫祠社之处，俱属以魁，无或缺也。

议者又谓，郡有五魁，而以祀于太保山者居首，但其肇基未详何年。洎乾隆壬申乃重修之，距今又四十有余年矣。岁久蠹蚀，土实克木，势将垂倾，众绅士尝忧之。兹住持僧照远谋之檀越，发愿修葺，勿坠前功，勿废后举。亦所以培风脉、重文教，期永保两庠文风日盛，科第重光。

转盼乙卯、丙辰，四三年间，郡人士之渥皇恩而通仕籍者，如登太保山，层累而上。高瞻远瞩，济济多才。则凡列士林，不更当踊跃捐助，而共襄此美举也哉。爰为之引，以告诸同志云。

附记：清乾隆年间立，袁文典撰。碑原立于永昌府太保山魁阁。据萧霁虹主编《云南道教碑刻辑录》，中国社会科学出版社，2013，第572～573页。碑文载："继乃增建接龙楼，崇文教以祀文祖，宜也。""又曰：'斗魁戴匡六星，曰文昌宫'。"

072　重修河西乡中村文昌宫碑记

《易》曰："刚柔交错，天文也；文明以正，人文也。观乎天文，以察时变；观乎人文，以化成天下。"朝廷圣赞承，重熙累洽，文治蒸蒸日隆，文运骎骎日上。滇虽万里，分野井鬼，而寿考作人，为章云汉，菁莪棫朴，炳蔚聿新，盖自汉德广开，渡博南，越兰津，未有不显光被于斯为盛者。昆阳之河西乡中村，康熙年间尝建文昌宫，其奉斗上六星，岁月浸久，风雨漂摇，服甓服圬，服石服采，迄无一就，以妥以侑，以祀以飨，怒如靡安。村之士庶捐金撊挡，继长增高，兼权子母，储积以赢。乾隆丙午吉旦，庀材鸠工，仍旧殿三楹而更新之，并构陪殿四楹，加增前殿及魁星阁，东、西序次第相因，暨嘉庆庚申，厥功告竣，计费千有余金。隘者胥辟，圮者胥竖，卑暗者易之为宏敞，朴僿者易之为奂轮。庙貌峨峨，堂舍秩秩。仰金山之郁崒，朗朗乎文星四照；临昆海之汪洋，浩浩乎文澜万顷。左则青龙蜿蜒而景从，右则白虎驯扰而伏侍。阿金塘开，清涟荡漾，不舍如斯。可以悟圣道之有本，流滋景泛，灵液渊渟来之习坎。可以想圣学之盈科，远望莲花诸峰，层峦高峙，列天半之画屏；翠嶂重环，得仙家之玉案。山川清淑之气，聚而上行；辰宿晶莹之辉，合而下济。后之君子，恪荐馨香，恭陈俎豆。思钟鼓之式灵，感珪璋之特达。群相懋勉，争共濯磨，泽以诗书，淑以礼乐，合天文人文一以贯之，而仰荷国家文治之隆、文运之上也，岂不盛哉！

附记：清嘉庆五年（1800）立，安宁人、给事中杨昭撰。碑原立于昆阳州河西乡中村文昌宫。据[清]朱庆椿纂修[道光]《昆阳州志》卷十四《艺文志·记》，清道光十九年（1839）刻本。

073 敕建文昌宫记

我皇上御极之六载，以文昌阁旧附黉宫，历皆配祀。前清诏令天下府、州、县无大小，悉建专殿，定祀典，崇礼仪，昭事用虔。一时天下从风，知国家贵忠孝、尚名节、兴文教，无远无迩，贵德贵诚。景之为郡也，地僻而治远；景之为赋也，土瘠而民贫。以斯二者之难，似未可以经之营之，定藏事于期年内，乃事有不待久而即成，功有不待劝而自赴。盖繇郡伯德公仰体圣天下普被之仁敬，理其事而又选任得人，故倡论之始，即会聚诸生。时幸贡生赵绂掌书院，迫成美举，公举绅士涂化龙、李逢春、李天培、侯辅廷专司其任。噫！何其善于谋始而慎于成终也？迨德郡伯升任，后继任那嵩诸郡伯无不以事关祀典，宜肃观瞻。凡构良材，焕金碧，庙貌巍峨，杰峙云表。即经始勿正而庶民子来，又可谓善于成终而无负厥始矣。虽然兴教敷化，圣天子之德也，而亦需诸郡伯之德。盖郡之事，咸视郡伯为从违所兴善，而所从靡不善矣。景之得举斯盛者，非景之厚幸欤？虽然诸郡府之德，又贡生赵绂及绅士涂化龙等之诚，实有以赞之也。盖诸郡伯之迁莅无定常，而首事四人风雨绸缪，鸡鸣戒事，其自备薪水，奔驰于霜严暑潦中，不致厥功稍有废替，得成一郡之巨观，其又善于勤始而勤于虑终哉！庙成之日，郡人士乐其有成，以遂企仰之私，咸愿有以志之。乃历叙端委，以泐诸石。

附记：清嘉庆六年（1801）立，清教授赵元会撰。碑原立于景东县文昌宫。据周汝钊修，侯应中纂[民国]《景东县志稿》卷十三《艺文志》，民国十二年（1923）石印本。本通碑文首载于民国《景东县志稿》，文中"前清"称谓乃民国刊印时修改。

074　升修文宫中殿碑记

弥之朋普，旧有文宫，建自前明。第兵燹之后，庙宇丘墟，碑残碣断，不可得而□□。自康熙三十三年，原任嶍峨县训导姜名延祖，与徐、王、李、杨诸生偕同志倡义，重建大殿三间，社学书楼九间，又独力修建牌坊于前，规模大备。至乾隆九年，姜生文震、杨生震春、严生文林、王生勷，同众士庶更建桂阁于后，洵足壮观。但前后阁楼高耸，尚嫌中殿卑隘，若不升高，究非善继前功者也。兹据绅士张醇风、……张秉仁、张醇彦、严崇、杨殿魁、任国材、徐元清、俞相尧、任国珩、段联科等呈称：绅士严济武、张桂、简国俊、张秉仁、李起麟、任纲、李源、严相武、姜炘武、张秉礼、徐承先、王天德、柏润、杨国相、张环、王诏、陈士明、王灿、张景宿、周杞、冯瑶、王逵、张恒、任堂等，情愿各解己囊，俾卑隘者高大之，请序于余。予莅任兹土，已历数年，每见各绅士于一切学校公事，皆实心办理，从未有挟觊觎之见，观望不前者。今所称严君济武诸人，余又素悉其心地坦白，为人诚实，既情愿捐金任劳，而该地士庶复同诚乐输，不动本宫租息，诚美举也！越六载而告竣，诸生邮寄成功于余，遂记其巅末如此。

敕授文林郎云南丽江府丽江县知县，前任弥勒县事，加三级纪录六次，古燕关英撰文。

广西直隶州弥勒县儒学生员张桂书丹。

戊午科恩优进士、吏部候选儒学训导严均武校阅。

大清嘉庆七年岁次壬戌春正月穀旦。

附记：清嘉庆七年（1802）立，丽江知县、前任弥勒知县关英撰文，弥勒州生员张桂书丹，吏部候选儒学训导严均武校阅。碑立于弥勒朋普文昌宫；大理石质；高1.72米，宽0.85米；直行，楷书；四周阳刻仙鹤、祥云书卷、葫芦、笏板等图案。据政协弥勒市委员会编《弥勒碑刻拓片集》，云南人民出版社，2021，第72～73页。

075　重修文昌宫义馆碑文

大落昧乡兴隆场河西官山，山明水秀，地灵人杰，处所在口子神祠，奉至圣孔子神主、关夫子神像，同荐明禋，而吾乡义馆亦□□创制，狭隘未极宏敞，兼越有历年风霜剥蚀，瓦解榱倾，□□□竭诚尽力，各自捐资，略支积余，并募同志鸠工庀材，重修更造，永建义学。

嘉庆八年八月初三日。

附记：清嘉庆八年（1803）立，贾明道撰。碑原立于盐津县大落昧乡兴隆场河西官山文昌宫。据陈一得、陈葆仁等撰[民国]《盐津县志》卷十四《金石碑文》，云南省图书馆据民国三十八年（1949）稿本传抄；萧霁虹主编《云南道教碑刻辑录》，中国社会科学出版社，2013，第435～436页。

076　新建文星阁碑记

棋之提封百里，烟村蔽现云树之中。奎楼相望数十所，其在山林者尤显。盖以培风脉，兴文治，非徒耀人观美也。九龙池者，天辟奥区，为十四景中第一名胜。池在奇黎山麓，飞楼涌殿萃焉。翠微之巅，有磐石似斗首之魁，不铲而平，不甃而整。人士协谋建文星于其上，非无见也。位列西维正值降娄之次，而龙德正中阴阳之所和，会有杰阁以达其阻深而耀于天光，有水德以导其滞而澄厥清源。地灵则人杰，诸君有至顾焉。谋始于庚申，落成于壬戌。其殿楹若干，鸠工若干，需费若干，及董事某某，同心协力，重营缔造，轮应监修，已另泐诸石矣。

今登斯阁，西山爽气超然云表，鼎立巍涣，突兀千寻，胜概如诸天楼阁，万壑烟霞。柳子厚所云：凡游之事旷如者，其在斯乎。至于池在山下，所谓奥如者有之。岩树青苍，石磴嵯峨，其气清绝幽窅，其水汇如璇折，出峡如走雷，灌溉几百千顷。学士文人，会心不远，岂不包涵霖雨之才，鞭挞风云之势也哉。记有云：山林、川谷、丘陵，能出云为风雨，见怪物皆曰神州之祀典，礼所宜称。每岁仲春，村人礼龙祠者，箫鼓竞奏，鱼戏中流，鸟语歌声，上下响应，岩谷依然，迦陵仙音，而人影衣香，士女如云，从万木翕蔚层踏石蹬而上，径登香阁琼宫，真欲界之仙都，尘寰之净土，又得牵连而记之。爰为歌曰：

望层峰之云谲兮，高阁崔嵬而成观。玒天门而驰间阖兮，直入帝居之紫坛。引手而摘星辰兮，接武库文昌之炘炘。拏云而攫斗极兮，会珠联璧合之缤纷。列仙人之棋枰兮，捧太极于中央。照普门之月华兮，映龙马而腾光。紫雾起于珠宫贝阙兮，听松音于朝昏。何蓬岛之藻翔兮，皕云锦于天孙。蛟龙连蜷于山根兮，涌醴泔以汇川。彩凤朝阳文明兮，鸣清声于山巅。方朝廷之纯仁兮，普天莫不扬灵威，此邦之人文兮，共观光于王廷。矧膏畴腴区之绣错兮，祈报常新□春秋。山灵应宿开鸿蒙兮，魁衡焕烂于方州。

大清嘉庆九年龙集甲子黄钟月穀旦。

附记：清嘉庆九年（1804）立，撰者不详。碑原立于玉溪翠微山巅文星阁。碑现镶嵌于玉溪九龙池大观楼碑廊墙上；青石质；碑高1.65米，宽0.60米；直行，楷书；阴刻。原碑无标题。据中共玉溪市红塔区委会、玉溪市红塔区人民政府编著《中国玉溪九龙池》，云南民族出版社，2007，第10~12页；萧霁虹主编《云南道教碑刻辑录》，中国社会科学出版社，2013，第437页。

077 学金功德碑记

先是，牧崖应老先生以所典得田数顷送入文宫，永为延师教读之费。越数年，先生之子文星复送白金二十，与前所送之田价计之，共八十金。老成人经纪之，照若田收若租，将若银生若息，于以赡馆，于以待师。数载来，弦诵之声，籍以不辍，而犹恐不承权舆也。各村又捐金四十，岁得白米二石，以兹补其不足可矣。乃更欲勒诸珉，垂于后，命予志之。予曰："斯举也，甚善，虽然是戋戋者而必彰诸石也。毋乃欲使人指而目之曰'某也善，某也善乎'，夫圣人以人性皆善，故教之，使同归于善。牧崖先生既以此举使人为善，当亦惟是望人同归于善，而岂卖义市恩，自有其善乎？"应者曰："否否。牧崖先生有善，我辈不欲没其善，故捐资以继其善，且欲志之以励人为善也。"嘻！今世士大夫绢佛饭僧，惟恐不及，独未闻其出寸金，设一馆，为教人为善地焉。不则岁延一师，专为其子弟计，而族之人不得其门而入焉，是焉得为善，焉欲人同归于善？斯馆也，牧崖先生以"同风"匾之，先生之意或将以风世乎？予谓斯举也，则固可风矣。

天水庠生愚山杨恂思诚氏撰并书。

今将功德田银开列于后。计开：

应先生送田六契计送约乙章，典约六章；应文星送银二十两，典得四契，有送约乙章；下时旗营捐银十两，吴家庄捐银二两，上时旗营六排共捐银七两；小沙地、却家营共银十两；倪家营捐一两；谢家营、谢家巷、杨家小营共捐银十两。

大清嘉庆二十年旃蒙大渊献之岁中秋节各村老幼人等全立。

附记：清嘉庆二十年（1815）立，天水庠生杨恂撰。碑现存于弥渡县弥城镇龙华村文昌宫内；大理石质；碑高0.83米，宽0.48米；正文直行，楷书左行，行6~34字，计9行；碑额铸刻双线"同风堂"行书三字。据黄正发、黄正良、盛代昌编著《弥渡古代碑刻辑释》，云南科技出版社，2018，第6~8页。碑文载："牧崖应老先生以所典得田数顷送入文宫，永为延师教读之费"及其他人捐款为延师教读费。

078　桂香书院普连溯佃民合建文宫碑记

宾川普连溯西道书院，官庄也。田地山厂，皆巡宪贾大人所置。招佃住居，历年久远，而村落荒僻，实当路冲，兼有疠瘴，董书院事者于秋收日必一临之。时丙子九月，农谷既登，董事济洱河、逾凤山来，佃民共乐输纳，有王遇春、何应世、王文举、段章、杜辉等群趋请曰："此地屡被灾侵，自嘉庆壬戌以来，人丁稀少，田亩半荒。至庚午后，外籍来住居者渐增十余户，始获耕敛如初，因议捐存公资，谋建文昌宫以邀福于帝君，几荷救劫之宏仁，沐开文之雅化也。"董事曰："善。"俾令鸠工兴事，自尽其心，搬木运石，自竭其力。阅数月殿宇告成，庙貌聿新，虽不足昭壮丽，亦可见庄中父老犹有服教畏神之意焉。爰为之记。

时嘉庆二十一年岁次丙子头钟月上浣吉旦。

西道桂香书院董事岁进士候选儒学训导范名世今甫撰文，太和县儒学膳生员李益谦亭甫书丹，太和县博士弟子员范聂辉午甫监镌。

官庄伙头佃户：王遇春、杜辉、任洪清、罗垲、王文举、杨寿生、罗德议、段云兴、段章、杜士坤、杜士成、周珍、余天贤、□应科、任洪仲、任洪兴、杨连、杨德懋、施斗光、李占魁、易光、赵起仁、何应世、胡文元、郭长寿、张瑄、段杰、杨槐、陈文榜、邱朝儒、李保、何从、杨生、王文学、张纯亮。

附记：清嘉庆二十一年（1816）立，范世今撰。碑原立于宾川普连溯文宫。据张培爵修，周宗麟纂[民国]《大理县志稿》卷二十七《艺文》，民国五年（1916）铅字重印本；陈谷嘉、邓洪波主编《中国书院史资料》，浙江教育出版社，1998，第1277~1278页。陈谷嘉、邓洪波主编《中国书院史资料》题为《桂香书院普连溯佃民合建文昌宫碑记》。

079　修文昌后殿碑记

祭川者，先河而后海，明有本也。木有本则枝叶茂，水有源则流派长。我国家孝治天下，官其子孙，尚封赠其祖父，况文昌司上帝之文衡，掌天下之禄籍者乎？皇上御极之六年，始晋文昌于中祀，特命天下有司每岁春秋二祭，牲用太牢，礼行九拜，复仿祀关帝之礼，崇祀三代，典至隆也。景东文昌祠旧在学宫左侧，地颇褊小，不称。嘉庆甲子，郡绅赵绂、涂化龙、李洸、李天培、李逢春、侯弼等（事关典礼，书名非僭），承官师命，集腋成裘,移建玉屏山麓考院后,高爽轩豁,殿宇宏整,两厢厅廊悉备,堂哉肃矣!后建后殿于其上,以祀三代,工未竣而资财告竭,墙垣不设,阶墀不修,丹漆不施,几案不备,众心悄然,且惶且惧,走书告章,捐金四百余两以成其志。岁己卯既落成,征记于章。章谨按《史记·天官书》:"斗魁戴匡六星曰文昌宫",解者曰:"文者精所聚,昌者,扬天纪,辅佛(音弼)然居以成天象。"此文昌之见于天者也,其在人则相传为周大夫张仲,以孝友见称于诗者也。帝君以孝德应天星、司天命,祀帝君而并祀其所从生,所以推帝君之孝,而广其教于天下也。推帝君之孝以祀其先,而慢而不敬,则大非帝君孝友之意也。今有大宾大客于此,亦既崇奉而尊礼之矣。而顾置其祖若父于空庭旷野间,墙垣不设,阶墀不修,丹漆不施,几案不备,则大宾大客之心,必将郁郁不乐,愤然奉其亲以去,而不肯一日留,无疑也。今诸绅士既建文昌宫而并建后殿,且当财力既竭,之后必要其成而后已,可谓知所本矣。章犹愿我故乡人士学帝君之孝,师帝君之仁,救人之难,济人之急,悯人之孤,容人之过,处为盛德之士,出为尽忠之臣,异日显亲扬名、光昭先人之令德,庶不负国家教孝之意,而帝君孝友之心且怡然慰矣。事关典礼,乌敢以不文辞,谨斋戒沐浴而为之记。

附记:清嘉庆二十四年(1819)立,大中丞程含章撰。碑原立于景东县城文昌宫。据周汝钊修,侯应中纂[民国]《景东县志稿》卷十三《艺文志》,民国十二年(1923)石印本。

080 重修左所营文昌宫魁阁记

谨按《天官书》:"斗魁戴匡六星曰文昌宫",北斗自一至四曰"魁",则文昌之与魁星同列一宫天象,固甚昭然也。世传文昌帝君在周时为张仲,历代皆有化身,虽考之史,□无所相。视院基在文昌宫之左、圣庙之后,近圣人之居若此,其甚也。规制若环堵、门庭、讲堂、学舍,不啻如一亩之宫。前面猛光河流襟带,后接蒙乐佳气郁葱。堂哉!皇哉!是院也,盖创始于国朝康熙四十年前同知仪凤茄公。迨至雍正、乾隆年间,两次改迁,历任续捐田亩,俱被山水冲压。嘉庆三年,绅士移建景屏山麓,通计公捐田亩不敷延师之用，以是旋作旋辍。嘉庆己卯，景东乡先辈月川程中丞捐银四千两，买田收租以作生童膏火，公长君别驾作记，备载厅志。历年以来，各任虽延院长，而生徒寥落。余即查中丞未是，集中书院规条，井井可法，久已行于各省，何独此间中止？缘质诸公之次君竹轩、菊溪昆仲，始知四乡生童，每至课期之后，遥执文卷，冒名领谷，以致膏火不能遍给。令贤昆仲因余一询，不肯负先人遗德，力请整顿士风。余何能焉，惟遵中丞遗教，鼓励士徒于忠恕之道，笃信力行，毋牟利，无苟且，俾藏修游息于其间者，如月川公之盛名鼎鼎也。嗟乎！稷下之橡有涯，而鸿名无涯；岘山之碑有坏，而遗德无坏。则书院不足以重公，而后人之善善可重。余言不足为公重，而公自有为景地重者。不惟公之乐成人美以维风化，而嗣君之继述先志孝思不匮矣。都人士如仍积习相沿，自外名教，吾亦未如之何，而果修身立品、实济时用，从此乘长风破万里，继迹前贤，余即于是院觇之云尔。

附记：清嘉庆年间立，候补知府程承休撰。碑原立于景东县左所营文昌宫。据周汝钊修，侯应中纂[民国]《景东县志稿》卷十三《艺文志》，民国十二年（1923）石印本。

081　设桂香阁祭需修金记

天下事创与因，俱非易；而善创与善因，尤为难。白井锁水阁，壮丽巍峨，为一井风脉关键，且以备祈祝之所。前建桂香阁楼，供奉文昌帝君，俯临香河，远眺萝峰，诚善创也。道光四年，原任山西太谷县令甘岳国、学生彭凌遂、武生樊廷纪、樊珍等，慨然念备物致氞乃可以迓神庥，设铎启蒙始足以广圣教，于是首为倡捐，一时慕义、忻然出资者共六十五人，计得银一百六十三两八钱，按旧井卤担均匀贷用生息，每年共应有息银三十二两零，以作文会祭需、颁胙及延请馆师修金之费。其馆地即在桂香阁楼下，目之曰"桂香义馆"。是举也，一以隆昭报，一以育人才，岂其徒事祈祝，居然见诸实事，补前此之所未逮，虽善因也，而亦已善创矣。伫见帝眷在兹，人文蔚起，有由是馆而掇巍科、登显仕者，或步诸君子之尘而恢廓之，或慕诸君子之风而旁推之，则善不一而足，此诸君子有以先之矣。崧窃幸诸君子之谋之臧，与其志之大，而喜为来者劝也。于是乎书。

附记：清嘉庆年间立，举人罗庆崧撰。碑原立于盐丰县桂香阁。据郭燮熙纂修［民国］《盐丰县志》卷十一《艺文》，民国十三年（1924）铅印本；杨成彪主编《楚雄彝族自治州旧方志全书·大姚卷》，云南人民出版社，2005，第1378～1379页。

082　桂香义馆碑记

桂香义馆之设何昉乎？自乔井灶长王老先生创始。公讳心濬，字旭川，乃姚安府学庠生，居恒持重老成，为梓里硕德，诸多善举。习见乡邻中不乏读书子弟，往往染于陋俗，苦无教育，于嘉庆二年遵奉母训捐送租谷十五石于文昌宫，为设立义馆之计。通学绅士具呈井司李，通详上宪，注册存案，给以匾额。彼时已延教读，先生慎始图终，恐馆金无多，久而废弛，又于嘉庆二十年添设租谷五石，共计二十石，除纳粮开费外，约有二十金上下，庶可继续延师。但有义馆之名，而无义馆之地，于二十五年后停馆四载，将所积余请凭五井乡友，鸠工建立堂舍三格于桂香殿后左厢之旁，取丹桂飘香、瑞兆科名之义，将见乐育有地，人才蔚起。先生功德，载以不朽矣。

附记：清嘉庆年间立，撰者不详。碑原立于盐丰县桂香阁。据郭燮熙纂修［民国］《盐丰县志》卷十一《艺文》，民国十三年（1924）铅印本；杨成彪主编《楚雄彝族自治州旧方志全书·大姚卷》，云南人民出版社，2005，第1533～1534页。

083　修息息庵并添建文昌魁星阁楼记

考息息庵创自国初顺治间，乃今乡饮大宾南彩高先生之王父建，以供佛并广利济而息劳人之所也。顾其规模虽具而所置常住无多，岁收入租仅敷香火及伊蒲之费。历年既久，椽瓦剥落，修葺维艰，更或遇歉收则住持僧亦且走而散之四方糊口矣。佛之香火且莫供，遑问利济哉！南彩先王目击情形，喟然曰："棠舍足税憩，而樾可荫暍人，今亦既暍荫之有年，忽翦伐夫棠樾，而听暍人之渴死烈日下，非仁也；先人有为棠樾之志事，而不为之继述，俾得税憩以荫夫暍人，非孝也。"乃出而为之重加修建，增置福田，于是先业得以重光，善举因而不废。噫！先生其可谓仁人孝子之用心者矣。而先生志犹未已，以谓附近东山一带，獉獉狉狉，仍古初俗，今欲使之开化，非仍歆动之以科名桂籍，其道未由。故于庵之右偏，增建阁楼，上祀文昌魁神，下作祠堂，以报开发祖宗功德，意甚善也。语曰："莫为之前，虽美弗彰；莫为之后，虽盛弗传。"观于是庵之兴而废，废而复兴，岂不信然哉！予因及冠时，曾从润川师来学于此，得详其颠末，故为之叙。

附记：清嘉庆间立，冯晋锡撰。碑原立于鹤庆县息息庵。据杨金铠纂修[民国]《鹤庆县志》卷五《上·俗祀·辰之四》，民国钞本；张了、张锡禄编《鹤庆碑刻辑录》，大理白族自治州南诏史研究会印，2001，第67页；杨金铠纂修，高金和点校《民国鹤庆县志》，云南大学出版社，2016，第152页；萧霁虹主编《云南道教碑刻辑录》，中国社会科学出版社，2013，第458页。

084 崇文阁记

崇文者，文重也，曷记乎？尔不记则事功不著，不记则创修弗彰。其记创又记修者何？考自乾隆丁酉，土人因地制宜，创文昌阁三间于北山之麓。兹举而葺之，故曰修也。其记修又记创者何？岁有丁丑，别架胡素园与首府王进阶，率集绅士军民建立门榭楼台，文屏书院无一不备，故曰创也。自创阁而竣，其间修理更变不知凡几？越二十有五年，增祀至圣于楼上，睹文明之雅化倍切，观瞻缅教，思之无穷，弥深景仰。此所谓后人之意，前人启焉，故释而记之也。溯其先，督成者有人，积粟者有人，迄于兹输财者有人，费筹度劳筋力者又有人。微长所在，必缘片善乌容或弃故？别架之创修也。量力而行，相时而动，备尚淳朴，小事樠栌，仰体圣天子，敦笃实，薄浮器，育人才，尊典礼之至。意即其怕资以治鲁者也，岂仅壮观瞻而已哉。烜钦事乐其功，特编年以纪云。

附记：清嘉庆年间，马煐撰。碑原立于鲁甸县崇文阁。据民国《鲁甸县通志资料汇编附图》，民国二十年（1931）抄本；萧霁虹主编《云南道教碑刻辑录》，中国社会科学出版社，2013，第457~458页；昭通市志编《昭通旧志汇编（六）》，云南人民出版社，2006，第1883页。

085 文昌宫碑记

嘉庆七年壬戌，奉敕准直省府州县建立文昌宫，春秋二季祭用太牢，礼肃三献，猗欤盛矣！考《记》载神上直参宿，有忠良、孝谨之象；《诗》所谓张仲孝友者，是又谓文昌星主赏功进爵。自唐宋以科目取士，士奉之尤谨，往往有验，故今世咸家祝而户祀焉。命下之日，适洽人心之所不言而同然者，一时薄海内外，大而通都剧邑，小而水涘山隅，凡乡有学，村有塾，咸相率增修庙宇，虔备牲牷，庆文运之光昌，颂休明之嘉会。

广南地囿边隅，人无远志，向来祭祀，皆摄事于他所，犹复藉滋讼诉，予甚憷焉。今幸守此多年，士民恒谅，其无他若不及身集众力建专祠，以副圣天子之休命，后之人将无以图。厥功如是，先期询访郡人士之殷实者，折柬而宴之于堂，而告之以意，两日之内，签输银三千有奇，非无傲狠，悭啬难与言者，不过一二人耳。坐次土丞族人侬世能、侬庆贵作而言曰："生祖遗地一区，界土丞署左，白马庙右，愿以建祠，可乎？"予未及诺，环坐欢然曰："有是哉！是众所心期，默祷而不敢必得者也。"因竟称其地之高明爽垲，据一方之胜，或谓某氏居之不一年而不敢居，或谓某某居之二三年辄迁避，或谓祥光夜现于山阿，又谓赤脉隐藏于地底，今得此永奠神居，振我文风矣。故予后撰联云"地留福壤育英才"，盖纪实也。议既成，乃选择士之谨厚者董司其事，芟蓊菱，除瓦砾，平其不平，中构正殿，后创奉先祠，前建魁阁。经始于嘉庆庚辰孟冬，落成于道光辛巳孟秋。甫阅月，二王生举于乡次榜，而胡、李二生复获隽，为从来所未有，郡人莫不神神之昭佑，欢欣鼓舞，咸谓科甲峥嵘，冠冕萃兴，基诸此矣。是役也，木石砖瓦、灰钉髹漆，皆准市给，值梓人圬者担夫筑作亦视日受佣，故费无虚糜，而人乐趋事，合之建书院，综计银三千一百两。至于规画布置，斟酌修饰，委之予友道州徐瑞临，为其能不辞劳瘁，不避嫌怨也。综银钱，则郡人严诚、胡万龄。购材木，则代办土丞侬兆梅。督工匠，则郡人张淳、张文龙、王志章、王德明、谷伯荣、王瑶、唐宗诱，皆能实心襄事，朝夕勤劳，用备书之以彰厥美并镌捐资姓名于后。是为记。

附记：清道光二年（1822）立，平乐人、知府何愚撰。碑原立于广南府白马庙右文昌宫。据[清]何愚纂修[嘉庆]《广南府志》卷四《艺文》，清道光五年（1825）刻本；[清]李熙龄修[道光]《广南府志》卷四《文艺》，清光绪三十一年（1905）重钞本。

086 培风书院记

城东偏，旧有莲峰书院。前人建置，非无厚望于学校也。自一二不肖踞而营私，而书院之事遂不可问，故数十年来科目无闻焉。癸酉春，予移守斯土，综核勾稽，清厘整饬，得还旧观。又复率属捐廉俸，备修脯，延明师，课生徒。今屡科贤书叠报，非其效与？第院中屋宇散漫，学舍鲜少，在当日因陋就简，不得不尔。比来奋志于学者众，担簦负笈，将不能容矣。

庚辰岁，议建文昌宫，得侬氏地。既喜其高爽宽敞，又计众所捐资亦不薄，因思出入有节，调度有方，似可并创书院于其侧，俾生童之肄业者萃。处近文昌奎斗，凛然于旦夕照临，则心日益检，业日益励，或磨钝士子之一道也。间以意语诸司事，诸生佥曰："公培植文风，慈惠滂薄，筹划周浃，非生等所及，谨惟命是听。"如是量度地面，分而为二，取古人尚右之义以建文昌宫，而以左手地建书院。中为讲堂，上盖书楼，颜以"云外香楼"，仍袭桂香意也。后筑精庐三间，为山长之居。讲堂前后左右列学舍，共十四间。灯窗芸案，排比相望，师友论文，謦欬可接。隙地置庖厨，溷厕毕备。大门三间，两旁设寮房，俾官员祭祀有所憩息。中仍护以墙垣，防兵役阑入也。

工既竣，进衣冠之士相与落成而告之曰："士之以科目重也，久矣！"虽然士之重，果专系科目哉！诸君子倘能抗怀于科目之上，理学名儒，孝友忠义，史不绝书，甚盛事也。而予之历岁弥年所亟亟经营一切者，实为科目之为非无说也。念此地土瘠人贫，轻名重利，罔知自振，诚人人悬一科目以策其身，以训其子孙，则不肖之心以有所冀于前，而不敢萌非道非义之途；

以有所怵于后，而不敢蹈也。试观近日之士习人心，与太守下车视学之日，嚣凌诟谇不有异乎？闻士相与语曰："微大夫教，吾侪不知复为何人？"噫！斯语也，太守何敢当？然无负于尔多士可证信也。继自今诸君子自爱自重，长如与太守共事之日，夫何虑科目不倍蓰于今日耶？倘有视书院为利窟，如莲峰书院之所为者，是负太守也，是吾学之罪人，阖郡之至不肖也。既以告诸生，因并勒之石以垂后，而为之记。

附记：清道光二年（1822）立，平乐人、知府何愚撰。碑原立于广南府白马庙右文昌宫旁培风书院。据[清]何愚篆修[嘉庆]《广南府志》卷四《艺文》，清道光五年（1825）刻本；[清]李熙龄修[道光]《广南府志》卷四《文艺》，清光绪三十一年（1905）重钞本；陈谷嘉、邓洪波主编《中国书院史资料》，浙江教育出版社，1998，中册第1291~1292页；张芳明、兰天明主编《广南民间文拾》，云南大学出版社，2011，下册第338~339页。碑文载："庚辰岁，议建文昌宫，得侬氏地。既喜其高爽宽敞，又计众所捐资亦不薄，因思出入有节，调度有方，似可并创书院于其侧，俾生童之肄业者萃。处近文昌奎斗，凛然于旦夕照临，则心日益检，业日益励，或摩钝士子之一道也。间以意语诸司事，诸生佥曰：'公培植文风，慈惠滂薄，筹划周浃，非生等所及，谨惟命是听。'如是量度地面，分而为二，取古人尚右之义以建文昌宫，而以左手地建书院。中为讲堂，上盖书楼，颜以'云外香楼'，仍袭桂香意也。"

087　重建龙泉观文昌殿轮藏殿碑记

滇省垣北三十里有龙泉观，志载明洪武时建。相传为栖真之地，下有龙湫。本朝康熙二十九年重修。按《汉书·地理志·益州郡》：滇池县，大泽在西，滇池泽西北有黑水祠。今龙泉观居滇池之北，有龙湫，泓而深，俗称黑龙潭，其即古黑水祠耶？黑水入南海，滇池水归岷江、入东海。黑水祠之黑水，非入南海之黑水也。观祀三清，有三清殿，南为玉皇殿，玉皇殿之左为文昌殿，玉皇殿之右为轮藏殿。按《史记》：斗魁戴匡六星曰文昌宫，一上将，二次将，三贵相，四司命，五司中，六司禄。文曜炳云，文昌宫为天府。《孝经援神契》云：文者精所聚，昌者扬天纪，辅拂并居，以成天象，故曰文昌宫。

《春秋元命苞》曰：上将建威武，次将正左右，贵相理文绪，司箓赏功进士，司命主灾咎，司中主左理。今儒士皆崇祀文昌，其以理文进士之主宰欤！若轮藏之设，按《翻译名义》妙元云：转轮圣王，四域自在。《俱舍》云：从人寿无量，岁乃至八万岁，有转轮王由轮旋转应导，威仗一切。有四种金银铜铁轮，领一二三四洲。轮藏之转，取长寿免灾之义也。龙泉观宇，自嘉庆己卯，相国伯公节制滇煞时，倡捐清俸修，三清殿、玉皇殿已竣工，而文昌殿、轮藏殿极朽颓。阳湖王君心观请于制府史公，议重建，公捐廉为倡首，方伯诚公、廉访杨公、观察谢公、署东川府守成公皆助以金，而明经宋君伟克襄其事，主持宋知止清修有诚实力，乃□拱木于林衡，授全模于梓匠，□橑斤榝，□掞度□，浮柱飞檐，左右对峙。自壬午冬经始，至甲申秋葳事。本观积蓄出银六百两有奇。宋知止属予记其事于碣，以垂永久。维本朝崇祀文昌帝君，春秋用太牢致祭，盖帝君福国佑民，皆本之忠孝，以为善诱天下万世，使人自求多福而消沴气于无形，故祠宇赢宙合，靡不尊奉之者？若轮藏，亦出于斯民省恩祈祐之诚，□□之好上天所为降衷而人得之以为性，所谓人□有不善是也，人各有是善心触于神而愈不觉其竦然而有所动。是举也，皆以实于为善之心成之，而所以感发士民为善之心，亦于是乎在！爰敬书之于碣云。

赐进士出身诰授奉职大夫候补知州前署福建鹿港同知翰林院庶吉士石屏杨桂森撰，昆邑庠生胡煦书丹。

今将修建文昌殿、轮藏殿、观音阁、真人院、桂花亭、东西碑坊、东西客堂、东西廊及库楼、厨房、中殿、耳房、山门一切修费功德开后：

云贵总督史，捐银四十两。

云南布政使诚，捐银三十二两。

署云南布政使杨，捐银四十两。

云南迤西兵备道谢，捐银六两。

特调云南府知府□□□升佟，捐银三十二两。

特调云南府知府陈，捐银二十两。

署丽江府知府广，捐银十两。

署东川府知府成，捐银二十两。

昭通府大关同知福，捐银十两。

署元江直隶州知州兴，捐银六两。

山阴李文鉴，捐银六两。

阳湖程械，捐银十两。

宣城谢云龙，捐银三十六两。

宣城谢云岩，捐银四两。

山西太原府榆次县孙云汉，捐银十五两。

原任浙江萧山县知县李芬，捐银十五两。

晋宁何易，捐银二两。

晋宁何兰，捐银二两。

石屏杨长庚，捐银四两。

昆明冯僎，捐银十两。

昆明刘淮，捐银十两。

昆明石钰，捐银五两。

昆明余□昌，捐银三两。

昆明段超、段敏，捐银四十两。

昆明白宋氏，捐银二两。

昆明杨李氏，捐银七钱五分。

晋宁宋伟，捐银二百二十两。

本观积蓄出银六百两零七钱四分，共收功德合银六百零五两七钱五分。

以上共收功德并本观积蓄银两，二共合银一千二百零六两七钱四分。

道光八年岁在戊子仲夏月吉旦，住持宋合义，何□□、□□□、□□□、□□□、刘元□，仝立石。

附记：清道光八年（1828）立，杨桂森撰，胡煦书。碑原立于晋宁州龙泉观；青石质；碑高1.76米，宽0.68米；直行，楷书；阴刻。据中国国家图书馆古籍特藏文献《碑帖菁华》之《龙泉观文昌殿轮藏殿》拓片录文。

088　重修文昌宫暨建石栏记

从来祀典之崇者，庙貌宜肃，此古今之通义而心理之符合者也。考《明史》帝君姓张氏，讳亚子，蜀之梓潼人，任晋战没，唐宋屡封英显王，元加号帝君，有明因之，亦越我国。荡显神灵，祐民福国，祠宇遍天下，虽妇孺胥知起敬，矧其在士林乎？州治凤山麓，圣庙左翼，旧有□□殿，规模虽正，基址弗崇。学师戴心田先生沛以开化名孝廉秉铎，于兹谒拜，初慨然曰："帝君佑启斯文，默培忠孝，实文教之宗，主吾道之师资也。都人士躬近蕉窗，名登桂籍，顾弗于妥神之所，增其式廓，更诸爽垲，何以肃观瞻而严对越？"辛卯冬，率诸生韩彤同收学租，乘羸马，食疏素，节用以为修葺地，鸠工庀材，栋宇则崇宏之，墙垣则黝垩之，前构露台，高可数尺，登降有级，瞻拜有仪，亦美善矣。癸巳□十月，复集，多上属□□而谋焉，为□□□若连琐，然虽经费所充，只在岁修之数，而力心所竭备，极宵昼之勤，凡三阅月而厥功告成。登斯堂者，循数仞之宫墙，沐九天之雨露，作忠作孝之心，当必有油然动穆然思者。噫！吾州学师有心学校者，司、洪两先生，后罕闻焉。心田先生，乃能嗣武，前人聿倡义举，广拓学宫，则圣域之可入也。环卫阑干，则大闲之莫逾也。植桂大成殿前，则孔林之葱郁也。定三村之租粒，而欺不可行。稽各庄之田畴，而畔不可越。则又缮修之有资，而奸宄之莫狙也，一举而数善备焉。不可以不书，爰撮其实而为之记。

附记：清道光十三年（1833）立，训导韩棨撰。碑原立于赵州治所文昌宫。据[清]陈钊铠修，李其馨纂[道光]《赵州志》卷四《艺文》，民国三年（1914）重印本。

089 三圣殿碑序

尝闻人生斯世，以善恶攸分，为善者昌，为恶者殃。报应循环，原有定论。如我设桥一村，蒙神庇佑，合家清吉，人物咸宁，乐享无穷之福。恨无以达报天地，合村处诚，于嘉庆辛酉年，每载正月初四日，设太平盛会，沐浴斋戒三日，以谢圣恩。但逢斋期，惜无洁净之所，恐亵渎神圣，反招罪累。嘉庆甲子年，幸有郭、李、陈、张，预出荞敷石，以作香火之资，愿此项荞石生效利息，售卖兴工。及嘉庆丁丑年，建立大殿，不期工师受价反逃，迟延数年未获成功。至此无奈，仅张、李二姓复逗捐资，于圬墁供食出于李登鳌，瓦匹出于李大鳌，木材、窗板、工价出于李兆鳌，土基出于张桐。诚意肃恭，彩画佛像，大殿方毕。然有大殿而无两耳、大门，殊觉不雅。于是张、李不能完竣了事，又率聚人论说，还有公项银数两，如不足者，再为捐帮。因于道光己丑年，兴立两耳、大门。后开用果不足，所以捐挂众等功德。满堂创修妆颜，以成全功，内塑文昌、关圣、魁星、文武财神、朱王马祖。自建立工竣之后，神圣有感，万姓沾恩，合村亨通矣。故特将各姓名功德录列以左。谨序。

立永远卖入文约人李渥、李素，同侄李全、李仝、李迎阳，将先年祖父遗下设桥荒山乙，索情卖入设桥合村人等名下，接收羊酒钱三千六百文整，入手应用。自卖入与圣庙之后，任从合村人等栽培树木。其山四至：再东至张姓田边止，南至花冲沟止，西至河边止，北至蜜枝树沟止。李姓叔侄弟兄，永远决不得异言翻悔，斩断割藤。倘有亲族人等前来讲说，系李渥弟兄叔侄一面承当。此系心干情愿，其中并无逼迫等情，恐口无凭，立永远卖入存据。

知见：堂弟李有贵。凭中人：黎有、李正新、李胥、陈恺。代字人：黎成林。

道光十二年九月初三日立。

永远卖入人：李渥、李安，同侄李全、李仝、李迎阳，立永远卖入存照，出卖与村中大头人李大鳌、张杞、李登鳌、张桐、李兆鳌、郭位。

郭元举，荞一石。李兆鳌，乙斗。宋廷珍，五升。徐爱有，二升。张桐，银五两。周国佐，银一两。秦宏亮，银四钱。周国有，银一两二钱。李登鳌，三斗。李占鳌，一斗。周围佐，五斗。宋廷福，两升。张杞，银五两。马文学，银一两。宋连，银一钱。周国太，银一两三钱。李大鳌，三斗。邓三用，一斗。张有良，三升。马文学，二升。李兆鳌，银五两。张成龙，银八钱。宋元，银一钱。陈恺，银一两五钱。陈国美，三斗。宋廷相，一斗。张和，三升。

己巳年捐：李兆鳌，银一两。陈睿，银三钱。张成保，银五钱。张起龙，钱二百文。张桐，斗五升。□□，五升。秦宏亮，三升。周国太，两斗。李大鳌，银一两。陈明，银二钱。龚达、龚发，银四钱。张杞，斗五升。李培玉，五升。张明，三升。周国有，三斗。达起凤，银五钱。陈智，银五钱。宋廷珍，银三钱。周国美，一斗。达明，五升。周聪，三升。周智，一斗。邓菖，银六钱。郭位，六钱。张顺，银三钱。

禁止庙上松山出土，小时不得取茅放牲，长大成林不得伐柯执枝。倘有不依者，盗一枝柯，罚银一两，入庙充公。众等各自小心，以免后罚，早白。

请开山川省人唐应宗头庙，看守寺院，以奉香火。应宗，心甘功德钱五千文。龚选，功德银五钱。彭德，功德银一两。

道光十八年岁次戊戌五月十三日。

设桥合村人同建立。

附记：清道光十八年（1838）立，撰者不详。碑立于师宗县城东南长桥老寨村三圣殿；青石质；碑高1.41米，宽0.83米，厚0.24米；正书，左行，文28行，行14～48字；保存完好。据《师宗县文物志》编纂委员会编纂《师宗县文物志》，云南大学出版社，1994，第84～86页；萧霁虹主编《云南道教碑刻辑录》，中国社会科学出版社，2013，第510～512页。碑文载："内塑文昌、关圣、魁星、文武财神、朱王马祖。"

090 文昌帝君敬惜字纸文

文昌纠察经书字籍，司曰：寸函只字皆仙佛之精神，片语微言悉圣贤之著述。天曹地府，一字贵若珠玑；人世浮区，千言贱如瓦砾。或糊窗裱壁，颠倒文章；裹物燃灯，轻污典籍。封罐口而作土囊，重重灭裂；搓纸条而剪鞋样，种种乖张。或拭垢而拂尘，或擦油而抹棹。或学写未精而嚼烂打在墙头，或临做未善而撕残抛于粪土。或揉团而塞于壁缝，或掐块而掷于墙间。或带字而登东，或携钱而入厕。或纽绳而束物，或搓索以穿钱。或捶烂以和泥，或扯残而拭秽。或见人弃字而不能箴规，或见地遗字而不能拾取。至有癫狂浪子为爆竹而裂碎千张，村妇闺娃挟线丝而剪成万缕。或蒙童小子作踏于学馆书房，庸师莫知训诫。胥吏书佣轻贱于官衙私舍，有司罔识箴规。至于地集青蚨跨之弗顾，文藏纸袋坐下罔知。或写字于香囊，或题诗于绣枕。或书于棹案犹借口于旋写旋揩，或燃火以吃终尚托言于随焚随化。或以诗书而作枕，或以匾额而铺床。或以衣帕而求印送终，或以经文而入棺殓葬。或画卦于窑岁，或黥面于奴童。或织字于绸缎，愚夫愚妇用以为衣；或记字于棹几，俗子庸夫坐之罔畏。或书于瓷器，破烂而弃之街头；或写在竹签，弗用而弃于地下。或贴于兰房，或亵于淫室。或藏书史于卧榻，或置经典于房帷。或置书于床头而占毕，或安书于膝上而呻唔。或题句于花木之间，或贴字于便溺之处。或臭口吟哦而罔知盥漱，或秽手翻阅而不濯清泉。或书无衣而听其碎烂，或经缺轴而任其伤残。嗟乎！三教之中，九流之内，识字而不敬字，读书而反轻书，灭裂至甚，亵慢何堪，种种愆尤，曷胜发指，罪积丘山而罔觉，果昭地狱而不知。天地见之而震惊，鬼神闻之而赫怒。上帝屡行诫谕，诸人置若罔闻。仙真几次谴呵，众生弃而弗顾。岂知城隍、社令、司命、土地等神除将各人善恶详注，外令计慢字数目一一纠算。破一字者，促寿一日；残一字者，削禄一朝。千以岁除，万以纪夺。重则子孙绝乏，轻则眼目双盲。女子崩漏而产亡，男子痨伤而夭丧。一月一算，考核维严。人若敬之重之，寿禄依例增益。世人未知，特此晓谕。

大清道光二十年岁次庚子仲春月朔三日。

建邑西屯金华寺阁会敬立。

附记：清道光二十年（1840）立，撰者不详。碑原立于个旧西屯金华寺，现存于个旧市博物馆；青石质；高1.25米，宽0.78米；直行，楷书；碑四缘阴刻回形纹。据朱云生、段冰编《南滇碑拓匾额集萃·红河碑揭》，云南美术出版社，2019，第121~122页。

091　建邑西屯金华寺文昌会收字功德碑记

事有所需而成物以相系为重，此理之固然，而非好义者相与维持其间，则又难垂诸久远也。建邑西屯金华寺中崇祀文昌兼设字库，每岁雇人搜辑，火而藏之。洵属义举，第工食，盈歉靡定，未有成规。会善士某君等（后因地震捐助芳名逸失无考）倡议相捐，得若干金，生息以供其费。至道光十二年，总计积银若干两，而捡字之资绰乎有余矣。顾恐日久弊生，或归泯灭，欲求一妥帖之处安置之则未有。若个旧之云庙者，盖斯庙为吾滇兴旺福地，而董事诸君又皆平居好义之人，恳为曲全此事，众皆曰可。遂以十五年九月二十日，公同梓里将银五百二十两敬交云庙管事，同日又交入铺二个，共该银价一百二十两（契纸庙内收执）。酌定每年庙内上出利纹银五十两，于春秋会期分取其半，自今已往，寺内勿摇其本，庙内毋靳其息，则前有所需，后有所系，继继承承，有终罔替，维持之力较之倡捐者为大。帝君在天之灵，实式凭之，夫岂独西屯之幸也哉！爰勒贞珉敬告来者。先是某君等（芳名亦因地震失考）曾捐积若干金在个旧募收弃字。至道光七年二月初三日，共积得银三百九十两，交归云庙，经理出纳至今奉行不懈，实金华之开端而不可没者也。因连类书之免镌他石焉。

郑元、向欢、王超群、郭以锦、唐得发、熊发禹、郭之玺、张永元、沈澍、徐从佐、熊必万、张思聪、周宗发、黄思吉、杨芳、黎朝义、郭以存、毛鹤、郭廷义、马文浩、唐伟、沈钟文、沈武、冯国顺、□自新、祁品一、王雄、郭之奇、黄世传、郭之芝、吴典、郭廷彩、邹缄、王天锡、董元春、朱发达、□以寿、沈钟祥、李正应、黄思秀、□顺、郭之贤、陈汝霖、陈□、尚珍、陈廷永、刘从贤、唐佑。

大清道光二十年岁次庚子仲春月朔三日建邑曾百福谨识并书。西屯金华寺阁会敬立。

附记：清道光二十年（1840）立，曾百福撰。碑原立于个旧西屯金华寺，现存于个旧市博物馆；青石质；高1.3米，宽0.85米；直行，楷书；碑四缘阴刻回形纹。据朱云生、段冰编《南滇碑拓匾额集萃·红河碑揭》，云南美术出版社，2019，第123~124页。

092 重建文明阁记

圣人之道大矣，自汉及今，屡晋褒封，聿隆祀典，上而天子辟雍，诸侯泮宫，下建塾序党庠，莫不有学即莫不有祀。诚以圣人开万世纲常，宜享天下万世之祀。凡有血气，莫不尊亲，理固然也。吾乡旧有文明一阁，楼祀至圣，殿奉文帝，创始于元至元庚寅。里人合妙德、通明二阁，一时并建。厥后屡经兵燹。一修于明天顺间，镇抚沐公、守监罗公并僚属皆捐资助□□成。国朝康熙三十七年戊寅，制宪王公继文，抚宪石公文晟偕司道府县，复捐廉重修。至乡人士庶修葺者，更不可胜记。故□□□兴，规模不□。地之灵者，人杰辈出，如王检讨崛起于前，熊侍读继兴于后，一科文武双解，一门兄弟五魁，以及理学、文章、政事、忠孝、节义、荐绅、先生之徒，时时间出。每于春秋丁祭聿修祀典，固彬彬乎礼乐之选也。道光癸巳岁地震，斯阁全圮，而圣像巍然特存。乡人王第行礼于瓦砾间，佥曰：非圣德不及此。事稍定，即谋所以崇新之。而艰难甫平志焉，未逮。喜地震之前岁，早商重修此阁与凌云阁，公起义赊约，获二千六百余金。暨□众善所捐之资，卜吉，于丁酉八月兴工，至辛丑年八月告竣。呜呼！凡事岂不贵有其时哉。使先无此举，斯阁何由而成。然当始事之日，岂预知次年之地震，斯阁之尽倾哉。凡此皆时，为之抑圣神之默相也。圣以道化天下，岂不能化一乡，以道教万世，岂不能教一时。方今圣天子至德涵濡，崇儒重道，命天下皆建学，明伦共所，以崇圣道，广教化而励风俗者，至深远也。今乡人士议于文阁右新建桂香书院，为培植英贤之所，造就于院者，当亦深思圣道渐摩，熏陶敦本，力学砥行，励节将出，为名臣处，为正士，以表式乡间，宜矣。夫古者，教化起于学校，移风易俗，端在士林，方不负圣天子作育至意。其于圣道，亦庶几也。因敬为之记，并铭曰：圣人之道，日月经天，普天千上，祀事维虔。吾乡古处，阁号文明，春秋释菜，士集群英。鲸鲛为变，殿宇摧倾，圣德隆厚，巍然峥嵘。谋欲典之，佥曰宜急，事皆有成，惟圣之力。丁酉始事，登登凭凭，规模崇焕，气象郁蒸。鼓钟既设，俎豆斯陈，于万斯年，礼乐循循。

清道光二十一年岁次辛丑桂月吉旦。

里人杨际泰、杨荫棠敬书。

附记：清道光二十一年（1841）立，杨际泰、杨荫棠撰。碑立于昆明县官渡古镇文明阁；楷书。据重庆市博物馆编《中国西南历代石刻汇编》第十四册《云南省博物馆卷》，天津古籍出版社，1998，第161页；萧霁虹主编《云南道教碑刻辑录》，中国社会科学出版社，2013，第514~515页。碑文载："吾乡旧有文明一阁，楼祀至圣，殿奉文帝。"

093 文明会大洞经坛碑记

夫大洞经者，统三才以会归，合三教以立极。盖自文帝飞鸾开化，则神人相通。斯教因神而立人，以诚而感信。超凡之径路，入道之津梁。真古今奇遇，人世希逢者也，所以赐禄广嗣，消灾集福。诚至捷而至灵，载在简册，班班可考。嘉庆癸亥秋，疫疠频，仍吾乡亦不免焉，乃请桂香会友谈经三昼夜，瘟风渐息。盖人事之尽，克感天心。于是踊跃从善者，各捐囊橐，即延桂香会友教演诵习。阅四月而礼节乐和。建其会，曰"文明"。又恐需费浩繁，日久难支，爰起公德银赊一轮，约获千有余金。并众善捐资。除制铺设什物外，均置田产铺肆。悉助谈经之费，盖二十载于兹矣。但恐年岁久远，后人不知前人创造之艰，而并没所以谈经之意。因勒石贞珉以垂不朽。今将众善捐资并田产什物姓名列左：

董贺治敬《大洞仙经》八部。

李芬敬献神彩铺垫一堂。

施云绣捐银二百两。

……（中略）

再将原日首事诸会姓名列于后：

何骏业、施凤章、何廷先、陈谦。

……（后略）

大清道光二十一年岁次，

辛丑桂月文明阁会敬立。

附记：清道光二十一年（1841）立，撰者不详。碑原立于昆明县官渡文明阁桂香书院左耳房前山墙之内墙上，现存于昆明市官渡区官渡镇螺峰村；碑高0.6米，宽1.24米；青墨石质；无碑额及碑座；直行，楷书。据陈复声编著《昆明洞经音乐》，云南人民出版社，2007，第100页。

094 续修古文昌宫记

古文昌宫在元坛阁北，背城南向，方面宏敞，篆山环其西，龙山峙其东，宛水溶纡绕其旁，芳田古树错立其前，郁郁乎！洄榕城风会，清淑名胜之区，而神明所居欤也。历年既久，废兴不时。道光壬寅夏，圣庙功竣，首事人固，古阁旧制，捐益而鼎新之于斯时也。栋宇云连，频添瑞彩，山川秀霭，尽入宫墙。泉声潺潺，智者机也；峰形矗矗，仁者象也。鱼跃鸢飞，活泼地也；黄花翠竹，形色天也；雁字莺梭，天章焕也；秧歌渔唱，和声鸣也；黄云堆玉，丹桂簇金，炳蔚观也。奇诡万状，点缀文明，岂非修斯宫者之有以增其胜哉？宫之兴废，屡矣！

雍正间，移文昌像于城南楼，而文阁遂为元坛。乾隆中，州牧王锡缙仍自南楼移此，建阁奉之，而元坛复为文阁。自嘉庆十一年奉建启圣祠，阁无隙地，权以楼阁奉启圣，而文昌移祀阁下，嗣以升楼。行礼未便，乃卜建新阁于黉宫东偏，而故阁遂废。往者监生向云开倡议修葺有成，议矣，而不果。壬寅夏四月，举人孙绍康、朱元鼎，选拔杨于塘，领斋缪琮、孙应阳、缪元弼、黄正中、陆天宝等会议阁中，备筹经费，故老观者咸感叹曰："此阁拟为废址久矣！不图复有今日也。"于是督工修庀，而杨于塘以地附近，任力尤多。殿阁神座，一复旧制，东西厢各加两楹为五间，元坛阁崇升尺许，而文昌宫之为旧者，焕然一新矣。《州志》此地旧为龙山书院，今馆舍之宏敞与榕城埒，而清雅过之君子有志振兴，在宜何如其位置也。夫古贤遗迹，即一花一木，尚犹护，惜封识之，不忍废，况山水之所交，风气之所会，人文之所关，如斯阁者欤？淫祠僧舍群共敛金骛之，而山水风气千百年人文关会之地，则无有过而问焉者。噫！可慨矣。后之视今，亦犹今之视昔，幸既为斯文中人矣。可勿念欤！

附记：清道光二十二年（1842）立，廪生曾德纯撰。碑原立于宣威州元坛阁北古文昌宫。据[清]刘沛霖修，朱光鼎纂[道光]《宣威州志》卷七《艺文》，钞本；王钧图修，缪果章纂[民国]《宣威县志稿》卷十一《杂著·碑记类》，民国二十三年（1934）铅印本。

095 捐金赎铺永续香火碑记

从来举事不难于创始，而难于观成，并难于永久，此可见赞助需人，而经理尤贵得其人也。予忆乾隆丙午系宾兴之年，亲友会文于文昌殿，懋修罗二兄与予言曰："二兄不忘，后必当捐焚献之资，酬圣人德。"予曰："然。"不意南辕北辙奔走三十余年，于道光元年辛巳，解组旋里，即携银一百两，请罗二兄以五十入文昌宫，以五十入圣母祠，稍践前言。而罗二兄亦是美意，交局生息。讵料局散，灶长又更换，此银竟耽延数年。后值灶长白际虞、张爻六、布棠郊手，始将前捐银一百两还出。即以五十两典得田租五石，入文昌宫，交王兆元经管，又以四十两典得旧井高姓楼房一格，下余银十两交季用廷以一钱生息，并归圣母祠递年所收房租利息，于六月初六日做会添补外，余装棹橙。惟文昌宫租谷，除脚钱粮钱外所余无几，加以僧人整九寨河田，又小本华受戒支消，租谷欠少，亦非妥协之道，于十八年秋底将文昌宫田价自行收回。积至二十一年六月初十日，予以神坛庙宇在乔井，因请乔井灶长公议善后事宜。适灶长罗岫雯、罗晴川承办乔井公事，予交出本银五十两，利银十七两一钱七分，岫雯、晴川酌议此银以赎取香火房为妥。先是，乔井有土主庙香火房八格，均经典出，今共赎去银一百一十五两，除余交出银六十七两一钱六分外，乔井公家将赎卤项银四十两添出，尚在不敷。又借垫银七两八钱外用廷后得房租张犼手，即将垫出之银扣回乔井，实添出赎卤项银四十两，不可没也。圣母祠除典房价四十两外，用廷经手本利银二十三两每月支出，暂交陈兆五以一钱生息，以作六月六日支销。日后兆五交代，务期妥实。今于二十三年六月，倏忽二年已季，用廷思善后永久策，因公同会议，铺面八格递年收租银十八两，宜分剖之以归着实：一、文昌宫每年收香火租银七两，一、圣母祠每年收香火租银三两。及前典得铺面租与兆五息银，并归圣母祠公费，从予之初愿也。外土主庙每年收香火租银八两，缘此房旧系乔井公家建盖作土主庙香火之房，原不可没也，而于捐金同赎之事亦不可没。自兹以后，应如何得人经管，务须有入有出，每年三处如何支销，亦要乔井公家核算，切勿因循观望，致使废弛，庶不负贵井赞助之美，即四井之深嘉也。但文昌宫香火有限，更宜虔心，有事支消，无事存积，勿以予为迂也。因公会同勒石，以垂永久。

附记：清道光二十三年（1843）立，进士甘岳撰。碑原立于白盐井文昌宫。据[清]李训铉修，罗其泽纂[光绪]《续修白盐井志》卷十《艺文志》，清光绪三十三年（1907）刻本；郭燮熙纂修[民国]《盐丰县志》卷十二《杂类》，民国十三年（1924）铅印本；杨成彪主编《楚雄彝族自治州旧方志全书·大姚卷》，云南人民出版社，2005，第896~898页；萧霁虹主编《云南道教碑刻辑录》，中国社会科学出版社，2013，第520~521页。碑文载清道光二十三年（1843）前后乔井文昌宫香火收支情况。

096　洞经会捐资碑记

　　盖闻天人一理，知大道之无私；性命双修，识位门之有要。《大洞仙经》出自元始天王，文昌帝君阐其奥义，以觉世而救人者也。新安旧有文昌宫，昔之人倡洞经会于其中，每仲秋之月，肃诚将事，斋戒诵经，云篆琳琅，文开宝藏，钧音嘹亮，乐奏天章，所以宣大化而召天和，养人心而培元气，典至重也。今在会诸君子复捐资储蓄，以勷会事，而垂永久，嘱基文为以识之。夫《大洞》三十九章皆言先天祖炁，所谓祖炁凝于未有天地以前包乎。既有天地以后，万劫不坏，万变常新，所以开辟乾坤，鼓荡日月，无形而蕴万物之形，无声而含万物之声。聚作一珠，苍胡可藏于指甲；散为万宝，琳宫立现于眼前，固至无而含至有，至虚而至实者也。经文精微，广大浩渺，难窥帝君阐经之文，昭引日星，精贯金石，开函启诵，动魄惊心，名莫能名，赞莫敢赞，然则于立会之意，参一说以共勉焉。其庶可乎尖习之，口耳尤心，体以身心，呼吸通天，起居接地，三才贯注，须叟莫离，由人之生以溯其所以生，则有天；由天之生以溯其所以生，则有先天元之。又元祖复有祖，不探其元中之元，不足以尽仁，不见其祖中之祖，不足以尽孝，仁孝之门此其大乎。夫道无二道，修贵真修，大洞常存，处处虚悬，宝筏金丹，何在人人徒抱灵根，惟愿诵是经者，驱除万虑，洗涤一心，无片刻之或忘，无一念之或杂，虚静澄明以求帝君。所谓凡人之身，皆有之者，庶不负亲切指点之至意也，岂不善哉。夫有开必先，将使聪明之士，因会尊经见道，绎其文参其理，六根修正，三宝圆明，檀炽千声，金花万树，功成九转，境现三清，因以入圣，而超化不止省身而寡过，是又作会者之所深望于后人也，夫是为记。

　　候选知县庚子恩科举人王肇基敬撰。

　　禄丰县训导辛巳恩科奉人尹佩玱敬书。

　　旧储银五十两点得租三石，此内有王世功德钱十千文，计开新捐资姓名。

　　道光二十三年岁次癸卯夏五月吉旦。

附记：清道光二十三年（1843）立，王肇基撰。碑原立于蒙自县文昌宫。据裴太昌主编《蒙自文史资料》第七辑《碑刻专辑》，政协蒙自县委员会文史资料委员会编印，2003，第287~289页；萧霁虹主编《云南道教碑刻辑录》，中国社会科学出版社，2013，第523~524页。

097　洞经会功德碑记

尝闻，事之有究竟者，必有由来。如大洞谈经，演教消劫行化，相传已久。忆文帝君受《洞经》而勤修正果，拔救群生，振聋发聩，黄童白叟，莫不尊亲。易邑阿纳，僻处山间，而有志向道，善与人同，不乏其□。但泰山不让土壤成高，河海不择细流成深。今合境士庶商议捐资功德，惟□善姓共成善果，庶几谈演诵习，得以□久无疆耳。是为序。

计开：

上阿纳公捐银十两。

……

道光二十四年七月初六善信敬立。

附记：清道光二十四年（1844）立，撰者不详。碑立于禄丰县川街乡阿纳小村来云寺内；高0.50米；直行，楷书。据张方玉主编《楚雄历代碑刻》，云南民族出版社，2005，第407页；萧霁虹主编《云南道教碑刻辑录》，中国社会科学出版社，2013，第527页。

098　文昌宫碑记

盖闻神所凭依在德，帝之降鉴惟诚，不为祭享而降福，不为失礼而降殃。至于报功崇德，则有事所必至，分所宜然者。如我文昌帝君，化行天下，主宰文衡，故圣祖仁皇帝大隆祀典，与宣圣合而为一人焉。及来滇，适观开阳建修非一，然皆曰"庙"，而未曰"宫"也。名曰"宫"者，别于省也，故于庚寅年二月初二日偕老成乡友携手相告曰："吾辈聚处于斯，禋祀不振，既无以昭神明之德，且无以立人纪之原。"有念及此，诸翁乐从，焚香达信，各执生庚而誓曰："为始为终，毋荒厥功。若有藉公利己者，天谴雷诛。"承诸公概意，当得钱廿四千四百卅六文，自此勺水渐积。至丙申年冬月初五日，竖立正殿；戊戌年，修右廊；辛丑年，培左厢，铸钟冒鼓，兼造荤、净厨房、碗盏、灯彩；癸卯春，捐资彩画，装塑圣象，造置旗伞等项；甲辰年六月初七日开光。历年来，鸠工庀材，共费银一千六百九十四两三钱，在近乡友自食输来之力，姑不尽述，功德数共计一千三百五十六两二钱五分，其不及而犹有余者，皆种种阴功所积也。噫！微诸人之力，万不及此；微圣神之祐，亦不及此。敢曰"某氏之善、某氏之劳"哉？愿拜而颂曰："为圣为帝为佛，迹异心同，巍巍鼎祚昭千古；化民化国化缘，地灵人杰，济济英才盛万年。"若夫修饰润色，更望群公有志君子欤。

附记：清道光二十四年（1844）立，李伯山撰。碑原立于马关县治文昌宫。据张自明修，王富臣纂[民国]《马关县志》卷七《艺文志》，民国二十一年（1932）石印本；何廷明、娄自昌校注[民国]《马关县志》，云南大学出版社，2012，第265~266页。

099　文昌会敬惜字纸铭

三元八会，天运开通。苍牙石年，垂穗飞龙。
变及隶楷，鬼神同衷。百尔君子，莫不崇从。
吁嗟狂瞽，蹗驳蹂践。云鸾在涂，芝英秽揃。
曰此残编，亦云断简。尔警尔思，搜剔用洗。
洗之晒之，眼之火之。付之东流，谁曰不宜。
凡我同人，念兹在兹。必恭敬止，靡有孑遗。
瘗彼岿崎，斯文之事。酹以酒浆，终期无害。
龟虫籀殳，千金一字。钦哉铭词，天人攸赖。

附记：清道光年间立，万重赟撰。碑原立于开化府治文昌宫。据

［清］何怀道修，万重赟纂［道光］《开化府志》卷十《艺文》，清道光九年（1829）刻本。

100　惜字会记

晋宁无惜字会，或有之而未遍，行之而未久也。修文庙，予与同斋阮君暨绅士，建一焚字炉，筹办惜字篓二百余，散布城乡内外，并募一妥实之人，随时荷担拾归，就炉焚化，瓮而送诸海。人必受饩，固请之。州尊朱公于街税项下，月拨钱一千文，发给定为案。城乡废字，各贮于篓，得人收之，则惜字弗以方隅限，收字役食，发自州署，有案可查，则惜字当以永远期，不可谓非善举也。虽然此始事也，慎终如始，则又在后之司铎君子与绅士之好义者焉。故记之。

附记：清道光年间立，学正白映庚撰。碑原立于晋宁州文庙。据［清］朱庆椿修，陈金堂纂［道光］《晋宁州志》卷十二《艺文志·记》，民国十五年（1926）铅印本。

101　洞经会序

文昌列于祀典，天下士大夫习制科者，莫不崇奉之。谨按《化书》载帝君觉世牖民，灵应丕彰；为民生，御灾捍患，贻万世无疆之福。其煌煌大训，著之经者，后人皆宜。是彝是训，于帝其训。而尤灵异者，则莫如《大洞仙经》。今考经义广大精微，未易窥测。每遇地方灾沴，虔诚礼诵，即可消四时之沴，召一方之和。惟是诵是经，必谐以吉祥檀炽之音，殆如是，而后天神可降，地祇可出耳。

嘉庆辛未，英莅石屏篆。越明年七月，疫大作。先是迤西染疫，数年未息，渐及于迤东。地方每将病之家，辄先老鼠无故跳蹀，死人前，见者旋病，病即不可救。屏既多染者，咸仓惶不知为计。盖病之中人最速，其染也甚易，有朝见而暮传其死者。有一两日，而一家死至数人者，亲戚各不通吊问。城中各铺，约建醮于庙，冀冥漠加以呵护。时有倡议谈洞经以禳之者，佥曰善。乃于同志中，择人习之，复诣省迎师教之。既习谈是经十月后，地方旋保，全无恙。真若帝君法箓，默为驱除者。英时偕同人入庙，见各执事者，兢兢业业，无言靡争。其登降周旋比于礼，声音节奏比于乐。使人匪僻之心，不知何以远。然则救人之难，神所为予斯民以安全；而诸同人之无敢戏豫，驰驱必诚必敬，则冥漠之降鉴，未必不由乎此也。

灾既弭，同人咸相庆，谓经之谈，故以消沴而召和。而谈之于沴之既生，不若谈之于沴之未生，且使我同人常存一恪恭震动之心，而外不为非辟之干，内不为戏怠之萌，则于圣贤修己之道，或庶几焉。继自今迓天庥，而召太和，并无沴之可消，不亦善乎？于是约每圣诞期届设会谈经。凡与会者，咸洁斋毕集，毋怠毋傲，并设各条规，犯者有罚。议既定，遂列同人姓氏、年谱于册。而问序于余。余既嘉同人之虔诚，斋戒足以感通于神明，而又幸此会之设，安不忘危，而诸同人之对越，凛乎临上，质旁者，即将来之，不愧屋漏，永荷神庥者也。爰序其设会之由，为同人勖云。

附记：清道光年间立，石屏人、州同许邦寅撰，代李州牧作。碑原立于石屏州文昌宫。据袁嘉谷纂修［民国］《石屏县志》卷三十四《艺文》，民国二十七年（1938）铅印本。

102　竹园上中两伍魁星阁碑铭并序

魁星者，北斗之第一星也。《史记·天官书》曰："魁枕参首。"又曰："斗魁戴匡六星，曰文昌宫。"魁与文昌，原如辅弼，以成天象，唐宋来列入祀典，宫之宇之，以为能振兴文教，亦舜典秪于六宗遗意。宫宇辉煌，必相映带，殆孔子易翼所谓"天垂象，圣人象之"者欤！竹地向建文宫，魁星权祀于五经楼，衿士每为歉然。辛亥春，卜地糕粮地，村前实踞文昌宫口南，在天在人，若合符节。其为地也，右承翠屏，左峙白鹤，前临八甸，后锁七星，人才辈出之区，得此培植于无暨，地灵人杰，应有日迁不知者矣。其于时也，循良奏绩，地方平靖，竹园一带，弊除利兴。县主周又欣然倡助，令衿士何君观园、赵君为辅、赵君为英、五君汝安、张君树圻、张君晋尧、汪君文煌、苏君春早、马君天闲，暨众等协力同心，鸠工聚材，几阅岁二周，而始获不朽。先河后海，当有蒸蒸日上者矣。至于画栋参天，飞阁耀云，拟高矗，则文峰一振；状雄盛，则地势俱新。周围廊房十二间，更金碧掩映，直环拱如列星，此虽官耆士庶勤劳拮据之力，实则神之潜助默相于无言也。俊一介书生，躬逢盛举，深龙门之不弃，敢竭陋忱；愧虫技之类雕，惟知颂祷祷曰：魁星在天之灵，永其降福于斯文。地之硕人志士，咸感发兴起于斯阁云。所有功德积蓄，首事姓名俱胪列如左。

陆凉后学李人俊沐手敬撰。

竹邑后学李联壬沐手敬书。

功德

署弥勒县正堂敬亭□熙有捐功德银六两。何观国捐银三十两。

瞿腾霄入良田一块，直长九丈五尺，横宽九丈，随田秋粮三升，敬入魁星阁永为佛地。

赵廷宝、汪文煌、张显扬、黄绍武、王文魁、王汝翼、曹冉、李联元、海德明、董士昌、张凤仪、罗春藻、陈在邦、任高甲、孙肇贤、付瑞、海德馨。以上各捐银十两。

马天闲、王天义、陈元耀、钟宸弼、唐诰。以上各捐银六两。

董觐和、陈三宝、马从赵、罗元佐、侯凤章、白云、宋有、扉世红、饶建德、徐芳、严成、宋昌、苗著春、陈汝霖、张君佐、余兆熊、王文侯。以上各捐银五两。

张开元、魏富、阚承祖、伍定才、伍安盛、汤鹇、赵君辅、汪苏、王臣尧、黄凤章、刘联科、杨天培、李德培、王万、刘仁、李仲楷、耿甫、耿福培、耿埔、何安、赵世昌、张文治、南金万、白安、沈挥、李时春、梁朝尧、白尚鸣、□永泰、余佩、姚文、陈发科、常有仁。以上各捐银□两五□。

萧广福、张文万、张文炳、杨文炳。以上各捐银三两。

赵昌有、曹宗周、王顺书、郭成、李在、萧肇、□春早、张觐禄、□□堂、萧致中、谭伟、□东、□成章、戴浡、萧权、汪文炯、李□□、赵丕显、余开基、施德兴、施德广、李申、王春发、喻成□、刘贵、黄润、□文元、陈绣、任发甲、舒敏中、马亮图、马凌□、□美、梁太平、□兰、余兆兰。

附记：清道光年间立，陆凉人李人俊撰文，竹园人李联壬书丹。碑立于弥勒州竹园魁阁；青石质；高1.36米，宽0.68米；直行，楷书；碑额阳刻"建立魁阁"四字。据政协弥勒市委员会编《弥勒碑刻拓片集》，云南人民出版社，2021，第104~105页。碑文载："魁与文昌，原如辅弼，以成天象""竹地向建文宫，魁星权祀于五经楼，衿士每为歉然。辛亥春，卜地糕粮地，村前实踞文昌宫口南，在天在人，若合符节"。

103　重修文昌殿碑记

皇上御极之十二年，余摄篆斯土，适重修文昌殿告成，绅士等请序于余，乃为之记。曰文昌七星，经纬魁斗，固与文运相为盛衰者也。国初，时文教甫兴，斯庙已建，士之掇巍科登显秩者，更仆教难终数百年，殿庑就倾，栋梁半颓，而多士因之不振，何□□之若斯也。州之绅士目击其失，知不可一日缓也。于是为之□营图度，鸠工庀材，七阅月而竣，训导戴君实始终其事。余于秋祀礼成，睹庙貌之尊严，见规模之宏敞，未尝不想昔日科第之盛，仕宦之兴，继继承承，至于今日，非昔人创建之功不及此，然则昔人创之而科第盛，今日修之而盛，可知矣。昔人建之而仕宦兴，今日重修而兴可知矣。余越俎代庖，瓜期不远，恐不获躬际其盛，而异日阅题名之碑，披搢绅之籍，未尝不指而目之曰："某某登贤书，某某题雁塔，某某出入京外。"宦迹昭然，旧宦此者与有荣施焉，则重修之与创建，又相得益彰矣。抑又闻之，方初建时，官此土者为日生李，亦摄篆者也，何先后之不相谋而适相值也。是为记。

附记：清道光年间立，知州邱靖撰。碑原立于赵州文昌殿。据[清]陈钊镗修，李其馨纂[道光]《赵州志》卷五《艺文》，民国三年（1914）重印本。

104　文昌宫置田记

世所崇奉之梓潼文昌帝君，其说有二。《史记·天官书》：斗魁戴筐六星为文昌宫：一曰上将，二曰次将，三曰贵相，四曰司命，五曰司中，六曰司禄。《尚书》：禋于六宗，孟康以为星辰、风伯、雨师、司中、司命。《周礼·大宗伯》：以槱燎祀司中、司命。《天府》：祭天之司民、司禄，而献民数、谷数。《月令》：季冬之月，毕祀天之神祇。郑康成谓：司中、司命，与焉。此所祀，乃文昌宫之星也。崔鸿《后秦录》：姚苌游至梓潼岭，见一神人谓之曰："君早还秦，秦无主，其在君乎？"苌请其姓氏曰："张亚子也"言讫不见，至是称帝，即其地立张相公庙祀之。《明史·礼志》：梓潼帝君者，《记》云神姓张名亚子，居蜀七曲山，仕晋战殁，人为立庙，宋屡封至英显王。道家谓帝命掌文昌府事及人间禄籍，故元加号为帝君，而天下学校亦有祠祀者。景泰中，因京师旧庙辟而新之，岁以二月三日生辰遣祭。此所祀，乃梓潼张相公也。文昌星与梓潼神邈不相涉，合而为一，其说出于道家。近人翟氏颢《通俗编》、赵氏翼《陔余丛考》尝辨之。而朱氏彝尊作《开化寺碑》谓："古之祀文昌者，司中、司命，而今之号为帝君者，则司禄也。世之享厚禄者，不皆善文之士，则司禄亦无事于文矣。使夫天下之士才者不必禄，禄者不必才，则帝君之权不已重乎？"朱氏之言或有所激，然予谓天下一事一物，莫不有神主之。三代之禄士也，以行不以文，而有德者必有言，言即文也，故神祇中无有以其主文而祀之者，后世之禄士也，以文不以行。设科目衡文而有言者，不必有德，故为神道设教。魁星之以字形肖像而祀，盖魁者，首也，以为士求科名，必争魁首，魁有其神，阴察善恶，而进退之而科目之文。主之者，其神更尊其进退，文士更严善者陟恶者黜，所以使士励其行也。张相公生于蜀之梓潼，殁而庙祀，屡著灵异，叶石林《岩下放言》、高文虎《蓼花洲闲录》皆记其显灵于科目之士，是以求科目者奉之为主，附其神于文昌之星，而崇以帝君之号，亦若传说之为列星者。然神既由人而成，必有降生之辰，二月三日之祭，其来已久，有其举之，莫敢废也。吾滇与蜀连壤，帝君之祀最盛。浪穹城内西街旧有文昌宫，庆诞之会分四班轮流管理。本街经费临期措办，动辄告窘，杜翁友桐倡率同人捐助资财，置田若干亩，收其租息为庆诞之用，四年而一周，可免匮乏之虞。翁虽已逝，其事长留，恐其久而湮也，勒石记之，置田之数具刻其阴。

附记：清道光年间立，王崧撰。碑原立于浪穹县城内西街文昌宫。据[清]罗瀛美修，周沆纂[光绪]《浪穹县志略》卷十一《艺文志》，清光绪二十八年（1902）修民国元年（1912）重刊本。

105　北社文昌宫租记

　　中城南门街下首田一分，大小三丘，外秧田一丘，栽工八个，今纳碓斗租米二石一斗。南边阿由寨山田一处，坐落寨子下首沟东，纳碓斗租谷二石五斗，沟西纳碓斗租谷四石五斗，均系郑姓佃种。柳坝河田四分，计大小十余丘，栽工二十九个，现纳租米三石二斗，后当踩加租米。红花村岔河共田七分，计大小四十八丘，栽工一百一十余个，现纳租米二十三石二斗，后当踩加租米。太平乡旧汉村田二分，坐落本村门首，大小四丘，秧田二丘，纳入斜筛，租谷五石。又田二分，坐落本村门首，大小九丘，秧田七丘，纳租谷六石。又田一分，大小二丘，秧田一丘，坐落本村门首，纳租谷四石三箩。又田一分，坐落本村门首，秧田三丘，纳租谷二石二箩。又田一分，坐落本村门首，秧田二丘，纳租谷一石。又田一分，坐落窑房下首，大小七丘，秧田一丘，纳租谷六筛。又田一分，已被水冲，现荒。郎义村田一分，大小三丘，坐落本村中沟，现收布石租谷三石二箩，后当踩加租。县署街南首上廊铺面一间。县署街北首上廊铺地一块。光绪十年置买得酒街北首铺屋地基一块。

　　以上田地铺房，均系阖郡捐送，以作济贫香火之用，于咸丰辛酉年城陷，寺社被贼拆毁，现未修建。其田地屡有荒芜，均未照原租上纳，现实在收市石租米二十八石四斗四升，市石租谷四十八石，铺面租钱在外。

　　附记：清道光年间立，陈廷焴撰。碑原立于永昌府北社文昌宫。［清］刘毓珂纂修［光绪］《永昌府志》卷六十三《艺文志·记》，清光绪十一年（1885）刊本；萧霁虹主编《云南道教碑刻辑录》，中国社会科学出版社，2013，第568~569页。

106　古城文会碑序

　　宜邑东北十五里，有乡曰"古城"。竹木苍翠，桑麻铺芬，盘江环绕以为带，蓬莱、象岭诸山西峙而作屏。夕阳斜映，五色纷披，远近莫不引领北指曰："此古城晚霞，邑之大观也。"风俗纯厚，耕读而外无他业。过此者，惟闻农歌、机杼声，与书声相和答，古称仁里，殆不过是山川灵秀所钟。代有闻人，掇巍科、登明经、游泮食饩者，指不胜屈，故家乔木，称邑之望焉。乡之东有弥勒寺，缙绅先生及诸子弟醵金立会，设木主于寺中，祀先师、武圣、文昌、仓圣、魁星，所以崇圣教，训忠义，重文字，励科名也。庆以圣节，隆报本也。每届期，诸君子斋戒薰沐，奉牲以告，洁粢盛，肃衣冠，鞠胪拜献，致诚敬也。祀事毕，煮清酒，熟肥羜，肆筵席，践位行礼，献酬交错，彬彬乎极爱敬之意焉。夕阳在山，杖者出，少者持鸠杖相随。桑阴柘影中，白发青衫，歌诗咏雅，与农歌机杼声和答而归，又俨然一幅太平图画也。君子观于乡，而知王道之易易也，岂不信哉！若夫与会之姓名，捐助之多寡，例得勒石，以垂不朽云。

附记：清道光年间立，宜良人严廷中撰。碑原立于宜良县古城乡东弥勒寺。据王槐荣修，许实纂[民国]《宜良县志》卷十《艺文》，民国十年（1921）刊本；周恩福主编《宜良碑刻·增补本》，云南大学出版社，2016，上册第206～207页。碑文载："乡之东有弥勒寺，缙绅先生及诸子弟醵金立会，设木主于寺中，祀先师、武圣、文昌、魁星，所以崇圣教，训忠义，重文字，励科名也。"

107　添修文昌宫碑记

龙陵原修文昌宫，后殿建观音一宇，此楚僧广澈初建也。乾隆五十一年，抚彝府史重修寺宇三进，以观音升后殿，新建文祖中殿，弥勒前殿，妥神像焉。道光丙午岁，抚彝府彭令本城众士，于竭诚创修猛淋河迎仰恩石桥一座外，更令士等移建观音后殿于左。新建启圣殿宇，设立文祖、四世圣祖牌位，中前殿亦整旧如新。自是历年文武帝春秋祭祀率以为典。所费金钱不下四百余两，固由上宪创建，亦系募化本城士民，集腋成裘也。惟围墙颓朽，池泽干涸，美犹未足。适前，僧纲净法号达传者由腾归寺，自竭金资，将墙池力加整饬，费几百金。僧之好善乐施，诚恐日久遗忘，谨将原委备悉勒石，以垂不朽。是为记。

咸丰五年仲夏。

附记：清咸丰五年（1855）立，杨育沧撰。碑原立于龙陵县文昌宫。据萧霁虹主编《云南道教碑刻辑录》，中国社会科学出版社，2013，第536页。

108　新修文昌宫碑序

尝思先天文昌，即后天之孔子；后天孔子，即先天之文昌。往者，蜀有大神，号曰梓潼，居昊天之位，齐太乙之尊，位高南极，德被十方。掌混元之轮回，司仕流之桂禄，考六籍事，收五岳形，历亿千万劫，现九十余化。迄今主宰文场，权衡士子，凡天下之文人学士，莫不以尊崇之礼祀之。春秋有孔子，德配天地，道贯古今，删《诗》《书》，定《礼》《乐》，赞《周易》，修《春秋》，德宗尧舜，道接文武，集群圣之大成，实生民所未有。上应天星，下开文运，凡天下之文人学士，莫不以先师之礼祀之。诚哉！先孔子而生者，非孔子无以明；后孔子而生者，非孔子无以法。所谓祖述尧舜，宪章文武，懿范百王，师表万世，宜其辟雍，钟鼓咸格，荐以馨香，泮水胶庠，益致严于笾豆者也。夫崇祀之典，载在通录。周程张朱白鹿洞、鹅湖洞释奠之礼，班班可考。先师之位，虽海澨山陬，莫不读其书而尊其理，即老师宿儒，亦莫不习其文而竭其诚。兹者尔宣化乡，非州县府镇，何敢妄立黉宫，以亵渎至尊？然设立先师之位，即蒙童小子，亦当尊崇瞻拜。文昌帝君之像，已崇祀于三教寺中。今宣讲多年，蒙灵佑帝君指示，设立先师之位于文昌宫，既买地基，已新修大门，以便朝夕崇祀瞻拜云尔。以后不宜妄加制度，凛之慎之！

时岁在己巳孟冬朔一日，纯阳吕祖孚佑帝君降撰。
广西直隶州弟子聂凤冈薰沐敬书。
大清同治八年十一月初四日，宣化乡士庶敬立。

附记：清同治八年（1869）立，托名纯阳吕祖孚佑帝君降撰，广西直隶州聂凤冈书。碑立于弥勒巡检司拉里黑文昌宫；高140米、宽0.75米；直行；楷书；等腰梯形碑额，阳刻双鹤、太极祥云图案。据政协弥勒市委员会编《弥勒碑刻拓片集》，云南人民出版社，2021，第114~115页。

109 重修文宫碑记

泉邑为京师入滇第二站，地瘠民贫，向无文帝专祠，附龛于武庙后偏殿。咸丰辛亥，山左由琢巷毛公，宰南宁，会稽清元张君任分司，始率士民募建文昌宫于城西。癸丑告成。丙辰世乱。戊午，吾邑失守。己未，邑人许君勋臣以军功司是汛，会同士民禀请迤东道贾、曲靖府李、曲寻协袁、南宁县廖修筑城垣二百八十丈。力役者，本街而外，四山多焉，且每数百人。阅四月而告成。巡台给示勒石：凡城中隙地，准以村民盖住，以资守护。建南北二楼，工未竟，同治壬戌，许君被害，地方叠遭蹂躏。甲子秋，蒙中丞岑公率师东下，平覆曲沾，各城歼渠宥胁，吾邑境内复见太平。境内之三元宫、观音阁、城隍庙朽坏者，次第修葺，惟文昌宫坍塌过甚，一时未能从事。西蜀薛君子扬分司吾邑，见而恻然。与邑庠邓君渐逵首以重修自任。癸酉春兴工，中秋告竣。前有邑人署竹园汛张君名显，以许勋臣等为国出力，奋义亡身，将张树功等逆产办当，得八十金，为各姓竖墓碑五座。后被平局总管将各产收去，又经张名显禀呈抚台大人岑，批饬查办，即经薛君子扬具禀，县尊德公、太尊贾公转禀，抚台蒙批给示：所有张树功等逆产，准入文昌宫，永作香灯，以杜争端。奉有府、县批札备案。薛君已左迁镇沅司狱，邓君亦考列优等，入增广矣。行将别，嘱余记之。惟念天下事不难于创而难于因。泉驿丛尔弹丸，年来兵戈杂沓，得数公而废修坠举，将见士习诗书，民安耕凿。汲汲乎，有蔚起之象焉。若其踵事增华，更有望后之君子。谨录。捐助芳名并修费常租如后。

邑庠生刘云章敬撰并书。

白水巡政厅升任镇沅司厅加三级记录六次薛，都间府御即补受府前署曲寻协右营白水汛花，署南宁县分驻白水巡政厅加三级记录六次吴，都间府御即补受府署曲寻协右营白水汛戴，绅士邓云鸿、王化成、张树勋、邓云，首士刑国荣、李登瀛、邓国荣、张多福、张明高，头人顾心斗、许三多、张国均、钱美春、李连升、龙登云、师大升、李云阳、段有□、严具标、张明成、李连云、顾万运、王大贵、王大全、许发春、邵钟恒，乡约胡其德、邓厦逵，乡保邓增春、姚士美、邓云程、顾万里、藏起发、李登开，木工邓廷赞、藏绍尧，泥工孟仁，石工张发甲、张寿元、张有福全立。

大清同治十二年岁次癸酉中秋月穀旦立。

附记：清同治十二年（1873）立，刘云章撰。碑原立于沾益州城西文昌宫，现存于沾益县白水乡文化站内；石灰石质；碑身高1.30米，宽0.74米，厚0.14米；直行，正书；文18行，行17~44字，总计784字；全碑除2字漫漶不清，其余皆完好；碑额半圆形，额高0.36米，阳刻篆体"重修文宫碑"六字；字下由莲花组成扇形圆案。据徐发苍主编《曲靖石刻》，云南民族出版社，1999，第226~228页；傅元芳主编《沾益风物志》，云南民族出版社，2002，第65~66页；萧霁虹主编《云南道教碑刻辑录》，中国社会科学出版社，2013，第554~555页。

110　新滩溪增修文武宫魁星阁两庑碑记

历代尊崇孔庙尚已参之者，其惟文武两圣乎。熙朝创制春秋并祀，典礼优加，旷世尊隆无以异也。顾孔庙之严，非学不立，而文武两圣，则自州县庙祀而外，虽穷乡僻壤，往往合为一宫，非渎祀亦拟于僭也，乃功令曾不及禁者，毋亦两圣人灵迹彰彰，其纲常节义尤足以振人心而经世教也。庶几宜民善俗，抑治化之机欤。新滩为副属首场，物产繁殖，第人文未启，祀典阙如。自道光戊申岁草创文武宫，春秋祭祀，于是文化渐开，游庠入监者接踵相望，驯至举贤书、通仕籍，蒸蒸日上，为闾里光尤可异者。比年多故，邑里荡然独此一隅，小阅沧桑未罹烽烬，四民乐业安堵如初。金曰：微神之灵不及此，惟是基宇弗宏，观瞻靡称，幸托升平之福，敢忘报飨之诚。乃更醵财鸠工，增修两庑并竖魁星阁。通崇气象，式壮山川。斯举也，经始于丁卯仲春，落成于戊辰孟夏，独力难支，众擎乐效，信乎民和，神福皆有嘉德而无违心也。从此莘莘俎豆，鸿开文物之光；衮衮衣冠，骏发科名之籍。群材并进，而美报同收矣。爰志其成，泐石为劝。

附记：清同治年间立，黄灼京撰。碑原立于绥江县新滩溪文武宫。据刘承功修，钟灵等撰[民国]《绥江县志》第四卷《艺文》，上海古籍书店据民国三十六年（1947）套印本，第34~35页；萧霁虹主编《云南道教碑刻辑录》，中国社会科学出版社，2013，第553~554页。

111 培补龙脉碑记

碑序

原夫宣化乡龙脉，自县城西北而来，驰奔云矗，亘数百里，乃干中之枝，枝中之干也。蜿蜒而下，直注大江之北。长江如襟带，盘绕其下，右列旗鼓，左峙文峰，文武均利，自古皆然。自设坛以来，数十余年，已费尽多少苦心，宣讲圣谕，刊刻经章。因此，改立文宫，培补龙脉，非一时之利，乃后世之福也。近因愚昧无知，截断龙脉，凿伤其体，遗害不浅。自今填补之后，宜永遵此例，不得重伤，后人亦当以此为戒也。是为序。

诗曰：

剩水残山访知音，子期须认伯牙琴。道追尼山道乃显，理宗孔氏理愈深。百代兴文士济济，十年树木意沉沉。飞鸾显化因何事，斯文脉脉半关心。天开文运大吉祥，斯文有主道乃昌。从此人文多蔚萃，梧生凤鸣自辉煌。残菊花剩有余香，梅魁百蕊又呈祥。诸生为荷天恩大，衔恩百代永莫忘。岁在己卯孟春望六日，蒙灵佑帝君降撰。

桂宫沈真人降诗：

无端变故在乡间，和睦不讲迥异前。培补龙脉本正道，再为凿破少人烟。诸生填补不惮劳，从此兴隆何须焦。龙脉倘不勤培植，人民离散等荒郊。龙树山后太毁伤，来脉由此甚昭彰。同心同力同培补，自然人民享安康。山外青山楼外楼，嵩呼岳祝几千秋。法筵诗歌和筑奏，阆苑琼台赛瀛洲。今夕临鸾喜洋洋，诸生酌酒匀傍徨。快饮三杯乘鸾去，云头冉冉朝帝乡。

关圣帝君降谕，谕尔诸生知悉：吾神日在天上，心在人间，终日以宣化救民，非自多事，为自汉唐宋元明下世诸仙佛，各自迷性，何日得回？各自思之。自设坛以来，三丰真人培植此地久矣，各街门向建立文宫，培植龙脉，非一朝一夕之故。盖谓天下之至尊至贵者，莫如龙气，后人妄自践踏，多多伤败，暗中受害不少。至今吩咐填补东厕，预为尔等日后风水之故耳。何有人见地不明，只徒目前利益，安知遗害百世乎？兹既填补者，俱属伤害龙脉之处，其余关系紧要之地者，皆宜填。谕永立碑记，不得复拖，凛之凛之！

同知候补知州姜复旦同立。

大清光绪五年六月十七日，宣化乡孙维朝、沈培元、李大成、张崇善、孙桂、李臣，统合寨士庶老幼人等敬立。

附记：清光绪五年（1879）立，同知、候补知州姜复旦撰。碑立于弥勒巡检司拉里黑文昌宫；青石质；高1.63米，宽0.79米；直行，楷书；碑边阴刻祥云、仙鹤图案。据政协弥勒市委员会编《弥勒碑刻拓片集》，云南人民出版社，2021，第116~117页。碑文载："改立文宫，培补龙脉"等。

112　重修文昌武帝庙碑记

余官斯土已三载矣，愧无功德于民，是不能事人而敢云事神乎！呈邑文、武庙皆前之，良有司都人士备历艰辛，成兹巍焕，无非冀神有凭依，庶足以默邀眷佑，而荫庇人民也。

咸丰丁巳后，毁于兵燹，苟于祀典所在，听其倾圮，是慢神为虐民之渐，罪在有司，不可一日立于民上也。爰是集两境绅士李上元、秦福源、杨本仁、杨钟南、李万年等商之，措公款以资修建，复公举陆应芳等为之监理。其事于光绪八年十一月经始，九年四月落成，栋宇虽未极光昌威灵，已得其定所馨香，有奉祀典，无亏朒朒，私念庶几稍慰，敢云二十余载之废坠，自予而焕然以兴哉！是为记。

光绪十年岁次甲申仲春月。

附记：清光绪十年（1884）立，知县李明鳌撰。碑原立于呈贡县文昌、武帝庙。据[清]李明续修，李蔚文续纂[光绪]《呈贡县志》卷七

《艺文》，清光绪十一年（1885）增刻本；梁公卿主编《中国西南文献丛书》，兰州大学出版社，2004，第29册第355页；萧霁虹主编《云南道教碑刻辑录》，中国社会科学出版社，2013，第543页。

113 重修文昌楼碑记

盖问夏王欲通神祇，铸镛钟于郊庙；汉帝想崇佛教，立寺观于中朝。如太保山有文昌楼，由来久矣，奈兵燹屡遭，古庙之辉煌尽毁，军累叠遇，栋宇之壮丽，概休有。永保魏鼎新、西蜀陈万金念文昌帝君司禄人间，继帝王而宣化衡文天上，禄忠孝以成名，阴骘无不广种名教，是以常新。故协力同办，募化重修，工程甚大，开费实繁。今已功完告竣，特垂石以昭不朽云。今将助功德姓名开列于后。

李凤呈、李凤玉、萧得胜、李坦，各助银二两。

张凤锦、寸兆祥、李洪春、品云号、李刘传、魏东茂、江有益、王定国、赵中和、王润、褚盈、刘美、段金华、陈文中、朱倍，各上功德银一两。

徐崇、黄顺，银八钱。

杨性和、张联佐、王正纪，银七钱。

姚祥、黄焻、盛武、段茂林、庞贤、董祥，各助银六钱。

程绍伊、陈廷儒、杨煜、魏上遑、王觐宗、王若金、杨发富、李杰，各助银五钱。

赵上义、田永忠、景□春、刘云章、朱清、陈树勋、赵端、戈纪、杨贵、徐东升、张煜宗、李垠、王炱、张廷相、段兆玉、张泽普、李鹤寿、张学仁、李权，以上各助银五钱。

宴如金、唐芝、段学曾、同兴和、助银五钱。

闵存义，助钱三百文。

永保管事魏鼎新，捐功德银一百五十两。

管事那学诗、王文二人募化善人功德银四十六两。

西蜀阁省善信人等，共捐功德银三百五十八两三分。

以上砖瓦、木石、灰钉、泥木、土工匠以及油漆彩画塑。

神象、佛罩一切等项，共享银五百五十四两四钱三分。

西蜀管事陈万金。

光绪十一年岁次乙酉春王月上浣立。

附记：清光绪十一年（1885）立，陈万金撰。碑原立于永昌府太保山麓文昌楼前，现位于太保山顶碑林；大理石质；高1.02米，宽0.52米；直行，楷书。据碑录文。

114　顺江洞经会碑记

盖闻礼所以正性，乐所以陶情。而礼乐一节，惟洞经之会为最。其间不惟睹衣冠文物之盛，亦可作祷祈忏悔之□□在已，理有然焉！是以帝君飞鸾开化，附体降乩，所以待人之迁善悔过，趋吉避凶也。我练土虽边隅，风尚淳朴，人才不乏，苹藻繁兴。而历代以□（来），文祖圣诞，只知演戏作剧，难免引诱煽惑，酗酒滋事。况历有明文禁止于文武帝君圣诞演戏。盖亦恐嬉舞亵渎，反招愆尤，丑态犯触，自干罪戾。再四思维，宜遵古谈演《大洞仙经》之可酬帝眷，□□安之为快也。今春不揣固陋，勉将果报循环、阴骘感应，劝释陈晰。

回忆辛卯岁春，身入外国，足涉险阻，历蛮烟瘴雨□□，默诵《感应篇》，遵体《阴骘文》，遇有惊恐，均叨显应，瞬眸间觉有帝君銮舆簇拥在上，竟得往返清吉，非蒙眷佑而何？益征有感皆通，如影随形也。又思往昔兵燹变乱，我练较少凶残□□，承平以来，渐觉文武科名继起，闾阎安堵。乃于帝君圣前未一讽经礼忏，又何以达鸿慈而伸蚁悃？且也人口□□，耘者□农忙失畜，转悔卖刀之左；豢养者睹物伤怀，将蹈指鹿之讥。关心者何以恝置于臆外？窃思谈经，可以避瘟□，□六诏、四川，看来凡有时疾流行处，莫不以谈演皇经而禳解。兼一切求禄保嗣，祷雨祈晴，各府厅州县，亦借以设□□感矣。实为迁善悔过之路，造福摒恶之门，崇正黜邪之地，端行立品之梯也。况国典所钦，法律不禁，若能虔久奉行，自有神灵拥护，凶星退而吉星临，富润屋则德润身，否去泰来，家安宅顺。我练禋□，□心涤虑，矢敬矢诚，兴会谈经，定可转祸为福，逢凶化吉，人畜皆安，地方兴盛，年岁丰登矣。是以商诸各公，均为允□□期千载奉行，百年团拜，将见祥云缭绕，免瘟疫水火之侵；圣教昌明，广科名嗣禄之锡。浩劫消于浩气，洪灾化为洪慈。但创立伊始，凡有经箱、坛仪、乐具等，宜从全备置。第需用孔□□人，成裘固赖集腋，但愿仁人君子，坐贾行商，慨助囊中白璧，势必再再维持；欣捐枕上黄金，何妨多多益善。将来□□香资广储，又作御灾捍患之补。多种福田，同结善缘，则神庥共迓，寿域咸登也已。因乐为叙。

钦加同知衔、候补抚彝□□□□□。

外拟会规十条列左：

议新旧所收功德，除制用有存积，交妥生放，以助不逮。

议公举正副会长，凡经箱、乐□□□□。

议每值会期，公举承首应办，入长两抵，长短归公，具榜开明。

议教师费用归公，凡弟子必须留心学习，不□□□□。

议上会各宜虔心斋戒，率循旧规，不得借故推诿，有大故不计。

议凡遇有请代为谈演酬愿，事毕，或捐功德□□□□。

议□会庆诞，所有官绅士庶，各备香资到会拈香，以昭诚敬。

议会内铺设、乐器，如有借用，不得私相授受，□□□□。

议办会尚虔不尚奢，必须从俭，□素馔，不得浪费。

议新设经会，各宜尽心竭力，认真办理，不得始勤终怠□□□□。

附记：清光绪十七年（1891）后，腾越厅同知黄炳望撰。碑原立于腾越厅固东顺江街安心寺，现存于固东镇顺江街粮管所内；青石质；高1.3米，宽0.66米；碑额阴刻云龙图纹；碑身直行，楷书；25行，行8～44字。据腾冲市文化和旅游局编《腾冲石刻》，云南民族出版社，2019，第337～339页。

115 重修文武二宫观音阁碑

尝思莫为之前，虽美弗彰；莫为之后，虽胜弗传。忆自汉习楼船，唐标铁柱，宋挥玉斧，元跨革囊，此川原属蛮夷之邦，无名可稽。荷蒙明太祖攻克白王，西南平定，全滇归复，此乡安设匡州，筑造城垣，管辖勃弄县、德昌县、洱海县。复安设金沧道于洱城，通衢站口，由普洱一站经龙马箐，驻宿匡州城。迨至我朝定鼎以来，裁撤匡州、勃弄、德昌州县并金沧道，将洱海县改名云南县，更设驿站于云南驿。此旧站之名所由来也。前辈绅民原建有文、武二宫于城垣之西南隅，嗣因咸丰丁巳年迤西变乱，寺院、民居焚毁殆尽。今有杨公景千率仝合村士庶，迎请川中名望，熟筹妥商，将旧寺基址抵换与陈姓为业，移修文、武二宫于城心，创建观音阁于中亭。壮紫金之观瞻，喜白马之朝宗。神明庇佑，文武迭兴，谁不乐从，而观昌之。是为序。

光绪十九年岁次癸巳仲冬月吉旦。

选拔进士陈钫子庚撰。

合村士庶立。

附记：清光绪十九年（1893）立，陈钫撰。碑立于祥云县旧站村文武宫内；石灰石质；长1.43米，宽0.52米；直行，楷书；文31行，行2~14字。据重庆市博物馆编《中国西南地区历代石刻汇编》第十八册《云南大理卷》，天津古籍出版社，1998，第87页；大理白族自治州白族文化研究所编《大理丛书·金石篇》第3卷，云南民族出版社，2010，第1561~1562页；萧霁虹主编《云南道教碑刻辑录》，中国社会科学出版社，2013，第609页；大理白族自治州地方志编纂委员会编《祥云金石》，云南民族出版社，2016，第216页。《祥云金石》题为《旧站文武宫碑》。

116　文昌祠记

国家典例，凡庙祀正神皆有祠，掌之宗伯，隶于有司，岁时致祭，典至巨也。文昌神未详缘起，顾相沿已久，意其助文明之进化，隆国家之景运欤？我朝列圣相承，诞敷文德，文昌祠与学庙、武庙并祀以太牢。故自京师而行省而郡县，莫不建祠。及市镇村町，凡沾文化之地，亦私建祠以祀之，例弗禁也。吾邑前为府治，至乾隆三十五年改州，祀典所阙，或旧无而增修，或旧有改建，灿然大备，而文昌祠独阙如。光绪癸巳年，金鉴弟兄与修州志，编辑正祀，于文昌祠址无考，询之父老，曰："兵燹以前借东北铺私祠设祭，兵燹以后就武庙设位以祭。"夫以开化数百年之故郡，而于祀之神且借地以祭，此其简陋，宁可使邻邑闻哉。于是邑绅舒君金和毅然思所以修之，以方有事于学庙之役未果。越明年，役竣，复议修，金曰："《大雅》之诗曰：'民亦劳止，汔可小休。'今大役甫蒇功，未可复有事也。"又未果。壬寅春，舒君复申前议，且愿独力捐建，谋之金鉴。金鉴曰："韪哉。"然苦无隙地，因禀商前邑侯楚南邓君瑶，愿以西城州仓外公地一区作为祠址。更得前贵州提督蒋君宗汉捐银一千两。遂鸠工庀材。适中州张镇军凤鸣以名元来权镇篆，闻而喜曰："镇署北花厅后礼拜寺，系兵燹时教民拆祖君殿以建修者，今椽瓦皆圮，而柱章均合抱之材，质实而料坚，殆难其选，弃之可惜，尽可拆之以添修正祠材柱。"金鉴窃以为镇军本回教武臣也，乃愿助修文昌祠，岂非圣天子之文治濡染无所不被耶？因劝舒君勿违其意可也。计建正祠五楹，后殿五楹，皆北位南向。东西各建执事厅五楹，厅南建茶室、厨舍各一楹。前建大门三楹，两旁建厅房各一楹。门以外，东西各建栅门一楹。又前建照壁一座。四周围以宫墙。正殿前砌建品级台阶。楹尽铺砖，地皆镶石，庭院轩敞，宫祠壮丽，采色相映，金碧交辉，洵足以昭诚敬而壮观瞻也。乃舒君志犹未已，谓祠庙虽建，凡祭祀之需，看伺之设，非熟筹其后不可。更为购制神牌、炉瓶、供桌及更衣所之炕、床、桌、椅，无不备具。且复捐修州署前铺面二间，赏之为岁修香火各费。其昌达也宜哉！顾其为人也，自奉必约，而慷慨好义竟若是，诚大有造于我邦欤！斯役也，兴工于光绪壬寅春，落成于甲辰冬，共用去白金四千零七十八两余。邑侯彝陵童公瑾昌嘉其好善之诚，上其事于院司，奏请赏给三代三品封典，朝廷赐旌如所议，倪亦《楚书》之所谓"惟善为宝"者欤？金鉴与舒君从事十余载，夙知其乐善好施类如此。抑闻之有力为善，助人以财；无力为善，助人以言。爰述始末以彰其善，并以谂来者，是为记。

附记：清光绪三十年（1904）立，杨金鉴撰。碑原立于鹤庆西城州仓外公地所建文昌祠。据杨金铠纂修[民国]《鹤庆县志》卷五《上·俗祀辰之二》，民国钞本；张了、张锡禄编《鹤庆碑刻辑录》，大理白族自治州南诏史研究会印，2001，第129～130页；杨金铠纂修，高金和点校《民国鹤庆县志》，云南大学出版社，2016，第129～130页；萧霁虹主编《云南道教碑刻辑录》，中国社会科学出版社，2013，第626～627页。

117　重修文宫碑记

自康熙末端，有僧通唯者，协吾村士庶，修建文宫一院于李云升公所送之地面，迄今地球已二百余公转矣。虽代远材陈，而间有补葺添修，故栋宇亦历久而不敝。至光绪庚子突遭地震，轻则屋宇倾颓，重则陵谷沧桑。虽云地震常事，然此次所震之重而且久，实属滇西地球历史之一大纪年也。爰斯文宫，则斜梁倒柱，瓦解墙堆，佛神不龛，菩萨翻身，破坏凋残不堪。目睹此，成一不能不修之势，幸吾村热心诸君更存一不能不修之心。于是搜集群款，设法更新。不逾岁间，告厥成功，总一院而依然文明光彩。升修文昌大殿、观音楼，重建南厢，补葺北厢、山门、二门、厨房、仓房、花园并子孙庙。装七宝而诸位佛祖增光。另塑文昌圣像、三宵神像，重新诸佛神光。信乎神明有感俾斯庙颓而复兴？允矣。德教常新，使斯文于穆不已。虽世运有隆污，而人力足以挽之矣。功峻后有同力诸君问记于余，余本拙笔无文，特事属必书，故勉承嘉志以记其事而已，是为记。兹将其重修款项数目详细录左。计开：

一、入玉皇阁、凤仪寺押银五百六十一两。

一、入龙华寺、高上寺押银四百九十一两六钱。

一、入关庙、文会、醮会押银一百四十六两。

一、入各寺租息、会银四百三十八两九钱二分。

统共入银一千六百三十七两五钱二分。

一、出木料、椽子、钉子、枋板银四百一十一两九钱。

一、出砖瓦、石灰、石头、土基银三百五十一两八钱。

一、出泥工、木工、塑佛、新佛五百零□两五钱二分。

一、出小工、驮脚、零星杂物三百六十六两□钱。

统共出银一千六百三十七五钱□分。

此外入本哨内外排罚款银一百七十三两三钱。除交出云台寺、甫家寨银三十六两七钱、五两，罗寨、伙头银三十五两、六两七钱，修街立石刻字银二十六两五项外，连前出入两抵无存外，实存银七十三两九钱，移交修理玉皇阁应用。

邑候廪生赵本源谨识。

邑文庠生张簸谨书。

光绪甲辰岁春王月，阁村士庶人等仝敬立。

附记：清光绪三十年（1904）立，邑候廪生赵本源撰。碑现立于保山市隆阳区金鸡乡四方街文昌宫大门内右侧；碑高1.2米，宽0.6米；青石质；半圆形碑额，阳刻双凤朝日图案，中部阳篆"神天鉴察"四字，四字左、上、右三侧围波浪纹；碑身直行，楷书。据碑录文。

118 重修桂香殿记

从来胜迹所传，传于前人之善作乎？传于后人之善成也。如西关行台额曰"桂香殿"者，由昔龙王庙一迁已，捐资而创留矣。继而虽有旧书院之名，而在道光初年，早已迁新旷，旧矣。然院旷而神像犹存，文风丕焕，亦足征一邑之形胜焉。璨自丙子寄馆，睹两廊坍塌，曾邀同人以捐修之。近则大殿之墙壁损伤，栋梁枯朽，恐一旦倾覆，神光有露处之虞。久拟募捐重建，而阻于有心无力。幸际及门杨君乐善，欣然以倡修相质，璨亦欣然，而商于马、郝诸君子，皆慨然而竭力乐输。即鸠工庀木，彻底更新，越六月而告竣，斯殿乃赖以永传不朽耳。若夫全庙之壮观，妆修之华美，愿以俟诸后之有志者。

光绪三十二年七月。

附记：清光绪三十二年（1906）立，新平人、贡生张璨撰。碑原立于新平县桂香殿。据吴永立修，马太元纂[民国]《新平县志》第二十三《诗文征》，民国二十二年（1933）石印本。

119 阁村改造二圣宫本主祠碑记

山水人物，其理相因，故崧岳降神，而生申甫；云梦气蒸，而产楚材。地灵人杰，虽乡曲必验焉。沙村数百户，在河之洲，左洱水而右龙湖，波光四面，如圆月空明，挟大地影。下有白沙汀，长数里，横亘海中为门户。上湖坪、白塔坪、河涘城、金圭寺诸村，云树相望。自上来者，有路若垂丝，自下来者，风帆绕沙汀。过村脚入湖，湖中港汊十八，间以园圃，垂杨万树，豆架瓜棚，浮沈水面，芰荷苹蓼，稻花杜若，弥望无垠，鸥眠鹭立，杳霭在香国中。此其景也。银苍列屏而倒影，鸡足远峙而送青。西北则云开双阙，东南则龙卧长堤。挹庚辛之精，迎朝阳之暖。岛浮星其在户，溪连海以锁秀。长风大浪，不撼其门，川湄山辉，弗泄其灵。此其势也。读书耕田，亦樵亦渔。有敦庞之风，无靡丽之习。此其俗也。聚处以来，有通人而无显者，一二科贡外，儒冠误身，比比然也，居人怪焉。近当新旧学废兴之际，余伏处十年，身心为不系舟，托青乌术，寄怀山水。以是村也，若鹿门，若水镜庄，若武陵桃源，不时往还，与父老子弟皆忘形。或请曰："先生于风鉴多奇验，何吾居之幽而不扬，隐而不光？"余曰："噫嘻！宁惟人物山水之埋没久矣，夫声价以品题而增，灵淑以阐扬而发。楼观也，祠刹也，寄胜概即以移风气也。今里中有祠有刹，弃高雅而向鄙俗，塞耳目而狭心胸，灵物所弗栖，高人所弗顾，又何怪吐气扬眉之鲜也。"闻者群然鼓舞曰："惟君之所命。"旦晚间，鸠工庀材，登登凭凭。移神祠西偏而南其户，供普萨普陀而益其楹。寺正殿改奉文、武帝，重风化也。祠刹俱新，后先辉映。波静鱼龙闻湘灵之瑟，辇飞星汉回大帝之车。落成正值仲秋，游舫络绎，丝行相闻，或系艇倚阑，或登楼观海，揽胜披襟，豁然称快。村之人耳目一新，清兴顿发，盖人物山水之不觉其转移也。虽然首事诸君若王锡元、李集五、杨席珍、杨凤霄之同心奋勉，其余妇孺之踊跃赞成，其性质皆非猥鄙庸愞所能及，则固山水人物之大异凡区也。余亦研沧海砚，镌苍穹碑，大书而为之记。

乙酉科拔贡联捷举人觉罗官学教习截取知县杨纯珍锡侯氏撰并书。

董事杨松青、李桂馨、李蔚南、董汉儒、李逢春、杨德元、杨镇西、李汝霖、李玉忠、赵灿林、李发荣、杨希云、李大儒、王文富、赵朝佐、李辅廷、杨毓麟、李汝铭、李铨栋、李杏元、赵福久、李国栋、李光宗、杨萃贤、李耀南、李玉堂、杨汝为、李英培、李同庆、李寿元、杨开智、李迎福、杨桂馨、李光廷、杜如柏、董泽周、杨万青、董慎修、李如陵、李荣昌。

大清光绪三十四年岁次戊申无射月下浣吉旦沙村阖村同立。

附记：清光绪三十四年（1908）立，杨纯珍撰。碑存大理市喜洲镇沙村二圣宫墙壁，高1.57米，宽0.69米；直行，楷书；文22行，行12~44字；碑额横书"名垂不朽"4字；碑体有裂痕。据大理白族自治州白族文化研究所编《大理丛书·金石篇》第十册，云南民族出版社，2010，第237页；重庆市博物馆编《中国西南地区历代石刻汇编》第十八册《云南大理卷》，天津古籍出版社，1998，第118页；大理市文化丛书编辑委员会编《大理市古碑存文录》，云南民族出版社，1996，第657~658页；萧霁虹主编《云南道教碑刻辑录》，中国社会科学出版社，2013，第650~651页。碑文载："寺正殿改奉文、武帝，重风化也。"

120　文昌宫碑记

义庙既成，其右为文昌宫旧址，兵燹之后，片瓦无存。春秋享祀，皆设位于此，特奉行故事，非所以伸敬也。夫帝君主持文衡，在天为星，在地为神，于人为圣，称为帝君，以示尊也。观《阴骘》一篇，其言显，其旨微。推之以忠恕，惩之以祸福。所以发明道体者，皆在庸言庸行之中，而实为先圣后贤之所不能尽。其有功名教者，岂浅鲜哉？国朝崇奉神明，春秋享祀，于至圣先师外，别为一坛，均用太牢。下自省会以及州县，皆遵制立庙。以宫名，尊帝君也。今宫不修而徒兴祭祀，则降庭之谓何耶？因设法倡捐，依址修复，为正殿，为后殿，为左右厢楼各三间，大厅三间，头门三间，照壁一座。周围环以墙，外为大门，为牌坊，为魁星楼。计费用银二千两。鸠工数月，乃获告成。虽云复旧，实同创始。其春秋两祀，牺牲粢盛。原有祭田，国家自有常颁，可勿增已。每岁收租，以作岁修之用。宫成，诸生聚而言曰："此盛迹也！登之志乘亦足以传矣。而未能使行道之人睹此庙貌之新，而知工费之繁，与夫用心之苦也。盍为记以刊之？"海曰："唯唯，否否！"守斯土者，此等事为职所当供，曷敢以功德名乎？虽然，尔多士踊跃输将，实足以风世。不可不勒其姓名捐项于石，以垂不朽。

附记：清光绪年间立，陈宗海撰。碑原立于腾越厅文庙右文昌宫。据[清]陈宗海修，赵端礼纂[光绪]《腾越厅志稿》卷十七《艺文志·记》，清光绪十三年（1887）刊本；萧霁虹主编《云南道教碑刻辑录》，中国社会科学出版社，2013，第591页。萧霁虹《云南道教碑刻辑录》题为《腾越文昌宫碑记》，文末为"守斯土者职所当为，曷敢以功德名乎？虽然，尔多士踊跃输将，实足以风世。不可不勒其姓名于石，以昭示于来兹。因为之记。"

121　增修文昌前楼碑记

盖闻文运宏开，辉陈斗极，昌期渐启，气似珠联。国朝崇文昌帝君，春秋祀事，大典煌煌，颁及陬澨。凡以上征缠度，下睹休明也。吾邑距城里许，道光庚子年，创修文昌宫，居坎位，向离明，诚盛举也。第以上殿两厢势雄壮，而跪拜之间局甚狭隘。邦人士慨焉久之。洎乎光绪己丑年，温君席儒、赵君焕章倡议建增，扩其拜台，建其前楼。两阶屹立，旁厢连络，恢恢乎邱邑之大观矣。我邦人或馈义浆，或倾仁粟，共成此举。从兹祀事，跄跄济济，会而祭者数十百人，进退雍容，咸欣宏敞行见。拾级而登，仁听飘香于丹桂；斯文继启，垂看侍立于紫宸。已凡诸君功德芳名，泐之贞珉，以垂永久，是为序。

附记：清光绪年间立，傅雍和撰。碑原立于邱北县文昌宫。据徐孝喆修，缪云章纂[民国]《邱北县志》艺文部，民国十五年（1926）石印本；徐旭平等点注《民国〈邱北县志〉点注》，天津古籍出版社，2015，第256~257页；萧霁虹主编《云南道教碑刻辑录》，中国社会科学出版社，2013，第619页。

122　关外文昌宫碑记

井志文昌宫，按《旧志》所载，名白莲寺，又名妙华庵，系五井香火。其地势雄胜，沙水回环，堪舆家盛称之。后值西迤之乱，寺宇折毁，概无复存。岁庚午，军务既平，绅灶公议，以其地界五井之中，宜培风水。因其基址改建为文昌宫，供奉帝君金像，春秋祀典就此举行，十有余年。一时文风日上，亦地灵人杰之验也。嗣因地势逼仄，稍碍观瞻，复请帝像入井内文昌宫致祭。至每岁帝诞，仍就此庆祝，以昭慎重而应山川之灵。然距井数武，看伺者无不疏虞。适祠堂箐首事言，文昌宫于祠堂箐附近，自愿勷办香火各项以成善举。通学会议，因如所请，并将妙华庵有旧田租八石，坐落小井河四石五斗，完白莲寺户秋粮一斗，九寨河三石五斗、秋粮四升，归夏姓完纳，其租仍作香火，托祠堂箐首事经收，除完粮外，余作香灯看伺、会期费用，期归实济而专责成。由此各尽其心，庶几至诚感格，帝君必默为呵护，则将来井运增新、科甲继美，其食报正靡涯矣。是为序。

附记：清光绪年间立，举人张如翼撰。碑原立于白盐井关外文昌宫。[清]李训铉修，罗其泽纂[光绪]《续修白盐井志》卷十《艺文志》，清光绪三十三年（1907）刻本；郭燮熙纂修[民国]《盐丰县志》卷十一《艺文》，民国十三年（1924）铅印本；杨成彪主编《楚雄彝族自治州旧方志全书·大姚卷》，云南人民出版社，2005，第1383页；萧霁虹主编《云南道教碑刻辑录》，中国社会科学出版社，2013，第582页。

123　重修文昌宫碑记

邱北之南隅，有所谓树皮者。地虽偏僻，而山川之灵秀，代有达人，故建以文庙。捐输早萃，六十里以观成，荐乃馨香俎，忆为千百年所不朽。然年深月久，难免风雨之飘摇，鼠穴蠹穿，竟成栋梁之毁折。诸君恐圣迹之遂湮，庀良材而重构。美奂美轮，较胜畴昔之观；肯构肯堂，大迁从前之愿。

时余际兹美举，不揣固陋，爰成俚语，用谢诸绅士之请，其言曰："文星有主，巍峨碧落之间；帝座重修，璀璨神仙之麓。云凝画栋，从来仰止干霄；霞霭瑶天，莫不瞻回景岳。岂仅科名着迹劣，为士子之司衡。自宜庙貌之重新，乃识神灵之再宥。"兹拟鸠工复建，幸得坛美多人，敢告先达，兼布时髦。念科甲之何从？为子孙之余地，事在必为。会见云拥日月，勷共盛举。行看香涌楼台，光华遥映斗缠之焕彩，依然轩冕。既崇省会之文章，籍甚俚言，愧拙大雅，难忘谨叙。

附记：清光绪年间钮嗣杰撰。碑原立于邱北县学文昌宫。据徐孝喆修，缪云章纂[民国]《邱北县志》之《艺文》，民国十五年（1926）石印本；徐旭平等点注《民国〈邱北县志〉点注》，天津古籍出版社，2015，第258~259页；萧霁虹主编《云南道教碑刻辑录》，中国社会科学出版社，2013，第624页。

/ 附录 /

云南文昌信仰碑刻文献索引

索引一——以今行政区划排序

昆明市

001	创修文昌祠碑记	（92）
014	重修杨林文昌宫桂香阁碑记	（112）
019	鼎建文昌宫碑记	（117）
023	重修太极山桂香阁碑记	（121）
024	桂香阁碑记	（121）
027	重建文昌宫碑记	（124）
029	鼎建尊经阁碑记	（126）
038	新建文昌宫碑记	（136）
039	重修文昌魁星阁碑记	（137）
057	移建文昌宫魁阁于华宜寨序	（153）
072	重修河西乡中村文昌宫碑记	（169）
087	重建龙泉观文昌殿轮藏殿碑记	（182）
092	重建文明阁记	（189）
093	文明会大洞经坛碑记	（190）
100	惜字会记	（197）
106	古城文会碑序	（202）
112	重修文昌武帝庙碑记	（208）

保山市

002 金齿司庙学新建梓橦祠记 （93）
004 修建文昌宫阁疏 （95）
020 由旺文昌宫碑记 （118）
066 合议捐置社田碑记 （162）
068 文昌宫碑 （166）
071 重修太保山魁阁募引 （168）
105 北社文昌宫租记 （202）
107 添修文昌宫碑记 （203）
113 重修文昌楼碑记 （209）
114 顺江洞经会碑记 （210）
117 重修文宫碑记 （214）
120 文昌宫碑记 （217）

楚雄彝族自治州

003 改迁三清宫三官殿文昌宫记 （94）
006 文昌帝君金像碑记 （102）
007 新建文昌宫序 （103）
009 三教常住碑记 （106）
011 新建文昌宫碑记 （108）
022 桂香阁碑记 （120）
033 禄劝州文昌宫碑记 （130）
034 新修大魁阁记 （131）
036 新建尊经阁记 （134）
045 文昌宫碑记 （142）
054 文昌宫义田碑记 （150）
056 新建文昌殿桂香楼记 （152）
070 重建文昌宫碑记 （167）
081 设桂香阁祭需修金记 （177）
082 桂香义馆碑记 （178）

095 捐金赎铺永续香火碑记　　　　　　　　　（192）

097 洞经会功德碑记　　　　　　　　　　　　（195）

122 关外文昌宫碑记　　　　　　　　　　　　（218）

红河哈尼族彝族自治州

005 新文昌宫像叙　　　　　　　　　　　　　（101）

008 小水城文昌阁记　　　　　　　　　　　　（104）

021 重建文昌宫碑记　　　　　　　　　　　　（119）

025 文昌宫常住碑记　　　　　　　　　　　　（122）

026 新建文昌祠序　　　　　　　　　　　　　（123）

030 朋普社学记　　　　　　　　　　　　　　（127）

035 小瑞城祀田碑记　　　　　　　　　　　　（133）

037 义仓碑记　　　　　　　　　　　　　　　（135）

041 重修文星阁记　　　　　　　　　　　　　（138）

042 四圣庆诞田租碑记　　　　　　　　　　　（139）

046 新建魁阁记　　　　　　　　　　　　　　（143）

047 新建桂香阁暨书院记　　　　　　　　　　（144）

050 文宫碑记　　　　　　　　　　　　　　　（147）

051 竹园文宫大殿北墙碑文　　　　　　　　　（148）

058 文宫田粮碑　　　　　　　　　　　　　　（154）

062 文昌会叙　　　　　　　　　　　　　　　（158）

069 圣庙文宫　　　　　　　　　　　　　　　（166）

074 升修文宫中殿碑记　　　　　　　　　　　（171）

090 文昌帝君敬惜字纸文　　　　　　　　　　（187）

091 建邑西屯金华寺文昌会收字功德碑记　　　（188）

096 洞经会捐资碑记　　　　　　　　　　　　（194）

101 洞经会序　　　　　　　　　　　　　　　（197）

102 竹园上中两伍魁星阁碑铭并序　　　　　　（198）

108 新修文昌宫碑序　　　　　　　　　　　　（204）

111 培补龙脉碑记　　　　　　　　　　　　　（207）

大理白族自治州

010 鼎建文昌桂殿碑记 （107）
013 建修太和县文庙文昌宫魁阁碑记 （110）
017 桂香书院记 （115）
032 文昌社仓义田记 （129）
043 新建文昌宫碑记 （140）
048 桂香楼记 （145）
049 鼎建尊经阁记 （146）
053 文昌关圣宫碑记 （149）
063 巍宝山文昌宫新建魁神金甲殿碑志 （159）
067 文昌宫碑记 （163）
077 学金功德碑记 （173）
078 桂香书院普连溆佃民合建文宫碑记 （174）
083 修息息庵并添建文昌魁星阁楼记 （178）
088 重修文昌宫暨建石栏记 （184）
103 重修文昌殿碑记 （200）
104 文昌宫置田记 （200）
115 重修文武二宫观音阁碑 （211）
116 文昌祠记 （212）
119 阁村改造二圣宫本主祠碑记 （215）

玉溪市

012 鼎建大魁阁记 （109）
016 文昌祠记 （114）
031 修建魁神阁小引 （128）
044 修建澂阳文昌庙碑记 （141）
052 文会碑记 （148）
055 惜字会碑记 （151）
076 新建文星阁碑记 （172）
118 重修桂香殿记 （215）

曲靖市

015 鼎建文昌宫记 （113）

028 新建罗平尊经阁碑记 （125）

089 三圣殿碑序 （185）

094 续修古文昌宫记 （191）

109 重修文官碑记 （205）

文山壮族苗族自治州

018 新建文昌宫记 （116）

065 文昌帝君阴骘文 （161）

085 文昌宫碑记 （180）

086 培风书院记 （181）

098 文昌宫碑记 （195）

099 文昌会敬惜字纸铭 （196）

121 增修文昌前楼碑记 （218）

123 重修文昌宫碑记 （219）

临沧市

040 桂香殿碑记 （138）

昭通市

059 奎乡南楼小序 （155）

060 副官村文昌宫碑记 （156）

061 文昌宫义学碑文 （157）

064 桧溪文昌阁记 （159）

075 重修文昌宫义馆碑文 （172）

084 崇文阁记 （179）

110 新滩溪增修文武宫魁星阁两庑碑记 （206）

普洱市

073 勅建文昌宫记 （170）

079 修文昌后殿碑记 （175）

080 重修左所营文昌宫魁阁记 （175）

索引二——以撰者姓氏拼音排序

B
白映庚（100）

C
蔡毓荣（014）（038）
程奕（020）
陈可（031）
陈希芳（043）
陈□□（058）
陈三重等（066）
程含章（079）
程承休（080）
陈廷焴（105）
陈万金（113）
陈钫（115）
陈宗海（120）

D
董便民（011）
杜琮（030）

F
方熹（012）

冯德祯（039）
樊好仁（045）
方桂（057）
范世今（078）
冯晋锡（083）
傅雍和（121）

G
高鉁（023）
高锦（054）
关英（069）（074）
甘岳（095）

H
黄元治（017）
洪奕隆（050）
何愚（085）（086）
韩荣（088）
黄灼京（110）
黄炳望（114）

J
贾明道（075）

姜复旦（111）

L

李源道（001）
李占春（005）
李犹龙（008）
李云龙（019）
李之骥（033）
罗钜璘（037）
李湑（041）
李应绥（044）
李治（055）
刘培元（062）
刘炳南（067）
罗庆崧（081）
李伯山（098）
李人俊（102）
吕祖（托名）（108）
刘云章（109）
李明鏊（112）

M

米璁（040）
马煐（084）

N

钮嗣杰（123）

P

彭□□（015）

Q

邱靖（103）

R

饶梦铭（064）

S

邵惟中（004）
沈宁（018）
沈懋价（034）
孙人龙（049）
苏潮（053）
沈德新（065）
释元高（068）

T

汤茂如（026）
涂暾（028）

W

王鸣凤（003）
文石甫等（010）
吴自肃（016）
王毓奇（022）
汪煦（029）
王膺天（042）
王纬（047）
汪浩存（059）
吴绳祖（060）
王道隆（061）

王肇基（096）

万重笃（099）

王崧（104）

X

徐松（027）

许贺来（035）

夏宗尧（036）

谢锡位（070）

许邦寅（101）

Y

杨玄祐（006）

杨师孔（007）

尹均（025）

袁文典（071）

杨昭（072）

杨恂（077）

杨桂森（087）

杨际泰等（092）

严廷中（106）

杨育沧（107）

杨金鉴（116）

杨纯珍（119）

Z

郑顒（002）

曾曰琥（009）

赵之随（021）

张旭（024）

张锦蕴（032）

张景澍（046）

赵淳（048）（056）

张大典（051）

周望敬（052）

赵元会（073）

曾百福（091）

曾德纯（094）

赵本源（117）

张璪（118）

张如翼（122）

附 表

元明清时期云南文昌信仰碑刻统计

序号	碑名	时间	撰者	古行政划	今行政区划
001	创修文昌祠碑记	元延祐六年（1319）	李源道	云南府	昆明市
002	金齿司庙学新建梓橦祠记	明景泰五年（1454）	郑顒	永昌府	保山市
003	改迁三清宫三官殿文昌宫记	明嘉靖二十二年（1543）	王鸣凤	大姚县	楚雄彝族自治州
004	修建文昌宫阁疏	明万历十年（1582）	邵惟中	永昌府	保山市
005	新文昌宫像叙	明万历四十七（1619）	李占春	广西府	红河哈尼族彝族自治州
006	文昌帝君金像碑记	明天启年间	杨玄祐	武定府	楚雄彝族自治州
007	新建文昌宫序	明崇祯二年（1629）	杨师孔	禄丰县	楚雄彝族自治州
008	小水城文昌阁记	明崇祯五年（1632）	李犹龙	石屏州	红河哈尼族彝族自治州
009	三教常住碑记	明崇祯十三年（1640）	施潘	黑盐井	楚雄彝族自治州
010	鼎建文昌桂殿碑记	清康熙四年（1665）	文石甫 邹良彦	大理府	大理白族自治州
011	新建文昌宫碑记	清康熙十七年（1678）	董便民	黑盐井	楚雄彝族自治州
012	鼎建大魁阁记	清康熙二十年（1681）	方熹	新平县	玉溪市
013	建修太和县文庙文昌宫魁阁碑记	清康熙二十三年（1684）		太和县	大理白族自治州
014	重修杨林文昌宫桂香阁碑记	清康熙二十三年（1684）	蔡毓荣	嵩明州	昆明市
015	鼎建文昌宫记	清康熙二十六年（1687）	彭□□	马龙州	曲靖市
016	文昌祠记	清康熙二十九年（1690）	吴自肃	元江县	玉溪市

续表

序号	碑名	时间	撰者	古行政划	今行政区划
017	桂香书院记	清康熙三十一年（1692）	黄元治	大理府	大理白族自治州
018	新建文昌宫记	清康熙三十二年（1693）	沈　宁	开化府	文山壮族苗族自治州
019	鼎建文昌宫碑记	清康熙三十二年（1693）	李云龙	晋宁州	昆明市
020	由旺文昌宫碑记	清康熙三十七年（1698）	程　奕	施甸县	保山市
021	重建文昌宫碑记	清康熙三十八年（1699）	赵之随	建水州	红河哈尼族彝族自治州
022	桂香阁碑记	清康熙三十九年（1700）	王毓奇	禄丰县	楚雄彝族自治州
023	重修太极山桂香阁碑记	清康熙四十年（1701）	高　鉁	安宁州	昆明市
024	桂香阁碑记	清康熙四十一年（1702）	张　旭	昆阳州	昆明市
025	文昌宫常住碑记	清康熙四十二年（1703）	尹　均	蒙自县	红河哈尼族彝族自治州
026	新建文昌祠序	清康熙五十年（1711）	汤茂如	蒙自县	红河哈尼族彝族自治州
027	重建文昌宫碑记	清康熙五十二年（1713）	徐　松	宜良县	昆明市
028	新建罗平尊经阁碑记	清康熙五十五（1716）	涂　暾	罗平州	曲靖市
029	鼎建尊经阁碑记	清康熙五十八年（1719）	汪　煦	嵩明州	昆明市
030	朋普社学记	清康熙五十八年（1719）	杜　珨	弥勒州	红河哈尼族彝族自治州
031	修建魁神阁小引	清康熙年间	陈　可	路南州	玉溪市
032	文昌社仓义田记	清康熙年间	张锦蕴	蒙化府	大理白族自治州
033	禄劝州文昌宫碑记	清康熙年间	李之骥	禄劝州	楚雄彝族自治州
034	新修大魁阁记	清康熙年间	沈懋价	黑盐井	楚雄彝族自治州
035	小瑞城祀田碑记	清康熙年间	许贺来	石屏州	红河哈尼族彝族自治州
036	新建尊经阁记	清康熙年间	夏宗尧	白盐井	楚雄彝族自治州

续表

序号	碑名	时间	撰者	古行政划	今行政区划
037	义仓碑记	清康熙年间	罗钜璘	蒙自县	红河哈尼族彝族自治州
038	新建文昌宫碑记	清康熙年间	蔡毓荣	昆阳州	昆明市
039	重修文昌魁星阁碑记	清康熙年间	冯德祯	晋宁州	昆明市
040	桂香殿碑记	清康熙年间	米璁	顺宁府	临沧市
041	重修文星阁记	清康熙年间	李溱	建水州	红河哈尼族彝族自治州
042	四圣庆诞田租碑记	清雍正六年（1728）	王膺天	广西府	红河哈尼族彝族自治州
043	新建文昌宫碑记	清雍正七年（1729）	陈希芳	云龙州	大理白族自治州
044	修建澂阳文昌庙碑记	清雍正八年（1730）	李应绶	澂江府	玉溪市
045	文昌宫碑记	清雍正十一年（1733）	樊好仁	元谋县	楚雄彝族自治州
046	新建魁阁记	清雍正十二年（1734）	张景澍	弥勒州	红河哈尼族彝族自治州
047	新建桂香阁暨书院记	清雍正十三年（1735）	王纬	弥勒州	红河哈尼族彝族自治州
048	桂香楼记	清雍正年间	赵淳	赵州	大理白族自治州
049	鼎建尊经阁记	清乾隆三年（1738）	孙人龙	赵州	大理白族自治州
050	文宫碑记	清乾隆四年（1739）	洪奕隆	弥勒州	红河哈尼族彝族自治州
051	竹园文宫大殿北墙碑文	清乾隆九年（1744）	张大典	弥勒州	红河哈尼族彝族自治州
052	文会碑记	清乾隆十三年（1748）	周望敬	江川县	玉溪市
053	文昌关圣宫碑记	清乾隆十五年（1750）	苏潮	赵州	大理白族自治州
054	文昌宫义田碑记	清乾隆十八年（1753）	高锦	白盐井	楚雄彝族自治州
055	惜字会碑记	清乾隆二十年（1755）	李治	元江县	玉溪市
056	新建文昌殿桂香楼记	清乾隆二十一年（1756）	赵淳	琅盐井	楚雄彝族自治州

续表

序号	碑名	时间	撰者	古行政划	今行政区划
057	移建文昌宫魁阁于华宜寨序	清乾隆二十六年（1761）	方　桂	东川府	昆明市
058	文宫田粮碑	清乾隆三十年（1765）	陈□□	弥勒州	红河哈尼族彝族自治州
059	奎乡南楼小序	清乾隆三十二年（1767）	汪浩存	镇雄州	昭通市
060	副官村文昌宫碑记	清乾隆三十四年（1769）	吴绳祖	永善县	昭通市
061	文昌宫义学碑文	清乾隆三十五年（1770）	王道隆	盐津县	昭通市
062	文昌会叙	清乾隆三十九年（1774）	刘培元	建水县	红河哈尼族彝族自治州
063	巍宝山文昌宫新建魁神金甲殿碑志	清乾隆四十年（1775）		巍山县	大理白族自治州
064	桧溪文昌阁记	清乾隆四十一年（1776）	饶梦铭	永善县	昭通市
065	文昌帝君阴骘文	清乾隆四十一年（1776）	沈德新	开化府	文山壮族苗族自治州
066	合议捐置社田碑记	清乾隆四十二年（1777）	陈三重邵其位	保山县	保山市
067	文昌宫碑记	清乾隆五十年（1785）	刘炳南	赵　州	大理白族自治州
068	文昌宫碑	清乾隆五十一年（1786）	释元高	龙陵县	保山市
069	圣庙文宫	清乾隆五十五年（1790）	关　英	弥勒州	红河哈尼族彝族自治州
070	重建文昌宫碑记	清乾隆年间	谢锡位	定远县	楚雄彝族自治州
071	重修太保山魁阁募引	清乾隆年间	袁文典	保山县	保山市
072	重修河西乡中村文昌宫碑记	清嘉庆五年（1800）	杨　昭	昆阳州	昆明市
073	敕建文昌宫记	清嘉庆六年（1801）	赵元会	景东县	普洱市
074	升修文宫中殿碑记	清嘉庆七年（1802）	关　英	弥勒州	红河哈尼族彝族自治州
075	重修文昌宫义馆碑文	清嘉庆八年（1803）	贾明道	盐津县	昭通市

续表

序号	碑名	时间	撰者	古行政划	今行政区划
076	新建文星阁碑记	清嘉庆九年（1804）		新兴州	玉溪市
077	学金功德碑记	清嘉庆二十年（1815）	杨恂	赵州	大理白族自治州
078	桂香书院普连溯佃民合建文宫碑记	清嘉庆二十一年（1816）	范世今	宾川县	大理白族自治州
079	修文昌后殿碑记	清嘉庆二十四年（1819）	程含章	景东县	普洱市
080	重修左所营文昌宫魁阁记	清嘉庆年间	程承休	景东县	普洱市
081	设桂香阁祭需修金记	清嘉庆年间	罗庆崧	盐丰县	楚雄彝族自治州
082	桂香义馆碑记	清嘉庆年间		盐丰县	楚雄彝族自治州
083	修息息庵并添建文昌魁星阁楼记	清嘉庆年间	冯晋锡	鹤庆县	大理白族自治州
084	崇文阁记	清嘉庆年间	马煐	鲁甸县	昭通市
085	文昌宫碑记	清道光二年（1822）	何愚	广南府	文山壮族苗族自治州
086	培风书院记	清道光二年（1822）	何愚	广南府	文山壮族苗族自治州
087	重建龙泉观文昌殿轮藏殿碑记	清道光八年（1828）	杨桂森	晋宁州	昆明市
088	重修文昌宫暨建石栏记	清道光十三年（1833）	韩荣	赵州	大理白族自治州
089	三圣殿碑序	清道光十八年（1838）		师宗县	曲靖市
090	文昌帝君敬惜字纸文	清道光二十年（1840）		个旧	红河哈尼族彝族自治州
091	建邑西屯金华寺文昌会收字功德碑记	清道光二十年（1840）	曾百福	个旧	红河哈尼族彝族自治州
092	重建文明阁记	清道光二十一年（1841）	杨际泰 杨荫棠	昆明县	昆明市
093	文明会大洞经坛碑记	清道光二十一年（1841）		昆明县	昆明市

续表

序号	碑名	时间	撰者	古行政划	今行政区划
094	续修古文昌宫记	清道光二十二年（1842）	曾德纯	宣威州	曲靖市
095	捐金赎铺永续香火碑记	清道光二十三年（1843）	甘 岳	白盐井	楚雄彝族自治州
096	洞经会捐资碑记	清道光二十三年（1843）	王肇基	蒙自县	红河哈尼族彝族自治州
097	洞经会功德碑记	清道光二十四年（1844）		禄丰县	楚雄彝族自治州
098	文昌宫碑记	清道光二十四年（1844）	李伯山	马关县	文山壮族苗族自治州
099	文昌会敬惜字纸铭	清道光年间	万重赟	开化府	文山壮族苗族自治州
100	惜字会记	清道光年间	白映庚	晋宁州	昆明市
101	洞经会序	清道光年间	许邦寅	石屏州	红河哈尼族彝族自治州
102	竹园上中两伍魁星阁碑铭并序	清道光年间	李人俊	弥勒州	红河哈尼族彝族自治州
103	重修文昌殿碑记	清道光年间	邱 靖	赵州	大理白族自治州
104	文昌宫置田记	清道光年间	王 崧	浪穹县	大理白族自治州
105	北社文昌宫租记	清道光年间	陈廷焴	永昌府	保山市
106	古城文会碑序	清道光年间	严廷中	宜良县	昆明市
107	添修文昌宫碑记	清咸丰五年（1855）	杨育沧	龙陵县	保山市
108	新修文昌宫碑序	清同治八年（1869）	托 名 吕 祖	弥勒州	红河哈尼族彝族自治州
109	重修文宫碑记	清同治十二年（1873）	刘云章	沾益州	曲靖市
110	新滩溪增修文武宫魁星阁两庑碑记	清同治年间	黄灼京	绥江县	昭通市
111	培补龙脉碑记	清光绪五年（1879）	姜复旦	弥勒州	红河哈尼族彝族自治州
112	重修文昌武帝庙碑记	清光绪十年（1884）	李明鏊	呈贡县	昆明市

续表

序号	碑名	时间	撰者	古行政划	今行政区划
113	重修文昌楼碑记	清光绪十一年（1885）	陈万金	保山县	保山市
114	顺江洞经会碑记	清光绪十七年（1891）	黄炳望	腾越厅	保山市
115	重修文武二宫观音阁碑	清光绪十九年（1893）	陈钫	云南县	大理白族自治州
116	文昌祠记	清光绪三十年（1904）	杨金鉴	鹤庆县	大理白族自治州
117	重修文宫碑记	清光绪三十年（1904）	赵本源	保山县	保山市
118	重修桂香殿记	清光绪三十二年（1906）	张璪	新平县	玉溪市
119	阁村改造二圣宫本主祠碑记	清光绪三十四年（1908）	杨纯珍	大理县	大理白族自治州
120	文昌宫碑记	清光绪年间	陈宗海	腾越厅	保山市
121	增修文昌前楼碑记	清光绪年间	傅雍和	邱北县	文山壮族苗族自治州
122	关外文昌宫碑记	清光绪年间	张如翼	白盐井	楚雄彝族自治州
123	重修文昌宫碑记	清光绪年间	钮嗣杰	邱北县	文山壮族苗族自治州

参考文献

一 金石资料

1. 大理市文化丛书编辑委员会编《大理市古碑存文录》，云南民族出版社，1996。
2. 重庆市博物馆编《中国西南地区历代石刻汇编》，天津古籍出版社，1998。
3. 徐发苍主编《曲靖石刻》，云南民族出版社，1999。
4. 张了、张锡禄编《鹤庆碑刻辑录》，大理白族自治州南诏史研究会印，2001。
5. 裴太昌主编《蒙自文史资料》第七辑《碑刻专辑》，政协蒙自县委员会文史资料委员会编印，2003。
6. 张方玉主编《楚雄历代碑刻》，云南民族出版社，2005。
7. 赵家华主编《保山碑刻》，云南人民出版社，2008。
8. 大理白族自治州白族文化研究所编《大理丛书·金石篇》，云南民族出版社，2010。
9. 萧霁虹主编《云南道教碑刻辑录》，中国社会科学出版社，2013。
10. 大理白族自治州地方志编纂委员会编《祥云金石》，云南民族出版社，2016。
11. 周恩福主编《宜良碑刻·增补本》，云南大学出版社，2016。
12. 周黎编《古碑遗珍：抚仙湖周边地区明清碑刻录考》，云南美术出版社，2017。
13. 黄正发、黄正良、盛代昌编著《弥渡古代碑刻辑释》，云南科技出版社，2018。
14. 朱云生、段冰编《南滇碑拓匾额集萃·红河碑揭》，云南美术出版社，

2019。
15. 腾冲市文化和旅游局编《腾冲石刻》,云南民族出版社,2019。
16. 政协弥勒市委员会编《弥勒碑刻拓片集》,云南人民出版社,2021。

二 史志资料

1. (汉)司马迁撰《史记》,中华书局,1959。
2. (宋)朱熹著《四书章句集注》,中华书局,1983。
3. (元)脱因修,俞希鲁纂[至顺]《镇江志》,清道光二十二年(1842)丹徒包氏刻本。
4. (元)马端临撰《文献通考》,商务印书馆,1936。
5. (明)郑颙修,陈文纂[景泰]《重修云南图经志》,明景泰六年(1455)刻本。
6. (明)陈文修,李春龙、刘景毛校注:《景泰云南图经志书校注》,云南民族出版社,2002。
7. (明)周季凤纂修[正德]《云南志》,北京图书馆藏明嘉靖三十二年(1553)刻本传抄庋藏。
8. (明)邹应龙修,李元阳纂[隆庆]《云南通志》,民国二十三年(1934)龙氏重印本。
9. (明)王耒贤修,(明)许一德纂[万历]《贵州通志》,明万历二十五年(1597)刻本。
10. (明)李中溪纂修[万历]《云南通志》,民国二十三年(1934)龙氏重印本。
11. (明)刘文征纂修[天启]《滇志》,清钞本。
12. (明)孙旬辑《皇明疏钞》,《续修四库全书》,上海古籍出版社,2002。
13. (清)王清贤修,陈淳纂[康熙]《武定府志》,清康熙二十八年(1689)刻本。
14. (清)范承勋、吴自肃纂[康熙]《云南通志》,清康熙三十年(1691)刻本。
15. (清)魏荩臣修,阚祯兆纂[康熙]《通海县志》,清康熙三十年(1691)

刻本。

16.（清）朗一荣纂修[康熙]《安宁州志》，清康熙三十七年（1698）木刻本。

17.（清）高鉁修，段拱新纂[康熙]《安宁州志》，清康熙三十七年（1698）刻本。

18.（清）蒋旭修，陈金珏纂[康熙]《蒙化府志》，清康熙三十七年（1698）刻本。

19.（清）沈懋价修，杨璿纂[康熙]《黑盐井志》，清康熙四十九年（1710）刊刻钞本。

20.（清）刘自唐纂修[康熙]《禄丰县志》，传抄清康熙五十一年（1712）年刻本。

21.（清）陈肇奎修、叶莱等纂[康熙]《建水州志》，清康熙五十四年（1715）刻本。

22.（清）杜绍先纂修[康熙]《晋宁州志》，清康熙五十五年（1716）钞本。

23.（清）张嘉颖修，刘联声纂[康熙]《楚雄府志》，清康熙五十五年（1716）刻本。

24.（清）黄德巽修，周启先纂[康熙]《罗平州志》，清康熙五十七年（1718）刻本。

25.（清）王暥修，任洵纂[康熙]《嵩明州志》，清康熙五十九年（1720）刻本。

26.（清）金廷献修，李汝相纂[康熙]《路南州志》，民国十七年（1928）石印本。

27.（清）张毓碧修，谢俨纂[康熙]《云南府志》，清康熙刊本。

28.（清）李斯佺修，黄元治纂[康熙]《大理府志》，清康熙刻本。

29.（清）罗纶修，李文渊纂[康熙]《永昌府志》，清康熙刻本。

30.（清）王民皞纂修[康熙]《阿迷州志》，清康熙间钞本。

31.（清）许日藻修，杜兆鹏纂[雍正]《马龙州志》，清雍正元年（1723）刻本。

32.（清）范溥纂修[雍正]《顺宁府志》，清雍正四年（1726）刻本。

33.（清）刘邦瑞纂修[雍正]《白盐井志》，清雍正八年（1730）刻本。

34.（清）杨若椿修，段昕纂[雍正]《安宁州志》，清乾隆四年（1739）刻本。

35.（清）陈希芳修，胡禹谟纂[雍正]《云龙州志》，钞本。

36.（清）鄂尔泰修，靖道谟纂[乾隆]《云南通志》，清乾隆元年（1736）刻本。

37.（清）程近仁修，赵淳纂[乾隆]《赵州志》，清乾隆元年（1736）刻本。

38.（清）秦仁、王纬修，伍士玠纂，傅腾蛟等增订[乾隆]《弥勒州志》，清乾隆四年（1739）刻本。

39.（清）傅天祥修，黄元治纂[乾隆]《大理府志》，清乾隆十一年（1746）刻本。

40.（清）任中宜纂，徐正恩续纂[乾隆]《新兴州志》，清乾隆十五年（1750）增刻本。

41.（清）孙元相修、赵淳纂[乾隆]《琅盐井志》，清乾隆二十一年（1756）刻本。

42.（清）史进爵修，郭廷选纂[乾隆]《路南州志》，清乾隆二十二年（1757）刻本。

43.（清）郭存庄纂修[乾隆]《白盐井志》，清乾隆二十三年（1758）刻本。

44.（清）管学宣纂修[乾隆]《石屏州志》，清乾隆二十四年（1759）刊本。

45.（清）方桂修，胡蔚纂[乾隆]《东川府志》，清乾隆二十六年（1761）刻本。

46.（清）毛鰲、朱阳纂修[乾隆]《晋宁州志》，清乾隆二十七年（1762）刻本。

47.（清）陈奇典修，刘慥纂[乾隆]《永北府志》，清乾隆三十年（1765）刻本。

48.（清）王诵芬纂修[乾隆]《宜良县志》，清乾隆三十二年（1767）刻本。

49.（清）王秉韬纂修[乾隆]《沾益州志》，清乾隆三十五年（1770）刻本。

50.（清）屠述濂纂修[乾隆]《镇雄州志》，清乾隆四十九年（1784）刻本。

51.（清）宣世涛纂修[乾隆]《永昌府志》，清乾隆五十年（1785）刻本。

52.（清）宣世涛纂修，中共保山市委史志委、保山学院编《乾隆永昌府志（点校）》，方志出版社，2016。

53.（清）李淳纂修[乾隆]《宜良县志》，清乾隆五十一年（1786）刻本。

54.（清）刘埥修，吴蒲纂[乾隆]《续修蒙化直隶厅志》，清乾隆五十五年（1790）刻本。

55.（清）李焜纂修[乾隆]《蒙自县志》，清乾隆五十六年（1791）钞本。

56.（清）周采修，李绶等纂[乾隆]《广西府志》，清乾隆刊本。

57.（清）屠述濂纂修[乾隆]《腾越州志》，清光绪二十三年（1897）重刊本。

58.（清）屠述濂修，张志芳点校《腾越州志点校本》，云南美术出版社，2007。

59.（清）江濬源修，罗惠恩纂[嘉庆]《临安府志》，清嘉庆四年（1799）刻本。

60.（清）查枢纂修[嘉庆]《永善县志略》，清嘉庆八年（1803）修钞本。

61.（清）李诚纂修[道光]《新平县志》，清道光六年（1826）刻本。

62.（清）李诚修，罗宗琏纂[道光]《新平县志》，清道光七年（1927）刊刻钞本。

63.（清）何怀道修，万重赟纂[道光]《开化府志》，清道光九年（1829）刻本。

64.（清）李德生修，李庆元纂[道光]《定远县志》，清道光十五年（1885）刻本。

65.（清）朱庆椿纂修[道光]《昆阳州志》，清道光十九年（1839）刻本。

66.（清）李熙龄纂修[道光]《澂江府志》，清道光二十七年（1847）刻本。

67.（清）李星沅修，李熙龄纂[道光]《重修澂江府志》，清道光二十七年（1847）刻配补钞本。

68.（清）李熙龄续纂修[道光]《普洱府志》，清咸丰元年（1851）刻本。

69.（清）李熙龄修[道光]《广南府志》，清光绪三十一年（1905）重钞本。

70.（清）陈钊铿修，李其馨纂[道光]《赵州志》，民国三年（1914）重印本。

71.（清）朱庆椿修，陈金堂纂[道光]《晋宁州志》，民国十五年（1926）铅印本。

72.（清）阮元、王崧、李诚纂修，刘大伟、赵文红项目主持，何磊、康春华审订《道光云南通志稿点校本》，云南美术出版社，2021。

73. （清）黎恂修，刘荣黼纂[道光]《大姚县志》，钞本。

74. （清）刘沛霖修，朱光鼎纂[道光]《宣威州志》，钞本

75. （清）华国清修，刘阶等纂[咸丰]《镇南州志》，传抄上海徐家汇藏书楼清咸丰三年（1853）刻本。

76. （清）余治辑《得一录》，清同治八年（1869）刊本。

77. （清）刘毓珂纂修[光绪]《永昌府志》，清光绪十一年（1885）刊本。

78. （清）陈燕修，李景贤纂[光绪]《沾益州志》，清光绪十一年（1885）钞本。

79. （清）陆宗郑修，甘雨纂[光绪]《姚州志》，清光绪十一年（1885）刻本。

80. （清）李明续修，李蔚文续纂[光绪]《呈贡县志》，清光绪十一年（1885）增刻本。

81. （清）王沂渊纂[光绪]《续修嵩明州志》，清光绪十三年（1887）刊本。

82. （清）胡毓麒修，杨钟璧纂[光绪]《罗次县志》，清光绪十三年（1887）刻本。

83. （清）吴光汉修，宋成基纂[光绪]《镇雄州志》，清光绪十三年（1887）刻本。

84. （清）陈宗海修，赵端礼纂[光绪]《腾越厅志稿》，清光绪十三年（1887）刊本。

85. （清）项联晋修，黄炳堃纂[光绪]《云南县志》，清光绪十六年（1890）刻本。

86. （清）李毓兰修，甘孟贤纂[光绪]《镇南州志略》，清光绪十八年（1892）木刻本。

87. （清）王宝仪修，杨金和纂[光绪]《鹤庆州志》，清光绪二十年（1894）刻本。

88. （清）罗瀛美修，周沆纂[光绪]《浪穹县志略》，清光绪二十八年（1902）修民国元年（1912）重刊本。

89. （清）叶如桐修，刘必苏纂[光绪]《续修永北直隶厅志》，清光绪三十年（1904）刻本。

90.（清）李训鋐修，罗其泽纂[光绪]《续修白盐井志》，清光绪三十三年（1907）刻本。

91.（清）党蒙修，周宗洛纂[光绪]《顺宁府志》，清光绪刊本。

92.（清）薛渭川纂修[光绪]《嵩明州志》，钞本。

93.（清）汪炳谦纂修[宣统]《恩安县志》，清宣统三年（1911）钞本。

94.（清）佚名纂[宣统]《续修蒙自县志》，清宣统年间修稿本。

95.（清）梁友檍编纂，巍山彝族回族自治县地方志办公室编《蒙化志稿》，德宏民族出版社，1996。

96.（清）刘垲监修，吴蒲编纂，巍山彝族回族自治县地方志办公室、南涧彝族自治县地方志办公室编《乾隆续修蒙化直隶厅志》，德宏民族出版社，2000。

97.（清）崑冈、李鸿章编纂《钦定大清会典事例》，《续修四库全书》，上海古籍出版社，2013。

98.（清）段玉裁注《说文解字注》，上海古籍出版社，1988。

99.刘润畴修，俞赓唐纂[民国]《陆良县志稿》，民国四年（1915）石印本。

100.张培爵修，周宗麟纂[民国]《大理县志稿》，民国五年（1916）铅字重印本。

101.张鉴安修，寸晓亭纂[民国]《龙陵县志》，民国六年（1917）刊本。

102.李春曦修，梁友檍纂[民国]《蒙化县志稿》，民国八年（1919）铅印本。

103.丁国梁修，梁家荣纂[民国]《续修建水县志稿》，民国九年（1920）铅印本。

104.王槐荣修，许实纂[民国]《宜良县志》，民国十年（1921）刊本。

105.黄元直修，刘达式纂[民国]《元江志稿》，民国十一年（1922）铅印本。

106.周汝钊修，侯应中纂[民国]《景东县志稿》，民国十二年（1923）石印本。

107.郭燮熙纂修[民国]《盐丰县志》，民国十三年（1924）铅印本。

108.符廷铨修，杨履乾纂[民国]《昭通县志稿》，民国十三年（1924）铅印本。

109.徐孝喆修，缪云章纂[民国]《邱北县志》，民国十五年（1926）石印本。

110.张自明修，王富臣纂[民国]《马关县志》，民国二十一年（1932）石印本。

111. 吴永立、王志高修，马太元纂[民国]《新平县志》，民国二十二年（1933）石印本。

112. 朱纬修，罗凤章纂[民国]《罗平县志》，民国二十二年（1933）石印本。

113. 王钧图修，缪果章纂[民国]《宣威县志稿》，民国二十三年（1934）铅印本。

114. 袁嘉谷纂修[民国]《石屏县志》，民国二十七年（1938）铅印本。

115. 陆崇仁修，汤祚纂[民国]《巧家县志》，民国三十一年（1942）铅印本。

116. 陈诒孙修，杨思诚纂[民国]《嵩明县志》，民国三十四年（1945）铅印本。

117. 刘承功修，钟灵等撰[民国]《绥江县志》，上海古籍书店据民国三十六年（1947）套印本。

118. 霍士廉修，由云龙纂[民国]《姚安县志》，民国三十七年（1948）铅印本。

119. 龙云、周钟岳纂修[民国]《新纂云南通志》，民国三十八年（1949）铅印本。

120. 陈一得、陈葆仁等撰[民国]《盐津县志》，云南省图书馆据民国三十八年（1949）稿本传抄。

121. 杨金铠纂修[民国]《鹤庆县志》，民国钞本。

122. 张间德修，杨香池纂[民国]《顺宁县志初稿》，钞本。

123. 中国作家协会昆明分会民间文学工作部编《云南民族文学资料》，1963年第13辑。

124. 《十三经注疏》，中华书局，1980。

125. 《道藏》，文物出版社、上海书店、天津古籍出版社联合出版，1988年。

126. 梁耀武主编《玉溪地区旧志丛刊·道光新平县志》，云南人民出版社，1993。

127. 云南省永平县志编纂委员编纂《永平县志》，云南人民出版社，1994。

128. 《师宗县文物志》编纂委员会编纂《师宗县文物志》，云南大学出版社，1994。

129. 梁耀武主编《玉溪地区旧志丛刊府志两种》，云南人民出版社，1995。

130. 云南省永善县人民政府编著《永善县志》，云南人民出版社，1995。
131. 季啸风主编《中国书院辞典》，浙江教育出版社，1996。
132. 谭其骧主编《中国历史地图集·清时期》，中国地图出版社，1996。
133. 云南省巧家县地方志编纂委员会编《巧家县志》，云南人民出版社，1997。
134. 陈谷嘉、邓洪波主编《中国书院史资料》，浙江教育出版社，1998。
135. 邹长铭编著《新编昭通风物志》，云南人民出版社，1999。
中国人民政治协商会议巧县委员会、云南省巧家县地方志编纂委员会编印《民国〈巧家县志〉点校本》，1999。
136. 楚雄州地方志办公室整理《康熙楚雄府志校注》，德宏民族出版社，2000。
137. 中国第一历史档案馆编《嘉庆道光两朝上谕档》，广西师范大学出版社，2000。
138. 方国瑜主编，徐文德、木芹、郑志惠纂录校订《云南史料丛刊》，云南大学出版社，2001。
139. 澄江县志编纂委员会编纂《澄江县志》，云南人民出版社，2001。
140. 李根源辑，杨文虎、周文林校注《永昌府文征》，云南美术出版社，2002。
141. 傅元芳主编《沾益风物志》云南民族出版社，2002。
142. 晋宁县地方志编纂委员会编纂《晋宁县志》，云南人民出版社，2003。
143. 王文成等辑，江燕点校《〈滇系〉云南经济史辑校》，中国书籍出版社，2004。
144. 梁公卿主编《中国西南文献丛书》，兰州大学出版社，2004。
145. 杨成彪主编《楚雄彝族自治州旧方志全书》，云南人民出版社，2005。
146. 李飞鸿主编《晋宁文物选集》，云南民族出版社，2006。
147. 昆明市政协文史委员会编《昆明诗词楹联碑文集粹》，云南人民出版社，2006。
148. 《昭通旧志汇编》编辑委员会编《昭通旧志汇编》，云南人民出版社，2006。
149. 昆明图书馆编《历代散文品昆明》，云南美术出版社，2006。

150. 昭通市志办编《昭通旧志汇编》，云南人民出版社，2006。
151. 程建云主编《祥云县民族宗教志》，云南民族出版社，2007。
152. 中共玉溪市红塔区委会、玉溪市红塔区人民政府编著《中国玉溪九龙池》，云南民族出版社，2007。
153. 楚雄彝族自治州博物馆编《楚雄彝族自治州文物志》，云南民族出版社，2008。
154. 张芳明、兰天明主编《广南民间文拾》，云南大学出版社，2011。
155. 何廷明、娄自昌校注《民国〈马关县志〉》，云南大学出版社，2012。
156. 徐旭平等点注《民国〈邱北县志〉点注》，天津古籍出版社，2015。
157. 杨金铠纂修，高和金点校《民国鹤庆县志》，云南大学出版社，2016。
158. （明）李元阳著，施立卓总编辑《李元阳文集》，云南大学出版社，2018。

三　研究著作

1. 陈复声编著《昆明洞经音乐》，云南人民出版社，2007。
2. 党乐群编著《云南古近代学制》，云南教育出版社，2006。
3. 段玉明著《西南寺庙文化》，云南教育出版社，2001。
4. 郭武著《道教与云南文化——道教在云南的传播、演变及影响》，云南大学出版社，2000。
5. 黄正良、张浚、杨瑀编著《古镇宝丰》，云南人民出版社，2008。
6. 李刚著《劝善成仙——道教的生命伦理》，四川人民出版社，1994。
7. 刘毓庆著《论语绎解》，商务印书馆，2017。
8. 毛远明著《碑刻文献学通论》，中华书局，2009。
9. 闵智亭编《道教杂讲随笔》，北京丰台丰华印刷出版，2002。
10. 卿希泰、唐大潮著《道教史》，江苏人民出版社，2006。
11. 王见川、皮庆生著《中国近世民间信仰：宋元明清》，上海人民出版社，2010。
12. 王文光著《中国古代的民族识别》，云南大学出版社，1997。
13. 萧霁虹、董允著《云南道教史》，云南大学出版社，2007。

14. 肖耀辉、梁晓芬、王碧陶著《云南佛教史》，云南大学出版社，2016。
15. Terry Kleeman，*A Gog's Own Tale:The Book of Transformation of Wenchang, the Divine Lord of Zitong*，Albany:State University of New York Press，1994.

四　研究论文

1. 白娴棠：《信仰与教化之间：元明清文昌神附祀庙学的原因》，《云南社会科学》2016年第6期。
2. 马兴东：《云南伊斯兰教历史过程中的政治导向》，《宁夏社会科学》1990年第4期。
3. 杨梅：《敬惜字纸信仰论》，《四川大学学报》（哲学社会科学版）2007年第6期。
4. 杨荣涛：《云南文昌信仰摭谈》，《中国道教》2015年第6期。
5. 杨荣涛：《明清大理府文昌信仰探析》，《云南社会科学》2016年第3期。
6. 杨荣涛、丁利娟：《国家在场与文昌信仰：明清时期岷江上游地区文昌信仰的考察》，《宗教学研究》2022年第2期。
7. 杨荣涛、谢静静：《从碑刻看清代云南的文昌信仰习俗》，《西南学术》2023年第1辑。
8. 于国庆：《明清时期道教善书的繁荣盛行及显著特征》，《老子学刊》2020年总第15辑。
9. 张泽洪：《论道教的文昌帝君》，《中国文化研究》2005年秋之卷。
10. 张泽洪：《多元文化背景下的明代云南道教》，《云南师范大学学报（哲学社会科学版）》2007年第4期。
11. 张泽洪、杨荣涛：《明代云南文昌庙与文昌信仰研究》，《云南师范大学学报（哲学社会科学版）》2017年第5期。
12. 张泽洪：《文化传播视野下的信仰与仪式——以中国西南少数民族与道教关系为例》，《宗教学研究》2007年第4期。

后 记

本书是我申请的四川师范大学巴蜀文化研究中心重大项目"元明清时期巴蜀与南方丝绸之路区域云南段文昌信仰碑刻文献收集整理与研究"、国家社科基金青年项目"明清时期文昌信仰在西南民族地区的传播与影响研究"的阶段性成果。

对于碑刻的收集，因时间、人力、经费等问题，我虽已尽力，但难免还有遗漏。对于碑刻的整理，因个人学力有限，辑录的碑文中，难免会出现句读问题。对于碑刻的研究，主要针对碑文内容作专题研究，其中难免会遗漏某些点；文中运用的材料，基本为本书辑录的碑文，难免让人觉得缺少与别人的对话。种种不足，还请有缘见此书的专家批评指正！

本书的研究过程中，有幸得到王川、钟仕伦、张泽洪、孙勇、江章华、颜劲松、周志清、陈剑、萧霁虹等诸位师长的悉心指导。本书的出版，得到四川师范大学学术著作出版基金及社会科学文献出版社的大力支持。在此一并致谢！

杨荣涛

2025 年 3 月 28 日

图书在版编目（CIP）数据

元明清时期云南文昌信仰碑刻文献辑录与研究 / 杨荣涛著. -- 北京：社会科学文献出版社，2025.6.
ISBN 978-7-5228-3814-4

Ⅰ.B933；K877.424

中国国家版本馆CIP数据核字第2024K1V965号

元明清时期云南文昌信仰碑刻文献辑录与研究

著　　者 / 杨荣涛

出 版 人 / 冀祥德
责任编辑 / 杨　雪
责任印制 / 岳　阳

出　　版 / 社会科学文献出版社·人文分社（010）59367215
　　　　　 地址：北京市北三环中路甲29号院华龙大厦　邮编：100029
　　　　　 网址：www.ssap.com.cn
发　　行 / 社会科学文献出版社（010）59367028
印　　装 / 唐山玺诚印务有限公司

规　　格 / 开本：787mm×1092mm　1/16
　　　　　 印　张：16　字　数：260千字
版　　次 / 2025年6月第1版　2025年6月第1次印刷
书　　号 / ISBN 978-7-5228-3814-4
定　　价 / 158.00元

读者服务电话：4008918866

版权所有　翻印必究